하늘문이 열린다

하늘문이 열린다

초판 1쇄 인쇄　2018년 12월 10일
초판 1쇄 발행　2018년 12월 15일

지은이 ǀ 본주 남순례
펴낸이 ǀ 金泰奉
펴낸곳 ǀ 한솜미디어
등　　록 ǀ 제5-213호

편　　집 ǀ 박창서, 김수정
마케팅 ǀ 김태일

주　　소 ǀ (우05044) 서울시 광진구 아차산로 413(구의동 243-22)
전　　화 ǀ (02)454-0492(代)
팩　　스 ǀ (02)454-0493
이메일　hansom@hansom.co.kr
홈페이지　www.hansom.co.kr

값 15,000원
ISBN 978-89-5959-502-0 (03150)

*잘못 만들어진 책은 구입하신 서점에서 친절하게 바꿔드립니다.

예언가 마고의
하늘문이 열린다

본주 남순례 지음

**이제 세상이 다 끝났다. 그러므로
나 마고가 하늘의 모든 비밀을 누설한다**

한솜미디어

| 이 책을 읽기 전에 |

마고는 누구인가?

고3 무렵, 당시 '부베의 연인'이란 영화가 재미있다는 소문이 돌았고, 한 아이의 선동으로 수업 중간에 간 크게도 4명이 무단이탈해 영화관에 갔다.

영화를 보고 나오니 밖에 선생님이 몽둥이를 들고 기다리고 있었다. 그대로 교무실로 끌려가 출석부로 머리를 한 대씩 맞았다. 나는 "너 같은 모범생이 다른 애들 간다고 너도 따라가!" 하고 한 대를 더 맞았다.

무릎 꿇고 손들고 앉아 늦게까지 벌을 서다 앞으로 한 달간 매일 반성문을 제출하라고 해서 제출했다. 그러던 어느 날 옆반 애가 내게 와서 "네 반성문 선생님들이 다 돌려보고 다른 반 애들도 돌려봤다"는 얘길 했다.

졸업식 날 국어 선생님인 담임이 불렀다.

"어떻게 그 작은 머리에서 그런 사상이 나왔는지 모르겠다. 앞으로 너를 지면을 통해서 보길 바란다" 하는 것이었다.

미술에 재능이 있어 '응용미술을 하고 싶다'는 생각을 갖고 있었는데 담임의 이 한마디에 대학을 국문학과를 갔다. 자연히 참고문헌과 추천 도서가 많았고 리포트 제출이 많다 보니

예언가 마고의 **하늘문이 열린다**

 청계천에 있는 헌 책방엘 자주 드나들었다.
 졸업 무렵으로 기억된다. 서점에서 신화에 대한 책을 찾고 있었는데 불현듯 갑자기 '내가 왜 여기 왔지? 왜 여기 있는 거지?' 하는 생각이 들며 주변이 낯설게 느껴지고 이방인이 된 것 같은 허허로움이 밀려왔다.
 수십 년이 지난 지금도 내 젊은 시절 가장 강렬했던 순간으로 남아 있다. 당시 여기는 지상을 의미했고 묘한 감정을 느꼈다.
 이후 막연하나마 본질적인 의문을 갖게 되면서 역사와 신화에 관심을 갖게 되었다. 사람은 누구나 잠재된 열망을 갖고 있는 것 같다.
 어느 인류학자는 지상에 존재했던 많은 인류들이 한 시점에 흔적도 없이 사라져 버린 잃어버린 역사의 흔적을 찾아다니고, 어느 고고학자는 이집트의 투탕카멘 왕의 죽음에 대한 진실을 알고자 하는 열망을 갖고, 내가 들은 인문학의 대가인 미국의 한인 의사는 인디언의 소굴만 찾아다닌다.
 이것은 각자의 열망에 의해 어느 고고학자의 열정이 트로이를 신화에서 역사의 반열에 들게 하였다. 이런 각각의 양태로 나타나는 인간의 욕망이나 열정들은 결국 근원에 대한 본능적인 행보가 아닌가 생각한다.

나는 트로이라는 나라를 멸망에 이르게 한 왕자 파리스가 모든 것은 현재 진행형이며 시차가 있으나 아직 신화 속에 묻혀 있는 우라노스라는 걸 알게 된다. 자세한 것은 이 책 속에 다 기록해 놓았다.

한때 신춘문예에도 뜻을 가져보고 극작가가 되기 위해 시나리오 공부도 해봤지만 끝을 보지 못했다. 어느 무렵 단테의 『신곡』을 읽고 실망한 나머지 막연하나마 '이건 아니다'라는 생각을 했다. 이때 샬롯 브론테나 에밀리 브론테처럼 한 권의 책을 진짜배기 신곡을 쓰고 싶은 혼자만의 소망을 품었다.

본능적인 갈증을 책으로 채워가던 중 당시 세간에 유행하던 수련류의 책들을 접하게 되었다. 건강 차원에서 단전호흡을 3개월 정도 해봐야겠다는 생각을 했다. 책에 있는 지침대로 해보니 발걸음이 가벼워지고 피부에 윤기가 돌았다.

한 달쯤 됐을 무렵이었다.

넓은 들판에 신선들이 7~8명 둘러서 있고 그중 한 명이 나를 돌아보더니 무슨 회의를 하는 것 같았다. 나를 돌아봤던 신선이 내게 다가와 수련을 하지 말라고 하는 것 같았다. 이상하게 다음 날부터 현실적으로 바쁜 일이 연달아 생기면서 수련을 못하게 되었다.

이때 일본의 다나구치 마사하루가 쓴 『생명의 실상』을 읽고 있었는데 호기심이 발동해서 지침에 나오는 수련을 해보기로 했다. 한 40분쯤 한 것 같았다. 갑자기 단전에서 밝은 태양이 풍선처럼 떠올라와 너무 놀라 뒤로 꽈당 넘어졌다. 저자에게 물어볼 수도 없을뿐더러 두 번 다시 하지 않았다.

나의 갈증의 일환일까. 여기저기 기독교를 필두로 해서 온갖 판을 기웃댔지만 본능적인 완고함 때문인지 어느 것도 받아들여지지 않았다. 특히 무협류는 황당무계한 허구로 치부하고 원천적으로 싫어한 것 같다.

어느 날 책을 보다 눈이 피로하여 소파에 등을 대고 비스듬히 앉아 눈을 감고 있는데 왼손에 여의주가 들려 있었다. 실눈을 뜨고 보니 사라졌다. 얼마 간격으로 두 번을 봤다.

'도대체 이게 뭐지? 왜 이런 게 보일까?'

눈을 감고 생각에 잠겨 있는데 정면에 결가부좌한 부처상이 원을 그리며 나타났다 사라지고, 또다시 원을 그리며 나타나기를 두 번 반은 투명하고 반은 불투명한 이유 등의 화두들을 다 풀어낸다.

이 무렵부터 수련에 관심을 갖게 되었다. 세간에 나와 있는 책들을 읽어보고 저자를 만나러 다니던 중 특이한 제목의 책 한 권을 보았다. 저자를 만나 수련 일정을 확인하고 날짜에 맞춰 가보니 꽤 많은 사람들이 모여 있었다. 행공수련이었던 것 같다.

첫 번째, 서서 한 바퀴 원으로 도는 동작이라 어지러울까 봐 아래를 보며 돌았는데 내가 은빛 물 위에 서 있었다. 앉아서 하는 수련 중간쯤에 몸에 심한 진동이 일어나 위에서 소나기가 쏟아붓는 것 같았다.

지도자가 다가와 "기운을 나중에 쓰시지요" 하고 자제시키 듯 몸을 감싸 안았으나 앞에 있는 지도자의 지도와는 별개의 수련이 이루어졌다.

이후 집에서 매일 하루 서너 시간씩 수련이 이뤄졌는데 내 의지와는 무관한 전자동 시스템이 가동되듯 이뤄졌다. 수련 중 딴생각을 하고 있어도 몸은 자유자재로 움직였고 인도의 요기들이나 할 법한 기기묘묘하고 난이도가 높은 행동이 이뤄 졌다. 인간의 힘으로 할 수 없는 불가사의한 수련이었다.

양손의 노궁이 열리면서 양 손바닥은 자석처럼 뼈들을 움직 였고 그야말로 상상을 초월하는 강력한 파워에 의해 모든 게 이뤄졌다.

인간의 상상 속에나 있는 허구로만 치부했던 왼 손바닥의 노궁에서 나오는 붉은 불기둥을 보면서 아연실색하며 무협의 장면들이 허구가 아님을 이때 알게 되었다.

이론이나 과학적으로 설명할 수 없는 물질인 오관을 초월한 현상들을 겪으면서 마고의 존재를 알게 되었고, 이 우주의 주 인이며 모든 생명체들의 근본인 마고를 만나게 되었다.

우리의 근원인 하늘의 계보와 인류들의 실상을 알게 되었으 니 지금 생각하니 결국 나는 소망이었던 실상의 신곡을 쓰게 된 셈이었다.

마고는 하늘 장자인 황궁에게 근본을 잘 지키며 살라 했는 데 황궁이 근본을 지키지 못하여 하늘의 도가 깨지고 근본이 모래알처럼 무너져 내렸다고 한다.

그렇다고 생명체들이니 죽일 수는 없는 일, 마고는 "그렇다면 좋다. 하늘에 근본이 깨지고 도가 깨졌으니 너희에게 자유의지를 주겠노라. 본래는 선만 있었으나 악을 플러스해서 선을 택하든 악을 택하든 너희 멋대로들 살아보라. 단 선을 택하면 살 것이요 악을 택하면 그 끝은 죽음이로다" 하였다.

마고는 "그 끝이 바로 지금인 줄 몰랐을 것이로다" 하였다.

바로 그 끝이 지금이므로 다시 천도를 세우기 위해 마고가 지상으로 내려왔고 "이제 세상이 다 끝났으므로 하늘에 모든 비밀들을 다 까발린다" 하고 살아 있는 모든 생명체들에 대한 모든 비밀들을 낱낱이 밝히고 있는 게 이 책의 내용이다.

나는 전달자로 마고의 이야기들을 토씨 하나 가감 없이 그대로 옮겨놓았다. 임의대로 빼고 더하고 할 수 없음이다.

이 우주의 주인이며 우리의 잃어버린 근본이신 마고께서 "이제 세상이 다 끝났으므로 하늘의 모든 비밀들을 다 까발린다" 하고 낱낱이 다 밝혀줬다.

하늘 문이 8개 있는데 나 마고가 하늘 문을 다 닫았으므로 사람으로 살다 하늘로 가지 못하고 그동안 영계와 이 지상을 죽었다 태어났다 하며 살고 있어 영계가 방대하게 커져 있다고 했다.

"이제 세상이 다 끝났으므로 천도를 세우기 위해서 이 지상과 영계와 땅속 중간에 갇혀 있는 인류들의 선조들을 다 정리하고 은하를 돌려 선경세계를 이루게 하니 더 이상 사람이 나서 늙어서 죽을 일이 없다"고 한다.

  순식간 인류들이 쓸릴 시점인데 지금 아무것도 모르고 살고 있는 현 지상의 인류들에게 책을 내서 알게 하라는 것이다. 긴긴 세월 살면서 지은 업장 다 청산하라고 하는 것이며 업이 쌓여 겁인 것인데 업이 중하면 살 수 없는 것이니 인류들아 알고는 가라 하는 것이다.

  낱낱이 이 책에 기록해 놨다.

| 차 례 |

● 이 책을 읽기 전에/ 4

제1장 마고의 천기누설

1. 태초에 사사모가 반고를 지었다/ 20
2. 최초의 물질로 태어난 우라노스/ 21
3. 우주의 법을 만든 사사모/ 22
4. 지상으로 쫓겨난 인류들/ 23
5. 사탄을 스타라고 한다/ 24
6. 하늘 인류들을 타락케 한 지소/ 25
7. 하늘에 근본이 깨지고 도가 깨져/ 26
8. 과시하고 잘난 척하고 살았으니 너도 한번 아프리카로 가서 굶어 죽어봐/ 27
9. 하늘에서 전쟁을 일으킨 테라칸과 사탄/ 28
10. 땅속에 갇혀 있는 인류들의 선조들/ 29
11. 대 개벽으로 인류들 86%가 죽는다/ 31
12. 삼신할머니는 궁희 여신이다/ 34
13. 아이돌은 하늘의 높은 할아버지들/ 35

14. 반고가 증산 상제다/ 37
15. 광자대 진입은 하늘의 연막이다/ 40
16. 개벽이란 인류들 모르게 하는 거다/ 42
17. 지상으로 온 마고/ 44
18. 천손 민족은 북한에 있다/ 46
19. 하느님이라고 사기 치고 있는 늙은 신들/ 48
20. 허공에 떠 있는 영들/ 50
21. 석가모니가 히틀러다/ 52
22. 본래 과일과 곡식은 사람과 새들이 같이 먹으라 하였다/ 53
23. 개가 된 시리우스의 태시황/ 55
24. 인류들의 실질적인 시조는 궁희 여신이다/ 57
25. 나 마고는 다시 천도를 세우겠다/ 60
26. 구렁이가 된 시리우스 왕자 시랑이/ 63
27. 흑룡이 된 마고의 아들 테라칸/ 64
28. 우주 생성 이전의 존재들/ 66
29. 대 개벽 발동을 시행하노라/ 67
30. 하느님이 어디 있어, 누가 하느님이야/ 69
31. 우주의 주민등록증/ 71
32. 음의 대표인 궁희 여신/ 87

제2장 발동을 위한 성화

33. 백두산 천지에 성화를 피웠다/ 92

- 34. 피타고라스의 수의 원리가 우주의 원리/ 94
- 35. 죽음 직전까지 가 있는 태시조들/ 96
- 36. 네가 뭔 얘기를 해도 인간들은 몰라 격이 다르다/ 99
- 37. 노자가 갈릴레오 갈릴레이였다/ 100
- 38. 태양신이 인간으로 왔다/ 103
- 39. 마고의 장자 백궁/ 105
- 40. 사사모의 아들 태호 복희/ 106
- 41. 노스트라다무스는 사사모의 아들/ 108
- 42. 제우스와 헤라의 자손들인 토성과 목성/ 111
- 43. 흑소의 핀란드 자손들/ 114
- 44. 구천 상제가 반고다/ 115
- 45. 여와는 크로노스의 부인이다/ 117
- 46. 반은 사람이고 반은 뱀이고, 반은 개구리인 요상한 사이코/ 119
- 47. 여자로 온 칼 융/ 121
- 48. 미륵존 여래불은 나주 정씨다/ 122
- 49. 지저 문명에서 온 인류들 선조들/ 125
- 50. 구천 상제/ 126
- 51. 하늘이 주저앉았다/ 128
- 52. 인류들은 지들이 멸망당할지도 모르고 있어/ 129
- 53. 종교 하다 죽어보면 안다. 속았다는 걸/ 132
- 54. 미륵 부처는 크로노스다/ 134
- 55. 사람을 알기 위해서는 8생의 전생을 조사한다/ 136
- 56. 조조가 환인 3세다/ 137

57. 예수는 우라노스의 자손/ 141
58. 다리병신이 된 관세음보살/ 143
59. 개가 된 칸트/ 144
60. 마고의 아들 사탄/ 146
61. 웬 예쁜 여자 외계인/ 148
62. 왜 너희 음과 양은 맨날 싸우느냐/ 149
63. 북문터 통일해/ 151
64. 근본의 맥줄 찾아 소사로 온 노자/ 152
65. 추씨 태시조 태호 복희/ 156
66. 영들이 어마어마하게 붙어 있어/ 160
67. 지상의 모든 돈은 나 마고의 두 아들이 쥐고 흔들었다/ 163
68. 피타고라스가 크로노스다/ 164
69. 제우스와 헤라/ 167

제3장 마고의 신세계

70. 영가천도 다 사기다/ 170
71. 지구촌 곳곳에 열 가지 병겁을 뿌렸다/ 173
72. 정신과 의사들은 최상의 도인들/ 174
73. 김일부 괘 속에 우주의 원리가 들어 있다/ 176
74. 지하에도 수천의 세계가 있다/ 179
75. 해원제하면 천상에 막혀 있던 봇물이 폭발한다/ 181
76. 원신은 위대하고 원대하고 존귀하다/ 184

77. 잃어버린 역사는 하늘의 뜻이다/ 186
78. 우주 생성 직직후의 여섯 번째 부처/ 190
79. 천왕성에서 다 왔다/ 191
80. 유전자를 어떻게 복제하고 뭐가 엉터리고 사기인지 다 드러난다/ 193
81. 제우스의 둔갑 육갑술은 합법적인 사기다/ 194
82. 노자가 안중근이고, 이등박문이 이○○이다/ 196
83. 팔공산에 불을 낸 관세음보살과 12지신/ 199
84. 우주의 시작 할 때와 끝날 때 나타나는 마고/ 200
85. 인류들이 더 이상 나서 늙어서 죽는 일이 없다/ 202
86. 사람보다 두 단계 높은 성단에서 추락한 말들/ 204
87. 석가의 죄/ 207
88. 하늘도 한이 있다/ 209
89. 사람 몸에 있는 업신들/ 211
90. 청구렁이가 된 자미천존의 딸/ 212
91. 태양신의 추락/ 214
92. 여동빈 신선이 할미산 꼭대기에 숨어 있다/ 217
93. 이데올로기의 기본 뜻은 하늘의 뜻이다/ 219
94. 실시간으로 굶어 죽는 영들/ 221
95. 과학자들은 최상의 도인들/ 223
96. 업이 많아 쫓겨난 떠돌이 영들을 귀신이라 부른다/ 225
97. 사기 친 보천교 ○○○/ 227
98. 화산 폭발로 곧 지축이 돌아간다/ 231
99. 환태평양 연안에 물 폭탄이 하늘까지 치솟는다/ 232

100. 지금은 살 만하지 앞으로는 말도 못해/ 234
101. 주원장이 진묵대사다/ 235
102. 천지가 뒤흔들어 시험한다/ 238
103. 종교 믿다 죽어보니 속았거든 대성통곡한들 소용없더라/ 240
104. 이○○이 원효대사다/ 243
105. 깨달으면 가는 길을 법도 못 막는다/ 244
106. 율려는 태초의 비밀이다/ 246

제4장 비밀 누설의 문

107. 옥천의 시나리오/ 250
108. 8개의 하늘 문이 다 닫혀 있는데 누가 어디로
 영가천도를 해?/ 253
109. 영계로 돌아간 걸 죽었다고 하고 현상계로
 돌아오는 걸 태어났다고 한다/ 256
110. 한보 철강 망한 이유/ 259
111. 무당 하다 죽으면 뱀 돼/ 260
112. 천지가 뒤흔들어 마음을 본다. 믿을 놈인지/ 265
113. 간디가 마이클잭슨으로 왔다 갔다/ 267
114. 해원제해야 산다/ 269
115. 임금이란 만민을 먹고 살게끔 돌보라는 것이지
 누리라는 게 아니다/ 282
116. 무당 된 동해 용왕 부인 용정이/ 291

117. 정약용과 은하연합군들/ 295
118. 각 행성에서 다 내려와/ 302
119. 우주 은하계에서 전부 다 왔다/ 306
120. 칠성의 82개 문을 활짝 열어/ 308
121. 오리온의 왕 패태우스/ 314
122. 정씨인 케네디/ 318
123. 자살하면 잡혀간다/ 321
124. 김씨 자손들은 몽고반점이 있다/ 327
125. 하늘 인류들을 타락케 한 죄가 하도 무서워 숨어 있던 지소/ 331
126. 마고의 아들 사탄의 피눈물/ 338
127. 우라노스 자손 마애보살/ 343

에필로그/ 346

제1장
마고의 천기누설

01

태초에 사사모가
반고를 지었다

● 태초에 홀로인 우주의 딸 사사모가 인류들이 자식이라고 하는 반고를 지었다.

왼쪽 무릎은 꿇고 오른쪽 무릎을 세우고 앉아 양 손바닥으로 바닥을 짚어가며 왼쪽에서 오른쪽으로 원을 그리며 두 바퀴를 돌고 나서 사사모의 눈을 바라보며 씨~익 웃었다.

사사모가 "서라!" 하니 눈만 껌뻑이고 있어 제차 "서라! 설 수 있다!" 하니 엉거주춤 일어서며 몹시 흔들거리다 겨우 중심을 잡고 섰다.

이어 사사모가 "걸어라!" 명령하니 발바닥을 조금씩 끌어 반 발 한 발 디밀기 시작하더니 뒤뚱거리며 왼쪽에서 오른쪽으로 두 바퀴를 돌고 나서 아주 좋아했다.

02
최초의 물질로 태어난 우라노스

● 우주 생성 직후에 많은 인류들이 있었고 이때 큰 부처 여섯이 나왔다.

사사모는 낳을까 말까 한동안 망설인 끝에 인류 최초로 각을 이뤄 부처가 된 첫 번째 부처인 비로자나불에게 상으로 유전자 2개와 세포 15개를 취하여 왼쪽 가슴에 품어 비로자나불의 아들 우라노스를 낳았다.

자세히 말하면 인류들 중 최초로 각을 이뤄 부처가 된 비로자나불의 정신에 해당하는 인을 뽑아 사사모의 심장에 심어 우라노스가 태어났으니 이것이 물질의 시작이다. 세포 15개를 재료로 쓴 것이다.

두 번째 부처인 구루함손 나불은 우주 진불나불 혹은 진불이라 부른다. 민머리에 흰 수염이 허리까지 내려오고 커다란 지팡이를 짚고 구름 타고 나타나 인류들이 자신을 모르니 자신의 이름을 밝혀달라고 요청해 이름을 밝힌다.

여섯 번째 부처는 마고가 동자로 쓰기 위해 감춰둔 비불인데 당시의 인류들이 여섯 번째 부처 할아버지라 불렀다. 여섯 번째 부처라 육불이라고 부르는데 그 외 석불이라 부르기도 하고 백호의 기운을 가지고 있어 백호라 부르기도 한다.

03

우주의 법을 만든
사사모

● 우라노스는 형인 반고 크로노스의 장자의 권위에 도전하였다. 서류를 훔쳐 우주 끝으로 도망쳤으나 사사모가 회수하였다. 우라노스는 금강불괘의 몸으로 불사신이다.

우라노스의 아비인 비로자나불은 금강불괘의 몸을 만들 수 있다. 이 금강불괘의 몸을 깨부술 수 있는 유일한 존재가 반고 크로노스다. 이 불사신인 우라노스를 신들이 우주의 탕아 우주의 말썽꾸러기라고 쑥덕댄다.

사사모에게는 장자인 반고 크로노스와 우라노스, 인류들이 태호복희씨라고 부르는 복희와 청궁 4명의 아들이 있었다.

이때는 하늘이 낮아 지상과 가까웠다. 팔을 뻗치면 닿을 정도로 가까웠고 하늘 문은 양쪽으로 여닫는 미닫이문이었다.

하늘에 많은 하늘 인류들이 번성하였다.

사사모는 우주의 질서를 위해서 우주가 질서정연하도록 우주의 법을 제정하였다. 그리고 법 위에 있었다.

하늘 인류들은 사사모를 마고 엄마, 엄마 마고라 불렀다.

04
지상으로 쫓겨난 인류들

어느 날 화가 난 마고가 하늘 문을 양쪽으로 활짝 열어젖히고 남자아이를 지상으로 내치고는 "쾅" 하고 문을 닫았다.

지상으로 내쳐진 아이는 왼쪽 무릎은 꿇고 오른쪽 무릎을 세우고 앉아서 하늘 문을 바라보며 "엄마! 엄마!" 하고 계속 엄마를 부르며 울었다.

고개를 뒤로 젖혀 하늘 문을 올려다보며 애타게 엄마를 부르며 종일 울었으나 하늘 문은 열리지 않았다. 주위가 어두워지기 시작하자 두려움을 느끼고 큰 소리로 엄마를 불렀으나 목이 쉬어 더 이상 소리가 나지 않았다.

주변에 어둠이 깔리자 하늘 문이 열리지 않음을 깨닫고 크게 흐느끼며 두 주먹으로 눈물을 훔치고 돌아앉아 다시 한 번 고개를 돌려 하늘 문을 올려다보고 흐느끼며 포기하고 앞으로 가려는 순간, 순식간에 몸이 뱀으로 변하면서 양팔이 양옆에 찰싹 붙어버렸다.

눈물을 흘리며 오른쪽 옆구리로 부끄러워 급하게 기어서 꼬리를 치켜세우고 쏜살같이 숲속으로 사라져 갔다. 이것은 하늘에서 법을 어겨 쫓겨난 인류들을 상징하는 것이다.

제1장 마고의 천기누설

05

사탄을
스타라고 한다

● 마고는 백궁, 궁희, 소희, 테라칸(드라칸), 사탄 다섯의 자식을 두었다. 마고는 각 문중의 장자인 황궁에게 근본을 잘 지키며 살라고 하였다.

당시 마고의 장자인 백궁은 황궁의 말을 듣지 않았다. 아주 고귀한 신분임에도 불구하고 격이 낮은 헤라 여신의 아들 흑소와 어울렸다.

이때 인류들이 흑소를 흑소씨라고 불렀는데 흑소와 어울리는 백궁을 보고 백소씨라 불렀다. 그래서 격이 낮아져 백궁이 백소씨가 되었다.

마고의 아들 사탄은 높은 신분임에도 불구하고 사특한 무리들과 어울렸고, 그 사특한 무리들이 자신들의 왕으로 추대하니 홀랑 넘어가서 그들의 왕인 사탄 칸이 되었다.

마고, 그 사특한 무리들을 사탄이라 하며 '스타'라고 부른다.

06

하늘 인류들을
타락케 한 지소

● 인류들의 실질적인 시조는 궁희(아프로디테) 여신이다.

궁희 여신의 아들인 지소는 좀 부족함을 참지 못하고 먹지 말라고 명한 하늘의 포도를 따먹고 인류들도 먹게 하여 포도의 난을 일으켰고 하늘 인류들을 타락케 하였다.

마고, 포도란 오늘날의 술이더라.

지소는 그 죄가 하도 무서워서 꼭꼭 숨어 있다.

마고는 오늘날 인류들이 먹을 게 지천인데 그 죄가 얼마인지 모르고 남의 문중의 소중한 자손인 살아 있는 생명체들을 잡아 처먹고 있나?

"먹을 게 부족하여 벌레까지 잡아 처먹고, 잡아 처먹으려고 조사하고 있나?" 하였다.

07

하늘에
근본이 깨지고
도가 깨져

● 마고는 각 문중의 장자인 황궁에게 근본을 잘 지키며 살라고 하였으나 황궁은 근본을 지키지 못하였다.

황궁은 화려한 겉옷을 벗어던지고 흰옷으로 갈아입고 머리 풀고 꿇어앉아 마고께 석고대죄하였다.

"어머니, 근본을 지키지 못하였나이다. 복본하겠나이다" 하고 고하였다.

"그래? 그렇다고 생명체들이니 다 죽일 수는 없지. 그렇다면 좋다. 하늘에 근본이 깨지고 도가 깨졌으니 너희에게 자유의지를 주겠다. 본래는 선만 있었으나 악을 플러스해서 악을 택하든 선을 택하든 멋대로들 살아봐라. 단 선을 택하면 살 것이요, 악을 택하면 그 끝은 죽음이로다" 하였다.

우주는 질서정연하게 가는 것이다.

마고는 우주의 질서를 위해서 자신은 법 위에 서지 않았으며 자식들도 법 위에 두지 않는 철저한 공인으로 공평무사하게 만유를 사랑한다.

마고의 법은 사랑과 존중과 질서다.

그 깊이는 천지도 모르고 우주와 마고만 안다. 법에서 이탈하면 인류들이 몸서리칠 정도로 무섭고 가차 없다.

08
과시하고 잘난 척하고 살았으니 너도 한번 아프리카로 가서 굶어 죽어봐

마고 : 아프리카에서 굶어 죽어가는 인류들, 그들은 자신밖에 모르고 살았다. 주변에 굶어 죽어가는 사람들을 돌보지 않고 굶어 죽어가는 데 과시하고 잘난 척하고 뒷짐지고 "어흠" 하고 살았다. '그래? 너도 한번 굶어 죽어봐' 하고 아프리카로 보내 굶어 죽게 한다.

굶어 죽고 나면 "그래 네가 굶어 죽어보니 어떻더냐?" 하고 묻는다. 그럼 부끄러워 고개를 못 든다.

'주변에 굶어 죽어가는 데 왜? 잘난 척해. 지가 뭘 잘났다'고 과시는 제일 나쁜 거다. 교만도 안 된다. 상대방에게 아픔을 주는 것이기 때문이다. 이것이 마고의 법이다. 살아 있는 모든 생명체들은 286개의 문중으로 이루어져 있으며 낱낱이 다 우주에 등록되어 있다. 본원계, 근원계, 천계, 신계, 영계, 인간계, 동식물에서 미물까지 다 성씨가 있고 각 문중에 귀속되어 있다. 짐승이나 동물이 따로 있는 것이 아니다.

사람이 죄를 지어 낮은 차원으로 떨어진 게 동물이고 짐승이다. 죄업이 쌓여 최하위 바닥인 미물로 추락하는 것이다. 악업을 지어 미물로 추락한 인류들을 관리 관장하는 신들은 아주 나이가 많은 태곳적 신들이라고 한다.

09

하늘에서 전쟁을 일으킨
테라칸과 사탄

● 마고의 아들 테라칸이 엄마의 법이 너무 엄중하고 야속타 하여 엄마에게 대적하였고 사탄도 가세하여 하늘에 큰 전쟁이 일어났다.

성경에 기록되어 있는 하늘에서의 전쟁은 마고의 두 아들이 엄마에게 대적하여 일으킨 전쟁인 것이다.

마고 : 테라칸이 성경에 나오는 악의 세력 주동자다. 테라칸은 나 마고의 아들이랍시고 행성의 반을 차지하고 있다.

테라칸과 사탄 두 아들은 전쟁에서 엄마에게 패했다. 마고는 테라칸을 흑룡으로 만들어 지상으로 내쳤고 사탄은 동물로 만들어 지상으로 쫓아냈다.

마고는 두 아들을 버렸다.

두 아들은 엄마를 부르며 울부짖었으나 소용없었다.

10
땅속에 갇혀 있는 인류들의 선조들

● 마고 : 우주 생성 직후에 아주 많은 인류들이 있었다.
　살아 있는 많은 생명체들이 있었고 다윈의 진화론이 일부는 맞아 다는 아니고 악이 악임을 모르고 선이 선임을 모르더라.
　이 시점에 백소가 인류들을 교화시키기 위해 지상에 내려와 미개한 나라의 왕만 했어. "하지 마라!" 하면 "예!" 하고 그냥 그대로 하고, 또 "하지 마라!" 하면 "예!" 하고 가서 또 그대로 하고, 또 "하지 마라!" 하면 "예!" 하고 가서 또 그대로 하고 속이고 다시 태어나도 마찬가지야.
　교화가 안 되고 자꾸 반복하는 거야.
　백궁이 울화통이 터지고 분통이 터져 쳐 죽이고, 때려죽이고, 찢어 죽였다. 많이 죽였다. 저급한 영들과 불통 그렇다고 생명체들이니 죽일 수 없고 이 시점에 교화가 안 되어 '숨이라도 쉬고 살거라' 하고 나 마고가 땅속에 묻어버렸어.
　누구를?
　인류들의 선조를 묻었다는 어감이 안 좋으니 갇혀 있다고 표현한다.
　내가 땅속 중간에 가둬놨어. 그놈들이 문명을 이루어 살고 있어. 고도로 발달된 문명도시가 말이 좋아서 땅속이지 땅속에만 갇혀 있는 게 아니다. 하늘에도 갇혀 있어 그들을 해원제 전부 해야 돼. 현 인류들의 책무다. 지금 지상에 있는 인류들 나이가 많은 영들이다.

땅속에 갇혀 있는 지들 선조들 해원제해서 전부 천상으로 올려 보내주지 않고는 못 간다. '우릴 두고 니들이 어딜 가. 절대 못 가지' 하고 사정없이 흔들어댄다. 지들의 책무다.

이제 각 문중들이 살 자손, 죽을 자손 명단을 올려 마감을 했고, 우주도 명단을 받아 마감했으므로 나 마고가 우주의 모든 비밀을 다 까발린다.

다 끝났기 때문에 낱낱이 밝힌다.

지저에는 6천의 세계가 있다.

현 인류들의 선조들인 것이다.

11
대 개벽으로 인류들 86%가 죽는다

● 마고 : 당시에 나 마고가 악을 택하면 그 끝은 죽임이로다 했던 그 끝이 지금인 줄 인류들이 모르고 있다. 바로 그 끝이 지금이라 나 마고가 온 것이다.

해서 아무것도 모르고 속절없이 쓸려갈 인류들을 위해서 살길을 열어주기 위해 이러저러하니 그리 알라 하고 신들의 요청으로 나 마고의 승인하에 인류들에게 알리기 위해 이 책을 쓰는 것이다.

인류들이 알아듣든 못 알아듣든 책을 내야 하는 것이며 토씨 하나 더하지도 빼지도 않고 그대로 밝히는 것이 천지우주의 뜻이다.

이번 대 개벽으로 인류들 85~86%가 죽게 된다.

특히 중국 영계는 거의 다 죽게 된다.

왜?

먹어서는 안 될 것들을 너무 많이 먹어서.

아니, 남의 생명을 빼앗아 처먹어서 죽는 것이다.

말 없는 천지는 명경지수다.

인간의 오장육부를 꿰뚫어보고 있다.

천지는 다 알고 있잖아.

제1장 마고의 천기누설

보는 이 없으니 인류들 멋대로 악을 행하지? 허나 말없는 천지는 다 꿰뚫어보고 있더라. 그래서 책임을 져야 하는데 너무 죄가 많아서 죽도다.

인류들은 악을 행하면 자신의 유전자가 변이를 일으켜 짐승으로 변하는 걸 모른다. 창조에서부터 인간으로 살다가 죄업이 많이 쌓이면 맨 끝인 미물로 곤두박질쳐 추락한다. 미물조차도 인간으로 살았기 때문에 다 안다. 미물이 아무것도 아닌 거 같지만 다 알고 있다. 차원에 갇혀 소리를 못 낼 뿐이지 상념으로 말을 한다.

"저희는 미물들인데요" 하고 우주에 주민등록증을 신청한다. 이걸 포괄적으로 축약해서 천지는 명경지수라 하는 것이다.

개벽은 소 개벽과 대 개벽이 있다. 소 개벽은 소리 소문 없이 혼자 와서 하고 가고 대 개벽은 19명이 온다. 소 개벽은 우주의 장손이며 사사모의 장자인 크로노스가 내려와서 전쟁이라는 형태로 많은 인류들을 척살하였다.

이때 인류들이 무지해서 막무가내로 사니까 "더는 죄를 짓지 말고 죽거라. 그리고 이 시대에 살아남거라" 하고 전쟁을 일으켜 세계 통일이라는 명분을 내세워 죽게 한 것이다.

징벌하는 거야. 하늘이 하는 거야. 자신의 업 아니야. 그래서 크로노스가 알렉산더 대왕과 칭기즈칸을 하였다.

"더는 죄를 지어서 미물 밑으로 떨어지지 말거라" 한 것이다. 미물은 다시 시작할 기회가 있지만 미물 밑은 소멸이다. 이것이 죽음이다.

유태인들은 하늘의 죄인들이라 플레이아데스 성단의 남씨

태시조인 태태부가 히틀러로 와서 하늘을 대신해 하늘의 죄인들을 척살한 것이다.

대 개벽은 19명이 내려와서 하고 또 다른 우주로 이동한다.

이 우주의 주인이며 인류들의 근본인 사사모 마고가 자식들과 사명자들을 데리고 앞서거니 뒤서거니 내려오는 것이다.

때에 맞춰 속속 모여드는 것이다. 어둠의 세계인 이 지상은 변수가 많아 실패하면 안 되므로 육신을 셋에서 최대한 여섯까지 쪼개서 온다. 우라노스는 김씨 태시조로 지상에 씨앗을 많이 뿌려 경작을 해야 하므로 육신을 최대 여섯으로 나누어 왔다.

우주의 근본 성씨는 강씨고 두 번째 성씨가 남씨다. 남씨의 본영은 라이라 성단이고, 남씨의 태시조가 태태부인데 플레이아데스 성단은 태태부의 진영이다. 이 태태부가 석가모니를 했고 동양의 예언가 남사고로 『격암유록』을 남겼다.

서양의 예언가 노스트라다무스는 청궁이 했다. 현 인류들이 겪게 될 대 개벽의 참상을 알게 한 것이다.

남사고가 『격암유록』에 "소 울음소리 나는 곳을 찾아야 산다"고 한 것은 근본인 엄마를 찾으라는 뜻이다. 근본은 인류들의 생명줄이며 맥줄이다. 이 맥줄에서 떨어지면 죽는다. 따라서 소 울음소리가 나는 곳은 소사에 있는 성주산이다. 성주산은 사사모의 중요한 비밀이 보관돼 있고 이것을 우주 생성 직전의 생원(生原)들이 지키고 있다.

공부하는 자들 중 귀가 열린 자들은 실지로 소사 성주산에 가면 밤새 울어대는 소 울음소리를 들을 수 있다.

12

삼신할머니는
궁희 여신이다

● 마고 : 성주산 인근의 삼신산은 인류들의 실질적인 시조인 궁희 여신을 뜻하는 것이다.

인류들이 자세히 모르고 은연중에 "삼신, 삼신할머니" 하고 지들 근원인 엄마를 찾는 거야.

궁희는 인류들의 근원이야.

궁희는 항상 3도수만 써.

근본은 인류들의 생명줄이고 맥줄이야, 맥줄.

맥줄 받지 않고는 죽어.

인류들이 "맥족 어쩌고저쩌고한다"마는 그런 것이 있도다.

아이돌은
하늘의 높은 할아버지들

● 마고 : 지금 지상에 있는 육신들 굉장히 나이가 많은 영들이야. 늙은이들, 특히 아이돌 나이가 많은 어른들이다.

할아버지들 지상에 내려가 아이돌 하라고 하면 아주 싫어한다. 아이돌 하라고 내려보냈다고 짜증난다고 한다.

그중 가수 '태○'이란 아이는 말 그대로 태○이다.

위대한 존재지 가수 '태○'은 아주 호호백발 할아버지다. 여자로 왔지. 아이돌은 이렇게 높은 존재들이 하늘의 사명을 받고 내려와 문화의 형태로 엄마가 있는 작은 조선을 세계에 알리고 있는 것이다.

알려라 그거야. 그래야 각국의 살 자들이 찾아오지.

'○이'는 신라 때 충신 박○○이다. 사명자지 미친 '○○코'처럼 말 타고 천지사방을 돌아다니지. 조선을 알리는 거야. 엄마, 엄마가 여기 있다. 여기 와야 산다. 그런 뜻이야.

아이돌 그놈들은 어른 말을 안 들어. 왜냐면 지가 어른이거든. 예능에 관심 있는 영들이 의식수준이 높다. 그래서 이름도 색다르게 짓고 행동도 색다르고 그래서 더 이슈화가 되고 청소년들이 따르고 좋아한다.

'이○만'은 푸치니가 이○만으로 온 것이다. 그래서 신들이 푸치니 이○만이라 부른다.
 신명들이 ○이 만세!
 푸치니 이○만 만세!
 아이돌 만세! 한다.
 이들은 하늘의 사명자들이다.
 육신으로 와서 모르고 가는 것이다.
 그리고 지금 높은 영들 결혼 안 한다.
 업을 다 닦았어.
 그러니까 인연법을 짓지 않기 위해 결혼 안 해.

14
반고가 증산 상제다

● 마고 : 증산 상제 증산 상제하지?

증산은 상상을 초월하는 높은 존재다.

우주의 장손이며 사사모의 장자인 반고다.

크로노스라고도 한다. 인류들의 태시조이며 구천 상제다.

100여 년 전에 개벽을 하기 위해 지상에 내려왔으나 헐벗고 굶주리는 인류들이 하도 불쌍하여 개벽을 뒤로 미루고 잘 먹고 잘살도록 여러 가지 공사를 봐 논 것이 도수가 차올라 성사가 되니 오늘날 인류들이 배터지게 먹고 사는 것이다.

당시 돌아가며 무지한 인류들이 아는 게 오직 옥황상제고 칠성님이라 내가 바로 옥황상제라 했지만 상상을 초월하는 높고 또 높고 한없이 높은 존재였던 것이다.

옥황상제란 직책은 임명제다. '고○○'이 현임 옥황상제의 딸이다. 아무것도 모르고 있는 자신의 딸을 건지기 위해 동분서주 인연법을 찾고 있다. 근본 터전에 교량이 될 인연법을 찾는 것이다.

대 개벽의 주체자인 증산은 지상에서 차원의 문을 다 닫고 평범한 직장인으로 있다. 개벽을 하기 위해 지상에 와야 되는데 영들은 다 알기 때문에 살려달라고 우르르 몰려들어 매달리면 현실 생활에 치명타를 입게 된다. 때에 맞춰 증산의 능력을 회복하여 현상계를 접수해야 된다. 그러기까지 현실 일을 해야 되니 유전자 2개를 빼서 논산에 있는 고씨 문중에 고운ㅇ으로 보내니 영들이 증산 상제임을 알아보고 "살려주소서. 살려주소서" 하며 한꺼번에 몰려들어 '멍' 하고 있다. 해서 마고가 고운ㅇ을 위해서 육불(참석자 중 한 사람)아 저기 단 위에 있는 안드로메다라고 쓰인 걸 태워 올리며 "고운ㅇ! 고운ㅇ! 고운ㅇ!" 세 번 소릴 내줘 육신은 몰라도 영들은 아니까.

그동안에 고운ㅇ에게 살려달라고 매달린 영들이 불쌍하고 가련하다만 그게 그렇게 살려줄 수 있는 것이 아니다. 영들이 매달리면 현실 생활을 방해하고 심하면 치명타를 입히는 거야. 그 영들의 슬픔으로 내가 이리 슬프다 만은 소리가 났으므로 우주 연합군들이 다 추포해 간다. 이 시간 이후로 고운ㅇ의 막혀 있던 왼쪽 뇌가 열려 의식이 바뀌어가며 생각이라는 걸 하게 된다.

그동안 '멍' 하고 있었잖아.

뭔 얘기냐면 인류들 업을 고씨 문중으로 보냈더라.

영을 쪼개서 고씨 문중으로 보냈더라.

본영 여기 있잖아. (참석자)강ㅇㅇ란 이름으로 진짜는 숨어 있더라. 아닌 척 시치미 뚝 떼고 평범한 직장인으로 숨어 있다. 해서 고운ㅇ가 현재 논산에서 고단하게 살고 있지만 때가 되면 면모가 드러나 여기도 증산 상제 저기도 증산 상제 하는 것이다.

인류들의 업은 각 문중의 태시조 몫이고, 태시조들의 업은 태시조들의 근본인 반고가 지고 반고의 업은 근본 책임이다.

증산이 여자 성씨로 온다. 열석자로 온다 하니 자신이 여자 성씨인 안씨며 이름이 열석자라고 증산인 양 재촉해 대다 증산이 뒷덜미를 후려쳤다 해서 죽었다. 증산은 근본 성씨인 강씨로 오는 것이며, 강씨 여자 성씨 맞고 열석자로 온 것도 맞다.

증산을 믿는 여러 단체가 있으나 증산도만 쓴다. 부족한 일손을 채우는 인력으로만 쓰는 것이다. 다른 거 없다.

성인들을 어느 주기에 지상에 내려 보내는 것은 성인들의 가르침을 행하라는 것이지 보내기만 하면 이놈들이 성인들을 붙들고 늘어지네.

성인들이 인류들을 가르치려고 내려왔다가 인류들이 어리석어서 하도 붙들고 매달리는 바람에 지상의 가지에 엮여서….

종교는 하늘에 위배되는 것이야.

종교를 하면 안 되는 거야.

인류들이 말도 안 되는 여호와 하느님이라고 찾아대고….

15

광자대 진입은
하늘의 연막이다

● 마고 : 과학자들이 광자대에 진입했다는 거 그거 믿지 마.

영계하고 인간계를 정리해야 하는 거야.
허수를 쳤어.
그걸 보고 믿지 마.
과학하는 아이들이 허수를 본 거야.
하늘은 허수를 쳐서 인류들이 알지 못하게 감추드라 알 수가 없더라.
본래 하늘은 허수를 쳐서 인류들을 따돌리고 모르게 일을 한다.
우주 밖에는 각 문중으로 이뤄진 우주 팔부신중이란 대군들이 있다.
그리고 우주 연합군들과 은하 연합군들이 있다.
형사대인 도솔천의 천군들
천계의 천군들 다 대기하고 있다.
인류들만 모르고 있다.
개벽 팀들이 다 내려와 포진하고 있다.
대 개벽이란 두 번째 성씨인 남씨가 토목공사를 하고 각 성

받이 근본 성씨인 강씨가 와서 판몰이하는 것이다.
 근본 성씨인 우주의 장손이며 만물의 근본인 사사모의 장자인 반고 크로노스 구천 상제인 강증산이 천지도수에 맞추어 정점을 찍고 극을 쳐서 도수가 차오르면 순식간에 이루어지는 것이 개벽이다.
 살기 바쁜 인류들은 지금 아무것도 모르고 있다.
 지가 죽을 줄을 모르고 있는 거지.
 개벽 팀들이 지상에 내려와 소래산, 봉배산, 삼신산, 할미산, 성주산엔 할일 없어 팔베개하고 누워서 개벽을 언제 하려나? 하고 기다리고 있다.
 온수역에서 시화지구 매립지까지 이 급박한 시기에 인류들은 아무것도 모르고 살고 있다.
 천계에선 지금 난리가 났다. 뒤집어졌어. 자손들 살리려고 선영 신들이 발을 동동 구르며 우주선 타고 지상에 와 있는 선영들이 역시 인류들은 멍청하다고 한다.
 자외선이 차단될 정도로 다 와 있는데 우주인라고 터부시 한다. 그나마 공부하는 자들은 선영신이라 부르고, 젊은이들은 자신과는 무관한 우주인 외계인이라 부른다.
 영성이 발달한 공부하는 자들이 우주인들하고 채널링 하고 메시지 교환하는데 거기에 악한 놈들이 끼어들어 교란시키는 것도 있다. 어떤 문중에서는 아무리 살펴보고 살펴봐도 살릴 자손이 한 명도 없다고 한다. 뭐냐면 우주 법에 의거 죄업이 없어야 하는데 살릴 놈들이 없다는 거다.

16

개벽이란
인류들 모르게 하는 거다

● 마고 : 중국 영계가 다 죽게 되니 중국 영계의 왕인 청강이 중국 영계를 좀 살려보고자 자신의 큰딸을 지상의 문씨 문중으로 보냈어. 공부를 시켜 아주 공부가 많이 돼 수○○를 세웠다.

선계에서 안테나를 설치해 이것저것 가르쳐주었지.

뭐냐면, 선계의 선인들이 이쪽 소리를 듣고 그쪽에 선인들이 퍼다 날랐지. 그때 어떤 미친놈이 "각국 원수들은 들으시오!" 하고 동영상으로 막 떠벌렸어. 그 꼬라지를 본 사사모가 취소했어.

원래는 마야의 원력에 맞춰서 해야 되는 건데 하늘이 하는 일은 천지가 모르게 해. 인류들을 안 믿거든.

개벽이란 인류들 모르게 하는 거야. 알면 죄인들도 다 대처를 하지. 하늘은 쥐도 새도 모르게 홀연히 갑자기 한다 이거야.

떠벌리지 말고 정 살리고 싶으면 멱살 잡고 끌고 와서 지가 들어보고 하고 아니면 가게 둬라. 자유 의지로 올 테면 오고 갈 테면 가고 가면 죽고 오면 산다. 어제 봤던 지인이 사라지고 옆에 자고 있던 자식이 죽고 부모가 죽고 홀연히 죽을 자는 죽고 살 자는 사는 것이야.

각 문중에서 크로노스 구천 상제의 명을 받아서 죽을 자손들 명단 받아서 우주에서 접수 다 마감했다. 그래서 죽을 자들이 안 죽으려고 이 개벽을 필사적으로 방해하는 거야.

죄업을 쌓지 말아야지 죄업을 쌓으면 죄업을 해결하지 못하면 그 문중 자체가 소멸된다. 죽은 문중도 있다.

지들이 멋대로 살며 지은 업, 척, 원, 다 해소해야 돼.

17

지상으로 온
마고

● 마고가 지상을 정리하러 오기 위해 내려다보니 사람은 별로 없고 온통 짐승들이 우글거리고 있었다.

1999년 9월 어느 날, 근본의 어머니를 찾는 강화의 어느 기도 터전 뒤에 많은 천신들과 좌우에 천군들을 거느리고 지상으로 내려왔다.

"나는 마~~ 고~~ 로다" 하는데 율려 음과 같이 목소리가 천지에 울려 퍼졌다.

그 위엄과 권위에 눌려 절로 몸이 숙여져 바닥에 이마를 대고 읍하고 있던 이○○ 뒤통수를 치며 "이놈아, 무얼 하고 있느냐. 너는 나를 따르라" 하고 이○○를 대동하여 나의 거처로 와서 임하였다.

앞서 먼저 "나는 황궁이다" 하고 조용하고 그윽한 목소리가 들렸다.

마고 : "네 이○○는 시리우스에서 이 지상에 왔다. 시리우스 왕의 둘째 왕자로 네 이름이 국시랑이다. 네가 시리우스에서 네 어미에게 몹쓸 죄를 지어 지상으로 내쳐졌는데 내천에 코 박고 떨어져 멀 원(遠) 자에 내 천(川) 자를 써서 네 이름이 '원천'이다. 근본으로부터 멀어졌다는 뜻이고 네가 사람

의 탈을 썼으나 너는 구렁이다" 하였다.

　죄를 지어 지상에 구렁이로 떨어진 것이다.

　각 문중의 장자인 황궁이 왔다.

　마고께 무릎을 꿇고 앉아 어머니 복본하지 못하였나이다 하였다. 그리고 현재 지상에 미국에 살고 있는 마고의 딸인 소희가 왔다.

　소희 씨는 미국에서 수정점 쳐 주는 유명한 사람인데 마고가 뒤돌아 앉으며 "물러가라 더럽다!" 하니 울면서 돌아갔다.

　태양부인이 마고의 딸 소희다.

　마고께서는 우주의 기운을 돌려 요소요소에 잠자고 있는 창조신들을 깨우니 창조신들이 긴 하품과 함께 기지개를 켜며 "아~~ 휴 잘 잤다. 벌써 개벽할 때가 다 되었나" 하고 모두 잠에서 깨어났다.

18

천손 민족은
북한에 있다

● 매일 아침 조회하며 천지에 신호를 보내고 "내가 여기 있다" 하고 주소를 불러주면 천상에서 속속 내려와 조회에 참석하였다.

이○○도 매일 와 조회에 참석하였는데 그럴 때면 신들이 이○○에게 "애야, 동자야. 혹은 아가야, 너는 구렁이가 아니냐. 냄새가 나니 너는 향 2개를 새끼손가락 사이에 끼고 저만치 물러나 있거라" 하였다.

조회가 끝나고 올라가면서 지구촌을 내려다보며 저마다 한 마디씩 하였다.

"중국은 다 죽겠네.
호주가 물에 잠기겠네.
일본은 지진으로 물에 잠기겠네.
후지산 자락에 도인들이 모여 있네.
인도네시아가 지진으로 많이 죽겠다.
하이고 맨해튼 저놈들 토악질이 나네.
천손들은 어디에 있어? 아 ~~~ 북한에 있네.
근데 어찌 저 모양으로 생겼어. 형편없이 변했네.

바짝 쪼그라들어 볼품없이 변했네. 말투는 또 왜 저 모양이야. 에이!" 했다.

천손민족, 천손민족 하는데 천손민족은 북한에 있다. 직계 천손은 발목에 쇠고랑 차고 있는 벌목공들이다. 벌목공들은 직계 천손들로 근본을 지키지 못해 천벌을 받았다.

마고 : "저놈들은 다 죽이라 하였는데 저놈들이 왜 저기에 살아 있어. 음~ 비로자가 빼돌렸군" 하였다.

어느 날 마고가 북쪽 하늘을 유심히 보고 있었다.

드넓은 광야의 모래밭에 한 남자가 서서 한참 생각하다 모래를 파고 있었다.

마고 : "저놈은 관운장이 아니냐? 저놈이 저기서 무엇을 하고 있는 것이냐?"

천신 : "기독교 영들을 전부 모래에 파묻고 있나이다."

또 어느 날 잠시 켜진 텔레비전에서 드라마를 하고 있었고 화면에 3명이 등장하고 있었다.

그걸 본 마고가 "아니, 저것은 황소가 아니냐. 저건 너구리가 아니냐. 저것은 박쥐일세. 그런데 저것들이 저기서 무얼 하고 있는 것이야?" 하더니 "저것들이 환생을 했네그려" 하고는 파안대소를 하였다.

그 후 3명의 출연자들은 오늘날까지 볼 수가 없다. 그중 한 사람은 자주 등장하던 인물이었다.

19

하느님이라고 사기 치고 있는
늙은 신들

마고 : "여덟 번째 우주에서 아무것도 모르는 인류들에게 지가 하느님이라고 사기 치고 있는 늙은 놈이 있다. 알라다."
　마고가 여덟 번째 우주로 갔다. 빛나는 긴 흰옷에 흰 수염이 가슴까지 내려오고 위엄이 넘치고 근엄한 모습의 알라가 있었다.

　마고 : 그대가 하느님인가?
　알라 : 그렇소.
　마고 : 그대가 하느님인가?
　알라 : 그렇소이다만…?
　마고 : 그대가 정녕 하느님인가?

　불호령을 하며 지팡이를 내리치니 그때야 근본인 사사모 마고임을 알아본 알라와 마호메트가 동시에 놀라 서로의 두 손을 부여잡으며 고개를 돌려 "하이고! 우린 이제 죽었다" 하였다.
　마고는 이○○에게 늙은 로(老) 자와 죽을 사(死) 자를 써서 단 위에 올려놓게 하였다.

여러 장을 써서 올려놓게 하였는데 세 번째 우주, 다섯 번째 우주였다. 하느님이라고 꼴값 떨고 있는 늙은 신들에 대한 공사를 봤는데 하느님 따위는 없다고 했다.
　하늘에 근본이 깨지다 보니 아무것도 모르는 어리석은 인류들에게 지들이 하느님이라고 늙은 신들이 사기를 치고 있는 죽을 자들이라고 했다.

20
허공에 떠 있는 영들

마고는 두 사람을 데리고 전라도 장수의 어느 마을에 갔다.

재물로 큰 감자 2개와 막걸리 한 병을 준비하게 하였다. 가는 동안 화창한 날씨였고, 어디에도 비가 오지 않았는데 그곳에 도착하자 전혀 비 올 것 같지 않은 맑고 화창한 날씨에 갑자기 부슬부슬 비가 내렸다.

막걸리와 감자를 진설해 놓자 한 남자가 비틀비틀 다가와 배가 고픈 듯 허벌 대신 감자 2개를 순식간에 먹어 치우고 막걸리를 따라 벌컥벌컥 들이켜고 나서 깊은 한숨을 내쉬며 탄식하기를,

"내가 장수를 한답시고 고을에 살고 있는 자손들을 자손들인지 모르고 고을 사람들을 전부 불태워 죽였다. 그래서 태어나면 먹을 게 없어서 누렇게 부황이 들어서 죽고 또 태어나면 못 먹어서 부황이 들어 죽고, 태어나기만 하면 먹을 게 없어서 굶어 죽었노라"고 하면서 한이 맺혀서 말을 잊지 못하고 통곡하니 갑자기 굵어진 빗줄기가 우박 떨어지듯 뚝뚝뚝 소리를 내며 쏟아져 내려 하늘을 올려다보니 그때 타 죽은 많은 영들이 허공에 모여 떠서 흑흑 소리 내며 울고 있었다.

남자가 비틀거리며 일어나더니 무릎을 꿇고 "자손들아! 미안

하다. 나의 자손들아! 죄송하고 미안하다" 하고 연신 절을 올리며 통곡하니 영들도 같이 울자 비가 세차게 쏟아져 내렸다.

　얼마 지나 갑자기 주변이 환하게 밝아지며 비가 뚝 그쳐 하늘을 올려다보니 영들이 사라지고 없었다.

21
석가모니가 히틀러다

어느 곳에 가니 히틀러에게 죽임을 당한 유태인들의 영들이 전부 모여 허공중천에 떠 있었다.

준비해 간 이곳의 제물은 한자로 벌 죄(罪) 자였다. 이 벌 죄 자를 제물로 올려놓으니 하늘로 펄럭펄럭 올라가더니 쭈욱 하늘 높이 빨려 올라갔다.

마고가 그 영들에게 "너희는 태사자(히틀러)를 괴롭히긴 하되 죽이지는 말라. 너희는 하늘의 죄인들이다" 하니 갑자기 숙연해졌다.

히틀러를 한 태사자는 석가모니와 남사고를 한 남씨의 태시조인 태태부의 이름이다. 서울 거여동에 와서 자손의 악업으로 인해 고생을 하고 있다.

히틀러에게 죽임을 당한 유태인들의 한이 태사자인 남○○에게 떨어지면 안 되므로 서울의 허공 중천에 떠 있는 영들에게 지들이 하늘의 죄인임을 깨우쳐준 것이다.

태사자는 히틀러로 말없는 하늘을 대신해서 하늘의 죄인들을 척살한 것이다.

본래 과일과 곡식은
사람과 새들이
같이 먹으라 하였다

어느 곳의 재물 중 밀알 두 알이 있었다.

진설하니 글들과 재물들이 팔락대며 하늘 높이 빨려 올라가는데 밀알 두 알은 올라가지 않았다. 밀알은 현상계에서 써야 되므로 올라가지 않았다.

네다섯 명이 둘러앉아 있는데 참새 한 마리가 유난히 푸드덕 소릴 내며 급히 날아와 낮은 나뭇가지에 앉아 출렁이고 있었다.

왼손을 펼쳐 들고 "이리 와" 하니 "무서워서 못 가요" 했다. 사람들이 악해서 무서워한다.

"괜찮아 와" 하니 휙 날아와서 중지 끝에 두 발을 모두고 앉았다. 밀알 두 알을 올려주며 "먹어" 하니 한 알만 쪼아먹고 "한 알은 태사자를 주세요" 하고 휙 날아갔다.

마고 : 본래 과일과 곡식은 사람과 새들이 같이 먹으라 하였다. 새들은 그 법을 지키고 있는데 그 법을 지키는 새들이 지들 것을 먹는데 사람이 지들 것을 먹는다 하여 장대나 돌로 쫓아버리고 새총으로 쏘아 죽이고 잡아서 구워 처먹기까지 한다. 새들은 이런 인간의 욕심이 밉살스러워 과일을 먹지도 않으면서 목숨 걸고 여기 쪼고 저기 쪼고 하는 것이다.

인간들이 악해서 지들과 똑같은 영인 새 한 마리를 죽이면 그 죄가 얼마인지를 모른다. 한 마리만 죽여도 그 죄가 얼마나 큰지를 모르는 것이다.

새들이 지들보다 낮은 차원에 있어 지들과 형상이 다르지만 지들과 똑같은 영으로 어느 문중의 소중한 자손인 것이다.

살아 있는 모든 생명체들은 다 천지의 것이지 지들 것이 아니다. 천지의 것을 함부로 죽이는 죄가 얼마나 큰지를 악해서 모른다.

개가 된 시리우스의 태시황

마고 : 시리우스의 태시황은 본래 플레이아데스 성단의 남씨였다. 서류를 훔친 죄로 시리우스로 쫓겨나 국씨가 되었는데 그 죄로 인하여 지상에 개로 떨어졌다. 반호라는 개로 영특하고 신출귀몰하니 신성한 개라 하여 신성시하였다. 왕이 지극히 아꼈다. 당시 문중끼리 서로 땅을 차지하기 위해 땅 따먹기 전투가 치열하였다. 이때 왕이 전쟁 중이었는데 적국이 강하여 도저히 이길 수 없어 선언하기를 "누구든지 적국 적장의 목을 베어오면 자신의 딸인 공주를 부인으로 주겠다" 하니 이 소리를 들은 반호가 적장의 목을 따오니 왕의 고민이 컸더라. 왕의 고민이 큼을 안 반호가 공주를 물고 사라졌더라.

뭔 얘기냐면 "자식을 여럿 낳고 살아서 지상의 이씨들이 태시조가 시리우스의 태시황이다"라는 그런 얘기다.

어느 산엘 갔는데 비물질계의 개 한 마리가 왔다.
이○○에게 다가가더니 "나의 자손아! 나는 시리우스의 태시황이다. 내가 죄를 지어 지상에 개로 떨어졌는데~" 하고 한

숨을 깊게 쉬고는 "태어나면 개가 돼 있고 또 태어나면 개가 돼 있고 이번엔 하고 태어나면 또 개로 태어나고…" 하며 말을 잊지 못하고 눈물을 흘렸다. 그리고 이○○에게,

태시황 : "나의 자손아! 훌륭하고 장하다. 너의 공덕으로 내가 복원되니 눈물이 난다. 고맙고 고맙도다" 하며 이○○의 손바닥을 벌리라 하여 양 손바닥에 기운을 넣어주니 서 있던 이○○가 뒤로 휘청하면서 멀리서 멀리서 천둥소리가 들렸다.

24
인류들의 실질적인 시조는 궁희 여신이다

● 실질적인 인류들의 시조인 궁희 여신이 마고에게 인류들을 살릴 수 있는 만큼 살려보겠다고 시간 유예를 요청하여 마고가 받아들였다.

하늘은 통로를 하나만 쓴다.

마고는 원천이 이○○에서 모든 도수를 부쳐주고 만신이 너를 통례할 것이다.

너를 통로로 쓸 것이다.

"네가 네 어미를 닮아 거짓말을 잘한다. 너는 하늘의 말을 땅에 전하고 땅의 말을 하늘에 전함에 있어 토씨 하나 더하지도 말고 빼지도 말라" 하고 맡겼다.

크로노스가 이○○의 머리 위에 우주 원형 안테나를 설치해 줬다.

하늘의 말을 땅에 전하고 땅의 말을 하늘에 전하는 우체부 역할의 사명을 주고 내응상감(반고 크로노스인 증산 상제의 일꾼인 오리온 왕 패태우스)의 육신인 시랑이 이○○에게 내응이란 직책을 내렸다.

하늘에서는 비로자나불이 내응이 이○○를 통하여 지상의 마고에게 전했고, 지상의 마고의 말은 역시 이○○를 통하여 하늘에 전해졌다.

　이후 마고는 뒷짐지고 왔다 갔다 하며 맡겼으므로 일체 관여 하지 않았다. 가만히 있으면서 시키는 일만 하면 될 것을 이 궁리 저 궁리 하다 내응이 이○○이 마고의 육신인 본주에게 물었다.

　지상에 있는 마고를 본주라고 한다.

　이○○, "왜 전에 본주님께서 전에 소래산에 가셔서 개벽 담당 신명들께 대접을 해준 적이 있잖습니까?"

　본주, "그랬지."

　소래산에 내려와 대기하고 있던 소래산의 개벽 담당 신명들이 "어디 저놈에게 소래산을 보여줘 볼까 올라오나" 하고 소래산을 보여주니 이○○가 하루는 "소래산이 보였습니다" 하더니 소래산에 올라갔다.

　또 신명들이 "어디 저놈에게 막걸리 두 병을 보여줘 볼까 막걸리통 차고 올라오나" 하고 막걸리 두 병을 보여줬다.

　그러니 "소래산이 보이고 막걸리 두 병이 보였습니다" 하고 막걸리 두 병을 사서 소래산에 올라 나름 신명들에게 대접하고 왔다.

　신명들이 웃으면서 계속 보여주니 보일 때마다 막걸리를 사들고 올라갔다.

　몇 달을 그랬다. 가만히 있으면서 시키는 대로 연락병 역할만 충실히 하면 되는 것을 이 궁리 저 궁리 하면서 욕심을 내니 개벽신명들이 "이놈아" 하면서 가지고 논 것이다.

　이를 지켜보던 우주 생성 직직후의 두 번째 부처인 구루함

손나불인 진불이 "이 멍청한 놈아, 올라오랜다고 올라가고 막걸리통 차고 올라오랜다고 올라가느냐 이 멍청한 놈아" 하고 호통을 치니 더 이상 올라가지 않았다.

두 눈에 보인다고 믿는 건 홀리는 것이다.

이 경우는 이○○에게 머리에 우주 원형 안테나가 설치돼 있고 욕심을 내니 개벽신명들이 그런 것이지만 이 지상은 어둠의 세계다. 이 어둠의 세계와 밀접돼 있는 것이 영계인데 이 영계는 암흑의 세계다.

대부분 두 눈에 보이는 것은 이 영계의 장난이며 홀리는 것이니 믿는다는 것은 속는다는 얘기다.

이후 십수 년이 지난 어느 날 사사모께서 내응이 이○○에게 "네가 가슴에 숨기고 있는 것이 네 가지가 있다. 이제 너의 통로를 폐쇄한다. 원시 통로를 쓸 것이로다" 하였다.

25
나 마고는
다시 천도를 세우겠다

● 근본 터전인 임시 터전을 마련하니 신들이 속속 도착하여 오는 순서대로 명호를 적어 좌정케 하였다. 신들이 지상에 내려오면 지상이 너무 더러워 코를 막고 숨을 못 쉬고 눈도 못 뜰 정도로 악취가 난다.

그래서 이 우주가 소리로 시작되었고 소리가 생명이므로 지상에 있는 인류들이 "참이슬 참이슬" 하고 소리를 내니 참이슬 소리를 쓴다고 했다.

참이슬을 소독약으로 쓰는 것이다. 그래서 신들의 명호를 써 올리고 명호를 적은 각기의 컵에 참이슬을 가득 부어 올리는 것이다.

마고 : "하늘에 도가 깨지고 근본이 깨져 너희 인류들에게 자유 의지를 부여하였다. 악을 택하든 선을 택하든 멋대로들 살아보라. 단 선을 택하면 살 것이요, 악을 택하면 그 끝은 죽음이로다. 한 그 끝이 지금인 줄 몰랐을 것이로다. 이놈들" 하고 마고가 크게 웃었다.

"인류들 어찌할 것이냐. 내가 왔는데 나는 죄인들을 다 죽일 것이로다. 다시 천도를 세우겠다" 하였다.

그리고 "이놈들아! 어찌 그리 악업들을 쌓았느냐" 하고 억장이 무너져 두 달을 슬피 울었다.

　마고, "불쌍하고 가련타. 이놈들을 다 죽여야 하다니 내가 가슴이 아파 살 수가 없다. 아프다 아프다 참으로 아프다" 하였다.

　가만히 있어도 눈물이 빗물처럼 흘러 가슴을 적셨다. 어느 때는 통곡을 하며 엉엉 울기도 하였다. 지들이 죽을 줄도 모르고 아무것도 모른 채 살기 바쁜 인류들이 한량없이 불쌍하고 가여워. 저것들을 다 죽여야 하다니 애통해하며 울고 또 울었다.

　"나의 자손들아 미안하고 미안하다" 하며 고통스러워했다. 육신은 몰라도 그 영들은 다 안다.

　마고가 하늘 장자인 황궁에게 근본을 잘 지키며 살라 했는데 근본은 효와 예다. 이것을 잘 지키면 인간이 타락을 할 수가 없는데 그것을 지키지 못했기 때문에 인류들이 전부 타락을 했다고 했다.

　지금 이 마지막 때에 죄업을 쌓아서 짐승으로 변해 유전자를 다 잃었기 때문에 죽을 수밖에 없다고 한다.

　인간의 눈으로 보면 지들이 사람이지만 하늘의 눈으로 보면 전부 짐승인 것이다.

　사람은 드물다. 그래서 현 인류들 85~86%가 죽게 되는 것이다.

　마고 : "부처들이 하도 자비를 베푸소서" 해서 이만큼 베풀었으면 되었지 자비 이념이 틀린 거야.

　부처들이 인류들이 죽게 생겼으니 하도 개벽을 방해를 해서 뇌옥에 전부 가뒀어. 이놈들이 도력이 세서 파장을 쏴대면 천라지망을 뚫어 천라지망을 최대 여덟 겹까지 칠 수 있는데 그래도 뚫어. 도력이 세서….

　부처들을 제일 무서운 우주 빙옥에 전부 가뒀어. 지금 지상에 부처가 하나도 없다. 우주가 지금 폭발 직전인데 우주가 숨을 못 쉬는 거야. 우주가 숨넘어가는 줄 모르고 철없는 부처들 자비 궁휼 타령하지. 우주가 깔딱깔딱 숨넘어가는 줄 모르고….

26
구렁이가 된
시리우스 왕자 시랑이

● 그동안 마고는 까마득하고 또 까마득하여 기억조차 나지 않는 자손인 시랑이가 죄를 지어 구렁이가 된 원천이에게 "살아보라" 하고 사명을 주었다.

맡은 바 사명을 완수하여 그 공으로 이 마지막 때에 살아남거라 한 것이다. 죄를 지어 구렁이가 된 원천이에게 살 수 있는 기회를 준 것이다. 사명을 완수하면 그 공으로 원죄를 사함 받고 상으로 몇 개의 행성을 다스리게 되는 것이다.

본래 시리우스의 황태자 미랑이가 지상에 피라미드를 건설했고, 공부 자체가 비교가 안 될 정도로 훌륭하지만 참을성이 부족하여 참을성이 많은 시랑이에게 살 기회를 부여하고 사명을 맡긴 것이다.

도력이나 능력 면에서 미랑이는 비교 자체가 안 될 만큼 월등하다. 라이라 성단과 플레이아데스 성단의 악한 남씨들을 오리온에 모아놨는데 이 오리온에는 80%가 악한 자들이고 20%는 선한 자들이다.

이 패태우스가 열아홉 사명자 중 한 명으로 증산 상제의 일꾼인 내응상감이다. 지상에 육신으로 와야 하니 시랑이가 내응상감인 패태우스의 제 1의 육신이다.

27

흑룡이 된
마고의 아들 테라칸

● 부모와 자식은 기운줄로 연결되어 있다.

한날 이○○를 데리고 봉배산에 갔다.

할미산과 서로 마주보고 있다.

"뒤에 앉아서 잘 지켜보라"고 했다.

우주 비밀 공부를 하는 동안 무엇을 보고, 본 것을 천지에 소리를 내라는 뜻이다.

때가 됐으므로 우주는 통으로 돼 있기 때문에 소리를 내면 다 듣는다. 소리를 안 내는 것은 무효다. 소리로써 증명되고 인정된다.

"보고 소리를 내라는 뜻으로 보여주는 것이다."

널찍한 바위에 앉아 지켜보고 있던 원천이 이○○가 어느 순간 "에구머니나 저게 뭐야" 하고 기겁을 하였다. 너무 놀라 뒤로 자빠질 뻔하였다.

왼쪽은 사람이고 오른쪽은 흑룡인 육신의 실상을 본 것이다. 놀란 눈으로 "본주님 몸이 왼쪽은 사람인데 오른쪽은 흑룡입니다" 하고 소리를 냈다.

숨어 있다. 흑룡이 된 자신의 정체를 들킨 테라칸이 자신의 정체를 본 이○○에게 욕설을 하였다. 정체를 들킨 숨었던 테라칸은 마고께 무릎 꿇고 두 손으로 싹싹 빌고 절하고, 또 싹싹 빌고 절하고, 좌우로 계속 절하고 빌고, 팔방을 향해 이마를 땅에 부딪치며 "살려주소서! 살려주소서! 어머니 살려주소서!" 쉴 새 없이 빌어댔다.

　마고는 바라만 보고 있었다. 마고의 법으로는 자식이라고 살려줄 수 있는 것이 아니며 마고는 이미 자신의 아들인 테라칸을 버렸다. 잠시 후 사사모가 "너는 근본 터전에 가 단 위에 따리 틀고 앉아 있거라" 하였다.

　그 후 어느 날 테라칸이 마고의 동자 육불(정○○)의 몸에 임하여 마고에게 울부짖으며 자신을 인정해달라고 하였다. 계속 울부짖었다.

　마고가 "네가 인정받고 싶으면 천지 행사일에 천지에 소리를 내보거라" 하였다.

　천지 행사 날 테라칸은 육불의 정○○의 몸에 임하여 소리를 낼 수 있었으나 행사가 끝날 때까지 법에 걸려 한마디도 소리를 낼 수 없었다.

　천지가 일을 하는 것을 천지 행사 날이라고 표현한다.

　이 행사일에 올 사람들이 속속 모여들었다.

28

우주 생성 이전의
존재들

● 신들이 계속하여 근본이 계시는 근본의 터전에 속속 내려왔다.

마고 : "중앙 우주 신선들이 왔다. 도솔천의 천군들이 왔다."

신선들, "아이고 미국 미시간주 토악질이 나서…."

마고 : "동자(육불 정○○)야, 명호 써 올리고 참이슬 대접해 줘."

환웅들이 다 몰려왔다. 환웅들이 근본을 지키지도 못했고 이름뿐인 환웅들이야. 못 들어오고 저 밖에서 팔짱 끼고 있다가 명색이 환웅들인데 무릎 꿇고 빌고 있다. 중국 청해진에 1대에서 6대까지인데 인류들이 잘 모르고 있다.

천상과 중천의 모든 비밀문서가 아라라트산 창고에 있어 아라라트산 담당들이 왔다.

신들조차도 모르는 태초 우주 생성 이전의 존재들도 와 있다.

대 개벽 발동을 시행하노라

● 마고 : "나 마고가 천지 우주에 소리로써 증명하노라. 나 마고는 이 우주의 주인으로서 내가 가슴이 쓰리고 아프고 고통스럽다만 나는 대 개벽 본격 발동을 시행하노라. 인류들아, 미안하고 참으로 미안하도다. 내가 아프다. 아프다."

반고 : "속히 내 명호를 올려라."

마고 : "동자(육불 정○○)야, 반고의 명호를 올려라. 창조급들 신들이 왔는데 이름을 인류들이 알아서는 안 된다. 지상에 언어가 많이 부족하네. 글자도 없네. 그냥 두루뭉술하자 인류들이 보지도 듣지도 못하던 신들이 많아 이 우주가 숨을 쉴 수 있게 화산을 폭발시켜서 숨구멍을 여는 3명의 화신들을 모셔라. 화신1, 화신2, 화신3 써서 올려."

과학 하는 자들의 범주로 그 신들을 신들하고 비교하면 안 돼. 인간들이 지금 이상한 영화를 만들고 있는데 현상계에서 생각하면 어디선가 파장을 던져 인간이 그걸 뇌파로 수신해서 생각해 내서….

바로 초정밀 신들이 여기 와 있는데 인류사에 알려져 있는 신들조차도 경외해 마지않는 없는 듯하나 있도다.

표현 언어가 없어 표현하려고 하니까 방법이 없네. 과학이 밝힌 것이 물질이 나오는 것이 없는 곳에서 나오더라. 없는 듯 하나 있더라. 창조의 장 에테르 장이라고 하였으나 거기까지가 과학자들의 한계다. 그 에테르 장 뒤에 또 있고 또 있더라.

신이라고 감히 표현할 수 없어 유일하게 표현할 수 있는 게 힘 력(力) 자, 없을 무(無) 존재 분명 어폐가 있다.

명호를 없을 무(無) 자는 흰색으로 쓰고 영문으로 AND 하고, 의문 부호 (?) 하나 찍어 그런 존재가 있는 곳이 이 터전이다.

신들 까불지 말라
우주 연합군들
은하 연합군들
도솔천 천군들
옥천 천군들
증산의 개벽 팀원들
도솔천 본진들 중진들 후진들 명호 각기 올려
황제헌원이 왔다.

이 지상이 너무 더러워 숨을 쉴 수가 없으니 각각의 명호를 써서 참이슬 한 컵씩 단 위에 올려줘. 육불아, 천지우주에 공짜란 없다.

문중끼리 사는 것이기 때문에 문중 간에 서로 계산하라고 시간을 2만 9천6백 년을 주었다. 계산 끝내라고….

하느님이 어디 있어, 누가 하느님이야

● 마고 : 여덟 번째 우주가 있어.

거기서 자기가 하느님이라는 늙은이가 있어. 알라다.

육불(정○○)아, 죽을 사(死) 자 열다섯 개를 써서 단에 올려.

알라, 마호메트, 티베트 두 놈도 사기꾼이야.

다섯 번째 우주, 세 번째 우주 명호가 죽을 사(死) 자다.

죽인다는 뜻이다. 그래서 죽을 자들이라고 한다.

늙은이들이 아무것도 모르는 인류들을 상대로

하느님이라고 꼴값 떨고 사기 쳤으니 죽어야지.

알라, 마호메트, 사기꾼들이야.

하늘의 도 근본이 깨져 멋대로 살아보라 자유 의지 줬잖아.

일체 참견하지 않았다.

그러니 하느님이라고 인류들을 속이고 예수를 팔며

로마 교황 바티칸 성당의 교황은 증씨들이다. 꼴불견이다.

누가 누구의 죄를 사한단 말인가. 지들이 죽을 자들인데….

이슬람 사원에 사기 치고 있는 놈들은 정(程)씨들이다.

사원에 계집을 숨겨놓고 속는 것도 자기 책임이다.

황제 헌원 후손들이 호주에서 잘 먹고 잘 사네.

시드니 오페라 하우스 운영하며 1천부터 9천까지 있는데
1천에 뇌성보화천존이 있어 명호를 올려
백두산 천지에 마고의 신단수를 관리 관장하는
15명 명호 올려라.
IS는 알라가 자신의 유일신이다, 하느님이다 해서 믿었어.
믿다가 죽어 보니까 아니잖아. 속았잖아.
말하자면 속았는데 반대파 문중들이
무마시키려고 하는 건데 12지신 중에 3, 5, 9 지신이다.
그놈들 짓거리야.
한통속이지. 뭐냐면 그놈들이 말하자면
죽을 자들, 지상에 죽을 자들이야.
지금 그 죽을 자들 중에는 오색 인종들이 다 가세되어 있어.
그놈들이 난동을 부리는 거야.
마지막이기 때문에 지금 있는 대로 닥치는 대로 다 죽인다.
걸려들지 말아야지. 닥치는 대로 다 죽인다.
이 소리가 났으므로 은하연합군들이 그놈들의 영들을
소멸시킬 것이야.
그 영들을 지구상에서 소멸시킬 것이야.
그놈들이 앞으로 더 악랄한 짓을 한다.
12지신 중에 1은 기독교인들을 척살한다.

각성 받이들 : 우리 각성 받이 (286개) 성씨 주민등록 그거를 이 근본 터전에 좀 모셔줘야지 되겠는데….
마고 : 이놈들아, 잔소리 말고 개벽 준비나 해.

우주의 주민등록증

● 살아 있는 모든 생명체들은 286개의 문중에 귀속돼 있다. 해서 대 개벽을 하는 이 시점에 우주의 주민등록을 해야 자기 존재를 알리고 우주에서 활동을 할 수 있다. 미물까지가 생명체다. 우주의 주민등록증은 도형으로 돼 있다.

주민등록을 하지 않고는 이 우주 어디에도 살 수가 없다. 각 문중들이 주민등록을 하면서 하는 소리들을 적어본다. 몇 가지 성씨만 추려서 적는다.

1. 편지 간(簡) : 원형 모형에 녹색 점. 오른쪽에 빨간색 점.
   마고 : 간씨 태시조 나오라. 안 나온다. 문중들 쑥덕댄다. 죽었대. 사라져서 없대. 인류들이 죽을 사(死) 자로 쓰고 있대.
2. 진주 강(姜) (성씨 강) : 주인 주(主) 자를 써서 덧칠해서 없을 무(無)를 써. 거기에다 흰색 무색을.
3. 편안 강(康) : 우리 김씨가 따먹어서 사라지고 어디 있냐 하면 악할 악(惡) 자만 써서 폭탄 찌그러진 폭탄 같은 거.
4. 굳셀 강(剛) : 중국 오동성에 궁희 여신이 결재를 하고 증산께 결재를 받아야 될 걸. 무릎 꿇고 9번 청해 봐.
   우주, 사사모 : 나 우주, 나 사사모가 결재하노라.

5. 강전(岡田) : 우리 못 들어봤는데 지구상에 그런 거 없었어. 강전은 없었어.
6. 살필 견(甄) : 필리핀의 화산 폭발 담당자들이 견씨다. 붉은 색으로 칠해 줘. 모형은 불이 활활 타오르는 거.
7. 경(慶) : 저놈들은 신라시대 때 온갖 못된 짓을 다 하고 나서 지금 와서 살겠다고 아이고, 그거를 뭔 자를 써야 되나. 돼지 견(豜) 자를 써라.
8. 높을 고(高) : 삼각형 위에는 파랑색, 오른쪽 노란색, 왼쪽은 녹색, 가운데 고(高) 자를 써서 그것도 세 가지 색깔로.
9. 서울 경(京) : 서울 경(京) 자 위에 흑색으로 죽을 사(死) 자
10. 공(孔) : 서울대학교 나와서 국정원에 다니고 있는데 워낙 잘나가고 있어. 내가 좋아하는 도형은 고생할 때 빛 막 퍼져 나가는 빛 흰색으로 나는 지금 잘살고 잘나가고 있으니까 누런색 황금색. 이쯤 해두고 난 간다. 아쉬울 게 없이 공씨 그냥 두 자 써. 숫자로.

　　마고 : 공자가 지금 서울 녹번동에 살고 있다. 참이슬 두 잔을 올려라. 명호 써 올리고 지금이 좋단다. 지금 상황에 만족한단다.

11. 공변할 공(公) : 제주도 한라산 관장하는 산신인데 향 두어 개 피워주면 될 걸.
12. 성곽 곽(郭) : 그놈들은 개벽을 원치 않는데 홍의 장군 곽재우 사바사바해서 저 노래방에서 기다리고 있어. 지가 죽인 영들하고.

　　마고 : 그런데 증산이 반대하네. 홍의 장군 곽재우는 이건 비밀이다, 통과.

13. 다리 교(橋) : 뒈졌다. 증산 상제 비방하다 뒈졌어. 정읍에 그는 죽었어.
14. 갖출 구(具) : 중국 시진핑의 조상이다. 개벽 팀이야. 암갈색으로 사각도형 조금 불안정하게.
15. 언덕 구(丘) : 홍수 담당들이야. 민물장어 표시. 민물장어는 반점을 녹색과 재색 혹은 흑색 섞어서.
16. 공 국(鞠) : 이씨 모형 울상, 우는 상. 현상계의 우는 상, 캐릭터 십자가 빨간 글씨 가운데 국씨.
17. 나라 국(國) : 서양 신령들이 no색. 두루뭉술한 모형은 화산 폭발하려는 거 붉은색으로 그려 달래.
18. 국화 국(菊) : 똥색을 칠해서 막 싼 똥이 김이 모락모락 나는 누런색 똥 모형. 개똥도 좋고 소똥도 좋고.
19. 군(君) : 천상에서 빛으로 광택 나는 거. 광택 그런 모형으로 해 가운데가 군(君) 자 황색으로.
20. 봉새 적(鸐) : 이거 원숭이야. 원숭이가 됐어. 원숭이 그림 쥐색, 남색, 밤색, 꼬리는 짧게 그려. 죄(罪) 자 써. 꼬리부분에 한자로.
21. 권세 권(權) : 우주가 처단한 14개 문중이 해바라기를 그려주시오. 가운데 씨앗에 푸르스름한 색. 글자는 은색도 아닌 것이 금색도 아닌 것이 은색 플러스 녹색 글자.
22. 거문고 금(琴) : 원래 지상의 성씨인데 증산께서 인정을 하실지 안 하실지 모르겠소이다. 우리가 원래 태초에 다 짐승들이고 어찌 되었든 올려 보시오. 금씨 무극이니까 무색 모형은 원에다가 가운데 사각. 아~ 색은 쓰지 말래. 마고께서 그 양원 글자는 선만 그어 1 녹색, 2 흑색, 3 흰색, 4 노란

색, 5 빨강색.

23. 김(金) : 도형은 원형으로 해서 밝은색 가운데에다가 삼각 표를 찍어 검정색으로 1. 2. 3. 그 가운데 아주 깨처럼 작은 글씨를 써. 한자 원형을 밝은색으로 칠하고.

24. 둥근 난(欒) : 프랑스에 있는데 영문으로 I DON'T NO 글자. 그냥 개판 새판 아무것이나 섞어서 써. 근본도 없고 우린 권한 없어.

25. 남(南) : 뿌리 근(根) 자 써. 흰색으로 도형은 원형 있는 듯 없는 듯 진하게 하지 마. 보일 듯 말 듯 흐리게 전체적으로 인간에게 들키지 않게.

26. 남궁 (南宮) : 갈색 점, 녹색, 파랑색, 노란색, 빨강색, 초록색. 그냥 점으로 그렇게만 도형은 희미하게 은색으로 해서 증산 상제께 결재를 받아야 돼. 그냥 자멸 써. 붉은색이지 뭐. 도형은 죽을 사(死).

27. 이에 내(乃) : 어쩌냐, 내씨들이 전부 몰살 위기에 처해 있어. 빙옥에 다 갇혀 있어. 우리는(내씨들) 할 말 없어.

28. 성씨 노(盧) : 노중일이가 누구지? 노○○란 놈이 죄업으로 인해서 노중일이가 84개 뒤쪽에 꼬였네. 그렇게 꼬였는데 용케도 소사로 찾아왔네. 붉은 홍(紅) 자 써서 좌우 좌측은 의문 부호(?) 마크 검정으로 칠해. 그리고 우는 Y영문으로 Y 자에 Y 자 밑에 누를 황(黃) 자를 써라. 누를 황 자는 금색으로 칠해. 금색 밑에 까망으로 콤마를 찍어. 콤마 그 자체가 도형이야. 노중일이가 노자를 했네그려. 노중일이는 대단하지 대단해. 크로노스의 자손 노중일이가 여기를 와야지.

29. 길 노(路) : 로마에 있는데 궁희 여신이 죽일까 살릴까 하고 있어. 해서 그냥 북 북(北) 자 써. 한자로 적당히 세 가지 이상 쓰면 돼.

30. 번개 뇌(腦) : 시리우스 미랑이 임규호 도형은 보화천존이 그냥 주먹 하나만 그리래. 이 주먹은 적어도 여덟 가지 색깔 주먹 중심에 우레 뇌(雷) 자를 쓰면 돼. 검정이든 흰색이든 가능.

31. 의뢰할 뇌(賴) : 이거 미친놈들 아냐? 이것들은 진돗개 하나 그려줘. 진돗개 색상 누런색 이거면 족해.

32. 다락 누(樓) : 우리 누씨는 주눅이 들어서 빛 좀 보게 좀 마고의 결재를 받아서 크로노스 결재받아. 대대손손 기도 못 펴고 바닥에 깔려서 질경이야. 우리 누씨는 질경이를 그려. 질경이가 무슨 색인지 알지? 녹색. 우리도 하찮지만 민중이야. 결재 좀 받아줘.

33. 층계 단(段) : 내가 증산 상제 그, 그것을 뭐라 해야 되나. 자손? 후손이다 만은 내가 사기를 좀 쳤지. 그래서 나는 죽어야 해. 죽을 사(死) 자에 그냥 그래. 나는 북극곰으로 살 거야 북극곰 하나 그려. 대가리에 쓰던 허리에 쓰던 둘 중 하나에 성씨 적어.

34. 홀 단(單) : 중국 청해진에 사는 소수민족으로 전락을 했다 만은 그냥 국화 한 송이 그려줘. 색깔은 누런색. 거기다 가운데 성씨 하나 써줘.

35. 끝 단(端) : 노르웨이에 있는데 뭐 등록을 해야 한대. 그냥 생(生)해서 숨어서 살면 안 되나? 주민등록증이 없으면 활동을 못하지. 그게 우주에 내 존재를 나타내는 내 도형이야

도형. 우리는 그냥 복숭아 하나만 그려주소. 그냥 복숭아. 색깔 가운데 꼭지에 성씨.

36. 당나라 당(唐) : 이것들이 어디로 사라졌지? 이것들이 흔적이 없네. 이것들이, 아! 죽었다. 멸했지, 멸 멸(滅) 자 2개 써. 거기다 빨강 글씨로 가로 다음에 사선으로 두 줄 그려. 빨강색으로.

37. 큰 대(大) : 뉴욕 맨해튼 뒷골목에서 모여 살고 있네. 비렁뱅이. 그냥 담배 한 개비만 그려주면 돼. 필터 부분에 성씨를 적어줘.

38. 도읍 도(都) : 용인에 살고 있구먼. 귀신들의 아지트 용인에 휴지통 하나만 그려줘. 색상은 회색 아니면 갈색. 인간이 코를 풀어버리는 모습을 도형으로 잡아서 성씨를 적어. 어휴, 창피해서 못 살겠다.

39. 질그릇 도(陶) : 북한에 있네. 연변에 있네. 연변 바닥에 깔려 있지. 연변이라 해도 되고, 북한이라 해도 되고, 조선이라 해도 되고, 무역하고 있어. 눈치 보면서 땅벌레 캐릭터로 땅벌레 그려서 눈텡이 하나는 작고, 하나는 크게 해서 눈에다가 성씨를 써놓아. 색상은 분홍색으로 땅강아지.

40. 길 도(道) : 파키스탄에 있는데 가망 없다. 죽을 사(死) 자 하나 써줘. 편하게 죽도록 누런색과 흰색으로 해서 겹쳐서.

41. 독고(獨孤) : 후쿠시마 끝자락에 살고 있는 자들이다. 니들은 안 좋다. 죽을 사(死) 자 녹색으로 칠해.

42. 동방(東方) : 제주도 삼방산 그 꼭대기에서 오들오들 떨면서 지키는 대대손손 떨고 있지. 민들레 색깔이 노란색이지. 아마 가운데 성씨를 적어주어 성씨 색은 누런색으로 하고

황금색을 1/3만 칠해 줘. 칠해 준다는 것은 구출해 준다는 뜻이야.

43. 막을 두(杜) : 인천에 모여 살고 있네. 연수동에 그냥 그렇게 살다가 가겠다네. 그러니까 그러면 무덤 하나 그려줘. 동그랗게 색상은 그냥 현상계의 무덤 색깔. 글자 두더지 두(杜) 자를 써줘.

44. 머리 두(頭) : 죽었어, 죽었다고. 어디서 감히 머리 두(頭) 자를 쓰고 흔적이라도 남겨 달래. 초록색 머리 두 자 하나만 써 달래. 나름대로 자녀 3명이 나와서 공을 세웠네. 신라시대 중국 오동성, 에이그 뭐 필리핀.

45. 말 마(馬) : 두레성 옆 오리온자리 이놈들 어디 갔지? 어디 갔지? 우리가 지금 죽을 판인데 개뿔 필요 없어. 그냥 죽을 거야. 없을 무(無) 자 써봐. 검정색으로.

46. 일만 만(萬) : 아이고 뭔추 원추 히말라야 산맥 동북부 43에 위치하는 우주의 자손 별 하나. 그리고 무색 아니 그냥 흰색으로 점 하나만 딱 찍어. 중심에.

47. 망절(網切) : 요단강 근처에서 생겼다가 바로 죽었대. 요동성 끝자락 섬에 2명이 살아 있네. 죽진 않았네. 하나는 구두를 닦고 있고, 하나는 커피숍에서 웨이터를 하고 있네. 나름 시조인데 점 2개만 찍어. 색깔은 하나는 노란색, 하나는 금색. 장하다, 그래도 그게 도형이야.

48. 매화나무 매(梅) : 홍콩이잖아. 홍콩의 60%를 차지하고 있다. 카나리아 꽃만 그려줘.

49. 맏 맹(孟) : 도솔천의 수장이네그려. 맹자가 자신의 정체를 숨겨달라고 하네그려. 쪽 팔린다나. 어미가 자신의 업신이

었대. 그래서 요즘 말로 치맛바람, 정말 쪽팔려서 못 살겠대. 창피해서 죽겠단다 지금.

50. 밝을 명(明) : 파키스탄에 그래도 동북구 해안선에서 노동하면서 근근이 살아가고 있네. 붉은 홍(紅) 자에 두 가지 색상 흰색, 검정색. 육각형을 그려 주변에 세 가지 색상 흰색, 누런색, 초록색 그리고 맨 꼭대기에 구할 구(求) 자 한자로 색상은 자유.

51. 소 울음 모(牟) : 나 마고다. 그렇게만 해. 나 마고다. 글씨 색은 그냥 흰색. 무색무취. 아무것도 하지 마.

52. 털 모(毛) : 물속에 잠겼네. 태평양 흰 조개, 피조개. 그냥 도형만 그려줘. 흰색.

53. 화목할 목(睦) : 태평양 주변에 고기 잡는 2놈이 외국인을 납치해서 어쩌고저쩌고해서 부락을 이루어 있는데 날 생(生) 자를 쓰는데 흰색을 칠해서 올려서 해줘. 성씨는 기본이지. 중국의 산동성 백두산에 굶어 죽은 영들이 수도 없이 많거든. 다 제하고 뭐 할 말 없어.

54. 모할 묘(苗) : 몽고 사하라 사막에 많이 있네. 89명 있네. 한자로 묘족(苗族)이라고 쓰는데, 네 가지 색깔 아무거나 그리고 흰색으로 날 생(生) 자 써. 도형이야.

55. 먹 묵(墨) : 캐나다 동북부에 농촌 마을이 있어. 치즈 만들고 있어. 그래도 그런대로 증산께서 결재하셨지. 살리라고 날 생(生) 자를 쓰고 그 안에 성씨 써주어 하늘에 우러러 부끄럼이 없는 그런 종족이야.

56. 문(文) : 지상의 동북부 남쪽 해상에서 근근이 도루묵 잡고 있네. 녹색과 하늘색을 배합해서 고기 어(魚) 자 생선 눈 가

운데 성씨 찍어.

57. 박(朴) : 여우 한 마리만 그려. 하얗게 옥추에다 박(朴)씨 자 위에는 흑색, 밑에는 홍색, 만나는 지점 중앙에 죽을 사 자 흑색으로, 여우는 여우 색, 박박 자 써.

58. 모 방(方) : 홍씨 태시조가 와야 되는데 홍씨 태시조 환인 1세(안파견, 백불)가 인정을 안 한대. 그냥 한자로 넉 사 (四) 자 안에 방씨 성을 써. 색깔 아무거나.

59. 방(邦) : 이스탄불 동북부 그놈들이구만. 2명밖에 안 남았 네. 서북부에 3놈, 호주에 5놈, 한국에 2명 혼혈이 들어와 있네. 그냥 뿌리 근(根) 자 하나 써. 한자로 당연하지. 아무 색 무방.

60. 클 방(龐) : 노르웨이에도 중국에도 있네. 토털해서 초록색 연두색 섞어서 찌그러진 별 모양 하고, 가운데 인원수 파악 해서 숫자로 적어.

61. 옷치렁할 배(裵) : 인도네시아 동북부에 죽을 놈들이구먼. 넉 사(四) 자 하나 가운데 색깔 아무거나.

62. 무릇 범(凡) : 스페인에 있어. 스페인 서북부에 137명인가, 창고에서 세계에 공급하는 와인 생산 팀장을 맡고 있네그 려. 기가 막히네. 와인 병을 그려. 붉은색으로 가운데 성씨 를 쓰면 돼. 와인 중에서 제일 비싼 거.

63. 조급할 변(卞) : 히말라야 산맥 거기 오는 사람들의 짐, 등 짐 짓는 지게꾼. 연잎을 그리고 좌는 등, 우는 선 그렇게 하 면 될 것 같네. 우측에 우, 왼쪽에 화, 좌측에 등, 아래 선 우화등선.

64. 가 변(邊) : 미시시피강 원조 고기잡이. 고기 어(魚) 자를 써

서 꼬리와 지느러미 있는 부분을 이쪽에는 쇠 김(金), 고기 어(魚) 자를 위에, 밑에는 빌 허(虛), 처음 시작하는 곳에 흑(黑) 자를 써. 흑 색깔은 무방.

65. 봉황 봉(鳳) : 아! 김정은. 이 이름만 써. 색깔은 상관없어. 검정색만 아니면 돼.

66 사내 부(夫) : 이스탄불에 2명밖에 없는데 용케도 살았네. 저 사람들은 도형도 색깔도 필요 없지.

67. 스승 부(傅) : 밀라노에 있네. 하나는 식당 종업원, 하나는 은행 카운터에서 대출 업무를 맡고 있네. 색깔은 상관없어 검정만 빼고.

68. 클 비(丕) : 캐나다 동북부 어느 식당에 겨우 4명이 주방에서 불 때면서 알코올 중독으로 살고 있네. 넉 사(四) 자에 회색, 그 위에 흰색을 덧칠해. 가운데에 빛 한글로 회색 그 주변을 선으로 그려. 원은 흰색이나 누런색이나 상관없어. 어디든 빛 광(光) 자를. 어디든 빛나는 회색으로. 회색이 빛이 안 날 때는 지구인들이 몰라서 그렇지 흰색을 입히면 빛이 나고 광이 되는 거야.

69. 손 빈(貧) : 중국에서 이주해서 캐나다 동북부 해안가에서 태을천 상원군을 부르면서 살고 있네. 그 조상이 13명, 중시조가 2명이고 이렇게 82명인 산세. 빌 공(空) 자 흰색으로 성씨 써.

70. 빛날 빈(彬) : 몽골에 오리지널 몽골 산맥에서 양을 치면서 근근이 멍청하게 살고 있는 5명이 있네. 양으로 표시해. 그리고 상단전, 중단전, 하단전 상관없이 거기에 성씨만 기재해. 색깔 상관없어. 죄가 없으니까.

71. 역사 사(史) : 트로이 전쟁에서 아가멤논 거기에 한글로 '크' 자를 써. 무색무취.

72. 집 사(舍) : 멕시코에서 두부공장 하네. 콩 두(豆) 자를 써봐. 메주 색깔로 왼쪽에 깨알 같은 작은 점 3개. 색깔은 상관없어.

73. 사공(司空) : 사공씨들은 북극성에 곰 종족 중에 우주 1년을 통해서 29번째인데….

74. 오히려 상(尙) : 지하경제를 휘어잡고 있는 테라칸이지. 합작을 해서 달러하고 엔화를 좌지우지하는데 달러든 엔화든 그림을 그려. 아! 달러 위에 or 하고 밑에 엔화를.

75. 선우(鮮牛) : 북한에 벌목장에 있는데 발목에 근본 본(本) 자를 쓰는데 찢어진 거. 그냥 1/3만 보일 듯 말 듯.

76. 설(薛) : 태평양 본 줄기를 담당하는….

77. 맑을 설(偰) : 인도에서 인도의 사막 치즈를 만들고 있네. WINTER 도형은 모래가 날리는 바람에 의해서 모래가 광야를 향해서 오른쪽으로 쏠리면서 날리는….

78. 사람 이름 설(卨) : 그런 성씨 듣지도 보지도 못한 성씨인데 민들레 민들레를 그려줘. 근데 기왕이면 흑색하고 노란색 섞어서.

79. 고을 이름 소(邵) : 그냥 한자로 백성 민(民) 자를 써봐. 니들이 알아서 큰일이다. 죽을 자들이기 때문이다. 소리 내지 말라. 나 크로노스 증산 상제다.

80. 소봉(小峰) : 지금 언어가 다 바뀌어서 나이지리아 동부에 작은 마을에 있어. 평화롭게 살지. 익을 수(收) 한자로 노란색.

81. 손(孫) : 손씨는 미물. 한글로 써.

82. 송(宋) : 소수민족으로 사는데 그림자 정보의 주식을 엄청 갖고 있다. 넉 사(四) 자 위에 죽을 사(死). 색상은 무관.

83. 수(水) : 우리는 죽어야 되니까. 궁희 여신을 괴롭히고 마고 한테 불충한 죄, 우리 못 살 거 알아. 그냥 없을 무(無). 회색으로.

84. 신(申) : 태국. 좌판을 펼치고 머플러 큰 목도리. 한자로 좌불안석(坐不安席) 3색깔 넣어.

85. 매울 신(辛) : 미시시피강 하부에서 물고기 잡고 사네. 물고기 대가리 그거면 족해.

86. 네거리 십(辻) : 악하다 악(惡) 주둥아리 하나 그려줘. 막 주둥아리를 열고 악하다 악을 내뿜는 거.

87. 버들 양(楊) : 한국에 나와 있는 조선족. 날 생(生) 자 한자로 그다음에 여기다 위에다가 보라색 날 생(生) 자 위에다 보라색 속에다가 아무도 모르게 흰점 2개를 찍어. 근본 본(本) 자 흰색으로 생(生) 자는 연두색과 초록색 섞어봐.

88. 교량 양(樑) : 나사에 참여하고 있는 일본인 2명. 일본 태극기 그려. 빨강색으로.

89. 도울 양(襄) : 파키스탄. 멸할 멸(滅).

90. 여(余) : 동북을 향해서 근본을 향해서 15배를 올려. 뭔 소리인지 알아?

91. 연결할 연(連) : 카자흐스탄. 백성 민(民)이나 날 생(生) 상관없어. 어디 쓰든 살 자들이니까 뭐해도 상관없어.

92. 성씨 예(芮) : 뭐야, 이건 죽은 성씨 아니야, 죽었네 죽었어. 그렇게 원한을 많이 샀으니 103개 문중이 그냥 뜯어 먹었

어. 에이, 왜 그 모양들이야.

93. 벨 예(乂) : 러시아와 그 족속들이야. 칼 2자루 그려. 식칼색.

94. 옹(邕) : 네덜란드 귀족들. 발 족(足) 자 3개만 써. 누런색으로.

95. 옹(雍) : 백두산 천지에 마고의 신단수를 지키고 있지. 흰색으로 한글 한자 상관없음. 붉은 점 단 2개를 찍어. 가능하면 드러나지 않게 어둡게 검붉은색.

96. 우(牛) : 찢어진 초가지붕, 초가삼간 꿰매놓은 거 그려놓고 빈곤할 빈(貧). 신발 벗어놓는데 아니면 신발 벗고 일어서는데 색깔 두 가지를 벗어나면 안 돼.

97. 우(宇) : 여동빈의 자손. 마고동자라고 써. 한글도 상관없어. 색깔은 흰색으로 마고동자 뒤에 흰색으로 의문부호(?).

98. 원(袁) : 호주 원주민들 쓰고 야자열매 하나 그려 안겨주어. 원주민이 작달막해. 원주민이 야자 하나 들고 있는 모습.

99. 나라동산 원(苑) : 북한에 있는데 꼴값 떨고 있는 족속. 평양에 허깨비를 그림으로 그리든 죽을 자들이야. 흑색.

100. 가죽 위(韋) : 히말라야 산맥 양들을 너무 쳐먹어서 뒈졌네 뒈졌어.

101. 대답할 유(俞) : 중국 허난성에서 잘 먹고 잘살고 있네. NO THANKS. 그냥 띵가띵가하다 죽겠다는 거지.

102. 유(庚) : 티베트 서남부. 부처 어쩌고저쩌고하니까 그거 좋아서 그거 열심히 믿는 가장 순수하고 고귀하고 아름다운 영혼들이다. 그냥 꽃 화(華) 한자로 쓰든 아니면 예쁜 꽃을 그리던 상관없어.

103. 육(陸) : 터키 동북부 죽을 놈들이 사는 곳인데 벼락 치는 거 그림을 그려. 죽을 사(死) 자 황색으로 하나를 넣어줘.

104. 은(殷) : 피렌체. 포도밭을 하고 있네. 포도 한 송이 포도 색으로 피 색으로 임금 왕(王) 자 열매 맺는 첫머리에.

105. 이(李) : 충주 한자로 쓰고 감색. 현재 언어로 영문으로 COPY. 그냥 밑에 쥐색 그 옆에? 마크 세 가지는 섞어야 누런색, 녹색, 흑색. 사사모 마고 크로노스 증산 빙자 색은 없어. 이(李) 죽을 사(死)와 생(生) 자를 써 오얏 이(李)를 둥글게 그리고 죽을 사(死)와 생(生) 자를 나란히 써. 방향은 상관없고 옆에 미치광이 광(狂) 자 하나 써.

106. 저 이(伊) : 우린 죽었다. 녹색으로.

107. 임(任) : 마야 자손들의 후손들. 높을 고(高) 한자로 2개 써.

108. 장(章) : 노○○이라고 지상에 있나? 그 남편이 누구야? 노○○이 일꾼이고, 이○○이 우주께서 발설하면 안 되니까 한자로 급할 급(急). 그러면 공부하는 자들은 아니까 붉은색. 너무 밝게 하지 말고.

109. 장곡(長谷) : 죽은 지가 언제인데 태곳적 얘기네.

110. 전(錢) : 뉴욕 맨해튼에 고급 아파트에서 성씨까지 바꾸고 잘 먹고 잘 사네.

111. 정(程) : 이슬람 사원에서 사기 치고 있는 놈이야. 라마교. 죽을 사(死) 자와 모래 사(沙) 자 하나 써. 계집을 숨겨놓고 사원에다가 궁궐을 지어서 아이고….

112. 종(宗) : 미시간주에 마약 밀매를 하고 있네. 먹고살기 위해서 하는 거야. 한자로 나 아(我) 자 써. 색깔 보라색. 성

씨를 쓰고 그 위에다가 흰색으로 쓰면 돼.

113. 좌(左) : 노르웨이 토박이들이구먼. 그것이 도형 우에서 좌로 쓰면 그게 도형이야. 연갈색 중간에다가 흰색을 칠해 줘.

114. 즙 즙(汁) : 몽고 내몽고 울란바토르 88명. 두루뭉술 써도 다 알아. 천지가 즙씨가 어디 있나 보자. 아랫고원에서 감자 비슷한 거 심어서 그거를 갖다 내다 팔고 물물교환하면서 사는데 그거를 그냥 행복으로 여긴다. 글자색깔은 주황색.

115. 증(曾) : 로마 교황청의 바티칸 성당의 교황들은 대대손손 하고 있는 꼴불견이다. 도형이야. 빨간색으로 써.

116. 지(池) : 황하강 유역에 사는 살 자들이 비교적 많이 모여 있는 곳. 연한 보일 듯 말 듯 체리 빛이 아니고 인디언 핑크? 흰색에 가까운.

117. 지(智) : 천태성의 기운을 받는…. 그렇게만 해. 거기는 여덟 가지 색깔을 섞어야 되는데 흰색, 노란색, 감색, 연보라, 은행, 주홍색, 가지색, 붉은색으로 가로로 가운데 흰색을 토막처럼 하고 그 흰색에다가 흰색 점을 위 1개, 아래 1개. 아주 작게.

118. 진(秦) : 하늘 천 자 5개. 글자 색은 황금색.

119. 진(晉) : (유방+승리할 승) 글자 색은 황금색.

120. 창(倉) : 이스라엘, 이스라엘, 이스라엘 써놓고 멸할(滅) 자. 이스라엘 해놓고 가운데가 멸할(滅). 그거는 우주가 하는 일이니까. 우주가 하는 일은 흰색을 많이 써. 이스라엘은 붉은색이지.

121. 채(菜) : 인도네시아 84%가 죽는다. 글자 색은 붉은 색. 붉은색보다 흑색이 더 진하게.
122. 천(千) : 베트남 쓰고 흙뭉치, 흙뭉치 반죽해서 주물럭주물럭 뭉쳐놓은 기운 기(氣)자를 흙 위에 흙색으로 쓰면 돼. 베트남은 갈색으로.
123. 탁(卓) : 태부의 자손들. 글자 색은 연분홍.
124. 탄(彈) : 캘리포니아주 백성들이야. 포도 모형과 땅콩 모형을 2개 그려.
125. 허(許) : 네덜란드 중앙에 있어. 권력 집단 써도 되고 력(力)자 써도 되고. 글자 색은 검정과 감색.
126. 형(邢) : 중동 쪽에 있긴 있는데 너무 의지가 굳세서 한마디로 저 죽을 줄 모르고, 글자 색은 검정 +회색.
127. 황보(皇甫) : '지소'. 은밀하게 숨은 색.
128. 흥(興) : 복숭아 그림. 소사, 소사, 소사로다. 소사가 끝이로다. 맙소사 여동빈의 조화로다. 색깔 저기 단 위에 여동빈의 빗 있네.

286개 문중인데 128개 문중만 적어봤다.

오늘날 인류들의 삶은 먹거리 전쟁이다. 이 문중끼리 서로 치고, 박고, 사기치고, 등치고, 죽이고, 살리고, 살고 있다.

32
음의 대표인 궁희 여신

● 마고, 인류들의 실질적인 시조가 인류들이 삼신할머니라 부르는 궁희(아프로디테) 여신이다. 궁희 여신은 나 마고의 장녀로 음의 대표다. 궁희가 지상에 와서 자손들 살리려고 참 고생 많았다. 궁희가 아름다운 여신이기도 하지만 사랑의 여신이다(아프로디테).

모든 생명체를 궁휼히 여기는데 자손들이 엄마 치맛자락 붙들고 늘어져 직계 자손 놈들은 "절대 죽을 수 없다. 안 죽겠다" 하며 궁희를 볼모로 마고에게 패악을 부리고 궁희를 괴롭혔다.

궁희가 결사적으로 개벽을 반대하고 방해했으나 어느 순간 자손들의 악의 끝을 본 거야. 악의 바다를 보고 나서 "죽일 수밖에 없구나" 하고 "그냥 죽거라 다시 시작하거라" 하고 결재했어. 아주 악해져 있어. 자식이 부모를 죽이고, 부모가 자식을 죽이고, 아비가 딸을 범하고, 어미가 아들을 범하고 이제는 안 되는 것이다.

우주 생성 직후의 부처들 도력이 아무리 센들 이 천지가 하는 일을 부처랍시고 인류들 살린다고 개벽을 방해하는데 이제 그 도력을 회수하는 거야.

우주는 크로노스에게 빨리 지상을 뒤엎어라 "많이 죽여라" 하고 부처들은 많이 살려달라고 하지. 우주는 안 된다. 많이 죽여라. 많이 살릴 것 같으면 개벽이 무슨 의미가 있나. 그래서 부처들을 우주 빙옥에 가뒀어.

죽는다는 것은 "다른 삶을 살아라" 하는 것이다. 죄를 지었으면 미물로 떨어지고, 업장 있으면 동물로 떨어지고, 짐승으로 떨어지고, 새 되고, 뱀 되고 등으로 살라는 얘기다.

안 죽으려고 하면 되나. 그것은 안 돼는 것이다. 인류들(육신은 모르지만 그 영들은 안다) 난리치고 안 죽으려고 하나 그거는 안 되는 것이다.

이 근본 터전에서 개벽 일을 하는 것을 아직 밖에 나가 까발리지 마. 인류들 모르게 천지가 하는 일이야. 우리끼리 소리 소문 없이 가자. 지금 태시조들이 자손들 업장 때문에 말도 못해 죽음 직전이야. 지하철에서 앵벌이 한다. 허나 앵벌이는 안 죽어. 잘 먹고 잘사는 그 자손들은 죽어도 태시조는 살아남아. 악업 때문에 태시조가 죽은 문중도 있다.

대 개벽 지상을 뒤엎어야 되는데 코앞에 있어. 원래 부모 자식은 업신 관계지만 사이좋게 지내라. 한 현상계의 양상이다.

하늘의 도가 깨지다 보니 본성이 악해 엄마가 자식을 죽이고, 자식이 아빠를 죽이고, 아빠가 딸을 죽이고, 딸이 형제를 죽인다.

다 왔어.

동서양의 양상으로 나타낸 것. 그 도수가 끝 도수 쳐 가지고 간다 이거야. 인류들이 말한 지옥 앞으로 말도 못하지.

 인류들이 많이 죽어. 그간 나 마고가 궁희의 시간 유예 요청도 있었지만 인류들이(육신은 몰라도 영들은 아니) 아우성쳐서 시간을 줄 수밖에 없었다.

 1999년 9월에 지상에 와 차원의 문을 다 닫고 육신으로 있으면서 인고의 시간이었지만 값어치가 있었더라. 이제 그간 세월이 흘러 육신이 나이를 잔뜩 먹었으니 나도 빨리하고 가야지.

 인류들이 빅뱅 '폭발' 하지? 내가 지상에 와 인고를 통해서 시간을 줄 만큼 주었다. 매일 밤마다 태시조들이 이 터전에 와서 바닥에 코 박고 울고 있어.

 내 법은 인류들이 몸서리칠 정도로 무섭고 가차 없다. 그래서 내가 아프다.

 법은 질서. 질서는 근본을 위한 거야.

 도덕, 인의 다 무너졌어.

 멋대로 살았잖아.

 지금 와서 업을 잔뜩 쌓아놓고 살려달라고 하면 되나.

 근본을 지키지 못한 직계 천손들 "북한의 벌목공 죽이자." 그게 답이다.

 죽이겠노라. 미안하다. 이게 법이야. 그리고 여기 남한에 있는 부도지 가짜야.

 우주는 질서고 근본이고 도고 인의야.

제2장
발동을 위한 성화

33
백두산 천지에
성화를 피웠다

● 천신들 : "지상에 와보니까 더러워서 숨을 못 쉬어. 이렇게 더러운데 어떻게 사누. 도화 도화로세. 팔괘도수 8등분 갑시다. 이 지상엔 먹을 게 없네, 없어. 치커리?"

마고 : "내가 마고, 사사모 우주인 것인데 궁희가 인류들 시조라고 했다마는 궁희는 어디서 왔는가."

많은 시간을 태시조들한테 주고 업신들에게도 원과 한을 풀라 하고 많은 시간을 주었으나 이제 끝 도수 쳐야 돼. 그간에 인류들이 근본을 잊고 살았다마는 잊고 산 업장 풀지 않으면 안 되는 것이야.

우주의 법을 어긴 자들은 인간적으로 생각하면 안쓰럽고 불쌍하지만 살릴 수 없다. 죄업이 너무 많아 그걸 해결하지 않으면 미물로 떨어져 업, 척, 원 이런 것을 다 해결해야 돼.

무조건 닦아야 돼. 쥐새끼도 되고, 질경이도 되고 다 그렇게 했잖아. 우주의 법이야. 법에 걸려서 이리 가고 저리 가고 돌고 돌아 있지만 이제 이 세상을 갈아엎어야 돼. 겨우내 얼어 있던 땅을 갈아엎듯이.

우주 : "나 우주가 사사모의 아들인 크로노스 증산에게 모든 개벽의 권한을 위임한다."

마고 : "천지 우주는 듣거라. 나는 사사모 마고로다. 대 개벽을 위한 천지 일을 지금부터 행하노라."

반고 : "나 크로노스 증산이로다. 천지우주에 고하노라. 우주의 명을 받아 이 지상을 뒤엎겠노라. 대 개벽 본격 발동을 위해서 모든 개벽 팀 전원들은 대기하라. 성주산과 할미산, 봉배산, 군자봉 밑에 소사역에서 온수역까지 전부 비상 대기하라."

마고 : "곤륜산 백두산 천지의 환인 1세가 대 개벽 발동을 위한 성화를 피워 올리겠다고 보고하러 왔다."

사사모 : "크로노스 증산(강○○) 우주의 기운 자 ~ 받아. 개벽해. 나 사사모야. 이것(호박 팔찌)을 오른팔에 껴. 거기에 우주의 기운이 운기 돼 있어. 지금 공부하고 있지? 옥추, 미추골, 천돌, 천문을 일직선으로 해. 천돌이 좀 막혀 있고 오른쪽이 문중의 잔영으로 좀 막혔어. 직선으로 뻗쳐 앉아. 척추를 곧추세워서…."

34

피타고라스의 수의 원리가
우주의 원리

● 창조신들 : "증산께서 이 지상을 뒤엎기 시작하실 텐데 그래야 우리 창조신들이 인류들의 유전자를 마감할 수 있지. 지상을 속히 거둬야."

신들 : "피타고라스(크로노스가 했다) 그 어른의 이치를 인류들이 어찌 피해갈 것인가.

아! 지금 지상에 와 있네. 강○○란 이름으로. 어느 누가 그 이름을 피해 갈꼬? 아! 크로노스 증산(반고) 정말 무섭지! 아이고, 누가 그 그물에서 벗어나 우주의 명령인데. 피타고라스(크로노스)의 수의 원리가 우주의 원리인데 그거 아는 놈들이 없어. 수리 7번에 지상의 돈이 다 들어 있네. 수리 14번은 아무도 몰라.

어느 날 크로노스가 눈을 번쩍 뜨면 다 뒤로 자빠지지. 이 지상에 신으로 내려오면 인류들이 못 보니 없다고 한다. 허니 하늘에서 지상의 문중(성씨) 타고 육신으로 오는 것이다.

문중끼리 거미줄처럼 뒤엉켜 있는 어둠의 세계인 이 물질계는 변수가 아주 많기 때문에 실패하면 안 되므로 사명자들이 3개에서 최대 6개까지 각 문중으로 육신을 나누어 온다. 가장 많은 육신을 가지고 온 게 김씨의 태시조인 우라노스다. 워낙

씨(자손들)를 많이 뿌려 경작(김씨 자손들)하려면 업(다른 문중에 지은 업)에 걸려 뽑히거나 문중의 업에 걸려 오지도 가지도 못하게 되기 때문이다.

사사모의 두 번째 아들인(최초의 물질) 우라노스는 욕심이 많아 아비인 비로자나불로부터 씨앗(인류)을 많이 받아 뿌렸다. 그래서 지구촌에 김씨들이 가장 많다.

영국은 거의 김씨고 유럽에 김씨가 제일 많다고 한다. 그것도 부족하여 베트남 인들을 흙으로 빚었다. 자손들이 많은 만큼 업도 많아 김씨들이 이 개벽으로 제일 많이 죽게 된다."

35
죽음 직전까지 가 있는 태시조들

마고 : "비로자나불이 부처랍시고 인류들 하나라도 더 살리기 위해 지상에 육신으로 와 있는 우라노스(김○○)를 최대한 이용하였다. 업을 겪어 상쇄케 하는데 턱밑까지 몰아 서울 서부역에 패대기쳐 놨다. 엄마인 사사모가 챙기겠지 하고 최대한 활용한 것이다. 그래서 우주의 법에 걸려 오지도 가지도 못하는 우라노스에게 엄마인 사사모가 새처럼 훨훨 날아서 오거라 하고 새도수를 부쳐주었다.

문중의 태시조들은 자손들 업장 때문에 장외에서 말도 못하는 고초를 겪고 있다. 몽유병자가 되어 길에 멍하니 서 있고 헐벗고 굶주리며 앵벌이 하고 있고 그래서 그 태시조들을 보고 마고가 아프다, 아프다 하는 것이다."

마고 : "자손들이 지은 업장은 태시조 책임이다. 이 태시조들은 문중의 업장 때문에 장외에서 말도 못하는 고통을 겪으며 죽음 직전까지 가 있다. 그 자손들은 장내에서 잘 먹고 잘 살며 지들이 잘난 줄 알고 있다. 어른들은 장외에 물러나서 아이들한테 양보해야지. 고생하고 험한 일하고 뒤치다꺼리하면서 자손들 먹여 살리는 거야 하늘의 뜻이야."

문중의 중시조 정도면 아주 높은 것이다. 어느 문중의 중시조가 문중의 업장을 해결하기 위해서 지상에 내려왔다. 그 문중에서 말하기를 "내려간 지가 언제인데 하늘에서 사라졌는지 땅속으로 꺼졌는지 아무리 찾아도 안 보인다"고 한다.

"마고가 요괴가 되어 지가 누군지도 모르고 숲속에서 히히거리고 있다"고 가르쳐주었다.

지금은 업신의 권한이 막강하다. 하늘에서 업신들에게 원과 한을 다 풀라 했기 때문에 업신들의 에너지가 강해 업신 앞에선 힘을 못 쓴다. 쪽을 못 쓰는 것이다.

사면초가에 이르러 죽을 수밖에 없는 상황으로 몰아 한강으로 가게 하여 뒤에서 뛰어내리라고 요구한다. 뒤돌아보며 욕을 하고 뛰어내리는 것이 자살이다.

이 현상계는 보이지 않는 세계에서의 양상이다. 자손들이 악업을 쌓아서 천지사방 팔방이 막혀 있지. 몸 안에서 못되게 당기고 밖에서는 어여차, 어여차 죽이자 하고 있다.

자손들이 지은 업장은 태시조 몫이다. 자손들 악업으로 고생하는 근본들 황궁이 근본을 못 지켜 우주의 질서 근본, 도, 인의 하늘의 질서가 무너져 모래알처럼 깨져 멋대로들 살고 있다. 문중끼리 죽이고 살리고 뜯어먹고 산다. 근본 도가 다 깨지다 보니까 이름이 없어진 신들도 있고 없어진 신도 있다. 문중끼리 사는 것이기 때문에 얼키설키 거미줄처럼 얽혀 있다.

문중끼리 사는 것이기 때문에 천지 우주에 공짜가 없다. 사과 4분의 1쪽까지도 갚아야 한다. 갚으라고 요구한다. 그리고 우연도 절대 없다. 필연에 의해서 모르고 가는 것이다. 모르고 가서 당하는 것이다. 알면 피해갈 수 있다. 알면 귀신도 도망간다.

마고 : "정○○에게 사람이 육신으로 올 때는 영혼 문중 영계를 거쳐서 와. 네가 네 영혼 문중을 정리해야 돼. 그쪽에서 너를 관여해 네가 지금 정씨로 와 있지만 영혼 문중에선 최씨였는데 최씨에게 빚이 있어. 그래서 빚을 갚아야 하는 거야. 네가 가는 데 있어서 걸림돌이 되니까 그 걸림돌을 치워야 네 현실 생활이 제대로 가는 거야. 네가 지금 정씨로 와 있지. 정씨 문중이 너를 잡아 죽이지 않은 것이 다행이야.

너는 남씨야. 천상에서 왔어. 근데 정씨로 오다 보니까 정씨 문중 업신 놈들이 그리한 것이다. 그래서 네가 현실 생활에 있어서 바닥으로 추락한 것이다. 해서 너는 정최남○○이지만 나 마고의 동자다.

우주 생성 큰 부처 여섯이 나왔는데, 내가 너를 쓰기 위해 감춰뒀다. 네 존재를 잘 모른다. 백호의 기운을 네가 가지고 있기 때문에 너를 백호라고 하고, 네가 여섯 번째 부처라 너를 육불이라고 하며 비불, 석불이라고 부르기도 한다.

당시의 인류들이 너를 여섯 번째 부처 할아버지라 불렀다. 더불어 육불 할아버지라 하기도 하였다. 남사고의 『격암유록』에 마고의 동자 도부신인이라고 한 것은 너를 이르는 것이다. 너는 아주 높고 높은 할아버지다. 부처들은 숨어 있다. 유일하게 드러난 게 석가다."

36
네가 뭔 얘기를 해도
인간들은 몰라 격이 다르다

● 마고 : 도통군자들이 왔다.

도통군자들, 우리는 일만 이천 도통군자들인데 이 근본 터전에 보화보살이 있다고 하는데 보화보살이 보화천존의 능력을 받아서 앞으로 난리가 나겠구먼.

한○○에게

마고, 보화천존이 앞으로 한○○ 네 육신을 쓰겠다고 한다. 앞으로 스타는 저리 가라네. 중국 동북부와 양쯔강 하륜성 백두산 끝자락에 있는 조선족들이 보화보살 찾아 가지고 줄을 서겠네. 고씨 12갈래와 한씨 14줄기 문중들이 돈을 보따리 보따리 싸 가지고 와 난리 나겠네. 보화천존이 보화보살이라는 자신의 딸을 통해서 온갖 조화와 무소불위의 천지조화를 부리게 된다는 것을 한○○ 네 유전자가 알고 있다. 아까는 보화보살이고 지금은 보화천존이네. 보화천존이 보화보살의 왼쪽 심장에 와 있네. 너 한○○는 보화보살이지만 보화천존이야.

네가 누구냐. 네 능력을 천지우주가 감춰놨어. 천변만화 네 능력은 누가 알아 아무도 몰라. 네가 좀 아플 것이다. 네가 뭔 얘기해도 인간들은 몰라. 뭔 얘기인지 격이 다르다. 네가 외롭다.

37

노자가
갈릴레오 갈릴레이였다

● 마고, 성주산에 있는 개벽 팀들이 진작에 내려와 이러저러한 사유로 개벽이 지연되자 할일이 없으니 풀밭에 팔베개하고 누워 개벽을 언제 하려나 하고 진을 치고 있다.

신들 : 지상에 노○○ 노자가 아닌가.

○씨 문중에서 어느 놈이 대통령 한답시고 업을 잔뜩 쌓았는데 워낙 도력이 세다 보니 용케 뚫고 소사로 와서 성주산 자락에 살고 있네그려.

마고, 천지가 인정하는 인재 중에 인재요 강씨 문중의 수재로다.

이○○ 너는 노자(노○○)를 이 터전에 정중히 모셔오거라.

노○○에게

우주 : 태상노군(노○○)

나는 우주로다.

이놈아, 이 늙은 놈아 이놈아. 나이만 잔뜩 처먹고 고생했어. 자신이 누군지도 모르고 그리고 왔어. 근데 지금 네 왼쪽 눈텡이에 2놈이 있어. 학문은 국내에서 뿐만 아니고 적어도 14개국에서 으뜸인 거지. 헌데 육신의 공부가 안 돼서 제약이 많아.

노○○ 어쩌고저쩌고하면 태클까지는 아니고 뒤에서 옥천에서도 그렇고 천계에서도 그렇고 말들이 많으나 개의치 말라. 우주가 인정하고 천지가 인정한다. 육신공부가 안 돼서 그런 것이다.

마고 : 노○○ 너는 우주께 참이슬 두 잔을 올리거라.

천상 옥경에서 태상노군(노○○)에게 한잔을 받겠다.

네 대접해 올려.

사사모는 태상노군 업장이 많다고 거절한다.

우주께서 태상노군(노○○)에게 도수를 쏟아부었어.

노르웨이 신명들이 도대체 노○○이 누구냐고 신명들이 하지만 이건 인간계의 도수인데 질문을 그렇게 던졌을 뿐이지. 바로 알아. 노○○이 태상노군 노자라는 걸.

갈릴레이 갈릴레오가 노자였대. 노자가 서승경을 썼다.

전생에 노비 놈들이 힘들어서 잠깐 졸았다고 살려달라고 매달리는데 가차 없이 죽였다.

"제발 살려주세요. 우리 엄마가 굶어 죽어요. 이제 막 태어난 자식이 있어요" 하고 매달리는데 가차 없이 죽여 버린 거야.

지상에 오면 육신공부 해야 하는데 제일 중요한 것이 인당인데, 그때 죽은 2놈이 인당에 딱 버텨서 막고 있어. 참 아까운 인재인데 육신공부 하나도 못했어. 나이만 주워 먹었지. 하지만 우주가 인정하고 천지가 인정하는 인재야.

지금 이 시점에 대 개벽을 해야 하는 시점에서 제일 먼저 찾은 게 노자하고 태양신(강○○) 내응상감이야.

  노비 2놈을 그냥 파리 목숨으로 알고 살려달라고 울며불며 매달리는데도 가차 없이 죽였다. 그 원한이 사무쳐서 발목 잡혔네. 발목 잡혔어. 좌측 신장에도 그놈들이 버티고 있어. 이름을 못 날리게 이름을 날릴 수 있는 실력이 있음에도 그놈들이 악착같이 이름을 못 날리게 해. 글만 하게 했지 육신공부는 못하게 했어.

  노자의 실력으로 글과 공부를 했다면 말도 못해. 등 쇄골에도 29명이 떡 버티고 있어. 오른쪽 다리 뼛골에도 무려 3,400명이 있어. 노자의 도력으로 그게 없었다면 지금 이 상황이 아니야. 사람이 태어날 때 그 영이 인당으로 들어간다.

  그다음엔 업신들이 따라 들어간다.

  이○○ 너는 강○○를 이 터전에 데려오거라. 그 아이가 태양신이야. 사사모의 도수에 맞추어 8일마다 하는 행사에 데려오거라.

태양신이
인간으로 왔다

● 크로노스 증산 : "마고와 나 증산이 쓸 일꾼인 태양신 강○○가 이 터전에 오는데 걸림돌이 되고 있는 몸속과 오라 장에 있는 모든 삿된 놈들 201명을 대 개벽 법에 의거 우주 빙옥에 감금 조치하라."

8일후, 강○○

"제가 여기를 오는데 부천역 쪽으로 걸어왔거든요. 근데 부천역 위에 떠 있는 거대한 독수리를 보았거든요. 조금 따라오다 사라졌어요. 근데 여기에 그 독수리가 와 있네요."

부천역은 밤낮없이 수많은 사람들이 북적대며 오가는데 아무도 보지 못하는 실상의 세계를 본 것이다. 태양신이기 때문에 육신으로 와 있지만 본 것이다. 육신공부를 하고 있기 때문이다.

마고, 제우스다.

옛날 인류들이 태양신이라고 해서 숭배했던 태양신이 인간으로 와 있잖아. 강○○ 너는 태양신이다. 네가 태양신이 육신으로 왔어. 육신이 알아서는 안 되는 하늘의 비밀이 있어. 말을 해줄 수 없는 거야. 옛날에 마야족 들어봤어? 마야족들이 태양신을 목숨 걸고 섬겼어. 네가 앞으로 여기서 보는 것을 미주알고주알 소리를 내거라. 네가 실상을 본다마는 굴절되어 보이거나 일그러져 보이거나 틀어져 보이기도 하지. 네가 고하면 잘못된 걸 바로잡아 준다.

네가 하늘의 메시지를 제대로 받는지 어떤지 실험해야지. 네가 인류들이 못 보는 걸 보지만 아까 말한 독수리는 보되 그 실체는 모르는 거야. 그게 너의 한계다. 제우스가 독수리로 변신해서 네가 여기 올 거를 알기 때문에 제우스가 너를 감시하는 것이다.

제우스가 너 오는 걸 보고 미리 여기로 온 것이다. 네가 그리 보고를 해야 가르쳐주지. 바보에게도 가르쳐주면 다 알지. 천지에서는 가르쳐주는 것이 아니야. 네가 깨닫는 게 그게 공부야. 공부를 하고 그것에 의문을 가질 때 하늘에서도 답을 해주고 네가 확연히 깨달았을 때에는 하늘에서 줄줄이 미주알고주알 다 가르쳐주지. 그게 우주의 법이야. 알면서도 나는 네가 언급하길 기다리지. 너한테 안 알려주는 거야.

강○○(태양신) : "천지우주가 지금 사람들이 힘들게 보내는 것을 슬퍼하거든요. 우주께서 본주님께 한잔을 올리겠다고 하세요."

본주 : "이 터전을 마련한 게 지금 두 달 조금 지났는데 아직은 터전이 작고 협소하지만 나는 당당히 우주의 잔을 받겠다."

강○○(태양신) : "제가 처음 여기 왔을 때 보니까 집 안이 온통 빛으로 가득했어요."

마고의 장자 백궁

● 전○○에게

마고 : 내가 마고로다. 백소 어디 있느냐?

너 이놈(전○○). 너는 백궁이다. 높고 높고 또 높고 한없이 높은 백궁 할배다. 그렇게 인류들을 많이 쳐 죽이고 쉬울 줄 알았어? 아무리 답답해도 그렇지 어찌 그리 많이 쳐 죽였어 이놈아.

너는 나 마고의 아들이다. 이놈아, 백소야. 네가 내 아들 맞다마는 너 말고 테라칸(드라칸)과 사탄도 있다.

나 마고의 법이 너무 엄중하고 야속타 하여 두 아들놈이 내게 대적을 했어. 내게 반기를 든 거야. 성경에 기록되어 있다. "천상에서 전쟁이 일어났다"라고 두 아들놈과 내가 전쟁을 한 것이다.

2놈을 지상으로 쫓아냈어. 엄마를 부르며 하늘 보고 울부짖었어. 사탄을 사특한 무리들이 사탄을 지들의 왕으로 추대하니 사탄이 사탄들의 왕이 되었다. 둘을 짐승으로 만들었다. 짐승으로 만들지 않은 게 너다. 너는 나 마고의 장자 백궁이다. 근데 백궁이는 없어졌어. 백소만 남았다.

40

사사모의 아들
태호 복희

● 구○○에게

마고 : 저기 앉아 있는 저놈 이름이 무엇이냐?

최○○ : 구○○라고 합니다.

마고 : 저놈은 저 귓속에 2놈이 들어 있는데 아비의 업신이네. 증조부 고조부 해서 15명이 있어. 너 공부는 돼? 안 되지? 죽겠지? 목구멍에도 15명 또 들어 있어. 어쩔 거야. 불쌍한 놈. 이것저것 다 막혀 있어 죽겠지?

두개골 좌측 거기에 실핏줄 타고 온몸을 휘감고 있는 업신 놈이 천지 사방을 모노모노(비밀비밀)… 어찌 할꼬 어찌 할꼬 너를 죽일 수도 살릴 수도 없고 어찌 할꼬… 네가 무슨 죄냐. 네 자손들이 너무 죄업을 쌓아 가지고….

넌 태시조야. 추씨 태시조다. 널 죽이기엔 너무 아깝다. 허니 나 마고가 너를 살리겠다.

저 아이가 참 힘들어 아까워. 니 도력이 아깝다.

좋다. 인정한다.

이놈아, 너는 어디로도 갈 수가 없어.

워낙 자손들 악업이 커 가지고 죽느냐 사느냐 그런 판국이었어. 어디가 못 가. 절대 못 가. 완전히 꽉 막혔어.

최○○ : 의지로 살아남은 것 같아요.

마고 : 의지가 아니고 도력으로 네 현실 생활이 풀어지도록 너를 풀어줘야 되는데 문중에서 지금 난리가 났다. 안 된다고 네 전생하고 어쩌고저쩌고 다 계산하고 있다. 오장육부가 못돼 가지고는 이놈, 너 이놈 좋다. 내가 너를 인정한다.

나 마고야, 고생 많았지?

안다, 안다. 알아.

최○○ : 구○○ 저 형님은 진작 죽었을 사람이에요. 지금도 위태로워요. 저 형님은 원래 절대로 안 움직여요. 누가 오라고 해도 절대 안 움직여요.

근데 여기 처음이에요 온 게.

41
노스트라다무스는
사사모의 아들

● 마고 : 신명들이 노스트라다무스 만세!
청궁 만세!
백궁 만세! 백궁 할아버지가 왜 격하되어서 백소입니까?
격상해 주시옵소서. "흑소 때문입니다" 한다.
최○○ 저 아이가 사사모의 아들 청궁이다.
저 아이가 노스트라다무스를 했다.
그래서 신명들이 저리하는 것이다.
자꾸 신명들이 노스트라다무스를 찾네.
서양 신명들이 노스트라다무스의 잔을 받겠다고 한다.
청궁(최○○)아, 참이슬 한잔 대접해 주어.
서양 신명들에게 대접해 주노라 하고.
최○○ : 서양 신명들에게 대접해 주노라,
마고 : 서양 신명들이 노스트라다무스 청궁 씨에게 감사하고 죄송한데 감히 잔을 받아서 신명들이 청궁 할아버지께 노스트라다무스라고 해야 한대. 옛일대로 실천하겠다고 사자성에서 "청궁 할아버지 3분의 1잔만 올려주소서" 한다.
최○○ : 사자성에 대접해 준다.
마고 : 너희들이 몰라서 그렇지 기운줄로 다 연결되어 있어.

여차저차 이러저러한 경로로 인연법을 징검다리 삼아 하늘에서 내려온 개벽 사명자 19명이 이 터전에 모여드는 것이다.
 여기는 핵이다. 사사모의 자식들과 나 마고의 자식들이 이 터전으로 오는 것이다.
 개벽 사명자들도 앞서거니 뒤서거니 이 근본 터전으로 오는 것이다. 사명자라 하더라도 오면 하늘이 허수를 쳐서 따돌린다. 시험한다. 따라오나 안 따라오나 보는 것이다. 시험을 통과해야 입성할 수 있다.
 최○○(청궁), 제가 하는 일이 부동산 쪽도 있고, 인맥을 통해서 하고자 하는 일이 있는데 제가 그릇이 안 돼서 될 듯 말 듯 원활하게 안 돼 고전을 하고 있습니다.
 마고, 부동산 쪽은 네 외조부가 막고 있고, 그릇이 안 되는 게 아니고 너무 거물이라 문중에서 견제하는 거야.
 이 물질계에 일어나는 모든 현상은 먼저 보이지 않는 세계로부터의 여러 양상이다.
 청궁은 황제와 대 지주만 했어. 여러 문중에 아픔을 주었어. 사사모는 인류를 사랑하고 아낀다.
 천지는 공평한 거야. 네가 인류들에게 아픔을 주었다 하고 사사모가 회초리로 청궁이를 치고 있다. 뭔 얘기냐면 현실적으로 고통을 주고 있다 그런 말이야. 가정을 뒤흔들고 있다. 이유 불문코 네 부인을 떨어내려고 시험에 잘 통과하라는 뜻이야.
 최○○ : 우화등선한 신선 김가기.
 마고 : 그때 당시 우화등선했던 인자가 너의 목줄기 두 번

째 거기에 딱 붙어 있어 네가 김가였다는 얘기야.

최○○ : 여동빈 신선이 종리권 신선의 제자로

마고, 스승이라고 해서 반드시 높은 것은 아니고 제자가 더 높은 거야. 그런데 스승이므로 스승에 대한 예우를 해야 되는 거야. 이 물질계의 법도 하늘에서 어느 정도는 인정을 해. 문제는 지금 네 어미가 그때 당시 네 종을 했다. 근데 네가 돌보지 않았어. 돌보지 않아 먹고살기가 힘들어서 너의 쌀독을 뒤지다가 너한테 들켜서 맞아 죽었다. 그 원한이 하도 사무쳐서 너의 육신이 모르니까 그렇지 너한테 매일 욕해.

쌀독만 뒤진 게 아니고 그때 당시 네 아들 문갑의 귀금속 훔쳐서 며느리 집안이 그걸로 인해서 말하자면 연루되어 가지고 관아에 가서 친척 2명이 죽었어. 그런데도 불구하고 못된 것이라 욕하는데 그 아이의(최○○의 엄마) 문중의 죄업이 많아서…. 그 아이 (최○○ 엄마) 문중에서 그만 좀 말씀 올려달라고 문중에서 사정하네! 이하 생략하겠다.

사사모 : 청궁(최○○)이 뒤통수 옥추 좌측에 전생의 업신 15놈이 붙어 있어 너 하는 공부를 헷갈리게 하고 있어. 내 직권으로 사해 준다. 너에게 3개의 도수를 부친다.

나는 법 위에 있다. 어여쁘다. 어여쁘다.

너에게 굴렁쇠 도수를 부친다.

니가 어디로 구르든 안 될 것이냐.

너의 심성이 아름답다. 곱다.

너무 양보만 하지 말거라.

제우스와 헤라의 자손들인 토성과 목성

● 마고 : 천상 옥경에서 여기 아름다운 여신이 있다는데 헤라 여신이 누구냐고 한다.

네가 이름이 무엇이냐?

윤○○에게

마고 : 너는 이름이 무엇이냐?

윤○○ : 윤○○입니다.

마고 : 네가 헤라 여신이 아니냐?

헤라 여신이 좀 문제가 있네. 전생의 네 부모가 태클을 걸어 노씨인데 태클을 걸어. 너 여기 전생의 부모가 붙어 있어. 근데 못 견뎌 이거 작업하고 나면 도망가. 못 견뎌 걱정 마. 토성에서 89명이 헤라 엄마 찾네.

"엄마 살려주세요" 한다.

크로노스 증산이 "안 된다"고 한다.

목성에서도 "헤라 엄마, 우리도 좀 살려주세요" 한다.

목성, "자손 살려봐."

온수역에서 은하연합군들이 통과를 안 시켜 여기를 못 온다. 지금 온수역에서 오지도 가지도 못하고 토성, "엄마 살려주세요" 한다.

개벽 팀들이 온수역에서 시화지구 매립지까지 철통같이 지키고 있다.

"너 춤추냐?"

윤○○ : 예.

마고, 지금 천지에서 엄마 살려달라고 하는데, 모르고 미친년처럼 춤만 추고 있어.

그게 답이다.

그러게 육신이 되면 몰라 네가 얼마나 높은 존재인지 모르겠지? 뭐냐면, 천지의 울려다. 네가 알아듣겠느냐? 모르지?

공부 좀 해봐. 율려가 뭔지. 그건 바로 태초의 비밀이다. 지금 천지에서 살려달라고 "엄마 살려주세요" 하는데 모르고 있어. 그저 미친년처럼 춤만 추고 있어.

토성에서 헤라 엄마 미친 짓 그만하고 살려 달래. 32개 문중이 반대한다. "절대로 안 된다"고 헤라 할배라도 안 된다. 우주 법이래. 근데 근데 제우스가 오면 판을 뒤엎는다.

우주는 변수가 많아. 제우스가 헤라한테 어떤 일이 있어도 토성 자손들을 살려야겠다고 마고 승인받겠다고 하네.

제우스가 왔네.

제우스가 와서 "헤라, 내가 왔소" 한다.

제우스가 헤라에게 "사랑하오" 한다.

토성 자손 동이족, 풍이족 운운하면서 오늘날의 재야 사학자들이 그나마 이을 맥 맥을 제우스가 농간을 부렸고, 제우스가 인류들이 너무 불쌍해 가지고 최대한 살려보겠다고 자신의 원력으로…. 더 이상은 비밀이고 신들 "왜 이렇게 인류들이 속절없이 죽어야 하냐고 마고한테 살려달라고 용서해 달라"고 빌고 있어.

지금 마고는 안 된다고 크로노스 증산께서 복희하고 청궁하고 지상의 말로 하면 의견 뜻을 협상 이 말을 인류들이 합의 도출이래.

거기에는 왜냐하면 서양의 신명들이 워낙 강력하게 물질문명의 주도권을 쥐고 있기 때문에 그걸 무시할 수 없어.

제우스가 인류들이 너무 불쌍해서 돌아갈 수 없다고 그것을 우주의 법에 걸려서 무리한 요구는 할 수 없고, 토성의 자손들을 반대하는 31개 문중과 협의해서 제우스의 위력으로 토성 자손들을 살려보겠다고 제우스의 원력이 워낙 강해 뒤집히는 거야 살리겠다는 거지.

43
흑소의
핀란드 자손들

● 마고 : 제우스 모시고 있는 사당이 그리스에 세 군데 있어. 그 사당을 폐쇄하라. 유럽 세 문중에서 제우스를 이상한 이름을 붙여서 믿고 있어. 없애라. 헤라야, 니 아들 흑소가 엄마를 찾는다. 헤라 엄마 찾아 살려 달래. 흑소를 살리겠으면 네가 사사모에게 우선 13배를 올려봐. 어미로서 "흑소를 살려주시옵소서" 해봐.

저놈(흑소)이 저기서 울고 있네. 핀란드에 있는 자손들이 악행을 저질러 흑소가 얼굴을 못 들겠대. 밖에 내려가면 세 번째 계단 좌측에 숨어 있어. 울어 울어, "헤라 엄마 우리에게 두 잔만 해주시옵소서" 하고 있어. 흑소 자손들이 계단 초 입구에 있어. 자손들 업장 때문에 오지도 못하고 "엄마 엄마" 울고 있다. 핀란드 놈들 포기하라고 해. 헤라 오른쪽 발뒤꿈치에 흑소 자손들 못된 놈들이 붙어 자라고 있어. 코드가 헐겁게 만들어졌어. 이○○ 네가 두 잔을 흑소에게 대접해 줘. 이○○, 흑소 씨에게 올리니 "하이고 감사합니다" 하세요.

마고 : 흑소가 밖에서 감격의 눈물을 흘리고 있네. "엄마 엄마 엄마 엄마 하고 울고 있어 감사하다"고 헤라야. 핀란드 그 놈들은 포기하라고 해.

44
구천 상제가 반고다

강○○ : 학을 타고 누가 왔어요.

마고 : 제우스야 속지 마.

강○○ : 우주가 백궁님(전강○○)을 크게 쓰시겠다고….

마고 : 속지 마. 그거 우주 아니야.

강○○ : 제우스가 헤라 씨의 잔을 받고 물러가신다고 하네요. 제우스가 헤라(윤강○○) 씨 옆에 앉아 있어요.

구천 상제님이 내려오고 계십니다.

하늘의 모든 선녀들 병사 천군들 거느리고 풍악소리 내면서 구천 상제님의 모습이 여기 있는 강○○님 모습이었어요. 구천 상제님이 천상에 계실 때 여기 있는 강○○님의 정수리에 가느다란 선으로 연결되어 있네요.

마고, 네가 정확히 보았다. 곧 그 능력 발현되면 모두가 뒤로 자빠져 대 개벽 주체자야. 너를 데리고 이 우주를 판몰이 하는 거야. 지금은 직장인이지. 그런데 우주가 자꾸 감추는 거야. 아닌 척하지.

강○○ : 위에서 주작이 날아다니고 있는데 자기도 초대해 달라고 해요.

마고 : 누가 그런다. 용호상박이로다. 좋소. 내응상감 좋소.

제2장 발동을 위한 성화   115

주작 현무 좌청룡 우백호 다 오라고 해. 어차피 다 와야 하니까. 여기 명호를 써서 올려주면 6일 내로 좌정하겠다고 한다.

강○○ : 제우스가 아주 커다란 공작새가 됐어요.

신들, 태상노군께 육신의 공부를 못하게 인당을 막고 있던 2놈은 자신들의 정체를 마고께서 보시고 소리를 내니 못 견디고 도망쳤고, 몸 안에 숨어 있던 놈들 역시 지축정립 담당들이 태상노군께 청하 다섯 잔을 대접받고, 49분 만에 한 번에 날려버렸습니다.

그리고 헤라 여신은 천상옥경에서 두 잔을 받고 옥추를 바로 터주었습니다. 그런데 세 번째 디스크 좌측 영혼 문중 피씨 15놈이 붙어 있었고, 좌측 늑골과 간 사이에 전생에 그것 890명이 들어 있었는데 들켰다고 팍 쌔려 엎겠다고 악살을 부려 빌 허(虛) 자 2장을 써드렸으니, 항상 차를 조심하시고 육신으로 오면 돈이 필요하기 때문에 8개국 정도는 돌아다닐 수 있도록 돈을 좀 풀어주신다고 합니다.

이렇게 신들이 보고했다.

마고 : 소래산에서 천지신명들이 "백호(정○○)님께 올리나이다" 한다.

지상에 음식은 먹을 것이 없다. 나는 마늘이 제일 맛있는 것이다. 보화(한○○)야 마늘을 가져오거라.

강○○ : 노자님이 하늘에서 내려올 때는 흰 소 타고 오시고 올라갈 때는 청우 타고 가신답니다.

마고 : 노자는 하늘에서 내려올 때 영계의 허락을 받지 않고 직접 오르내린다.

45
여와는
크로노스의 부인이다

● 사사모 : 여와가 왔다.

여와가 복희에게 그대와 내가 인류들의 너무 많은 오해를 불러일으켜서 그렇소. "참이슬 한잔 따르시오" 한다.

복희야 따르거라.

인류들이 모르니 복희와 여와가 부부라고 하기도 하고, 오누이라고도 하나 여와는 크로노스의 부인이다. 요즘 인류들 말로 하면 여와는 복희의 형수님이다.

인류들이 태호 복희씨라 하지?

복희가 그 당시 율려를 보았다. 복희 팔괘라 하지?

황궁이 근본을 지키지 못한 데서 인류들의 타락 현상 중 하나가 욕하는 거 무조건 욕이다.

복희는 추씨 태시조다. 워낙 도력이 세다. 고조선 때 임금을 하면서 굶어 죽어야 할 인류들을 발 벗고 나서서 살려준 공덕이 커. 피골이 상접하도록 인류들을 먹여 살리기 위해 고생하였다. 자손들의 악업이 있음에도 불구하고 저놈의 도력을 높이 사서 마고가 살리겠다고 선언하였다.

마고 : 사사모가 결재하고 우주도 결재했지. 저놈의 죄가 아니야. 자손들 죄업이야. 도력이 아까워!

업신들이 심한 욕을 한다.

이판사판 죽을 판인데 우리가 무슨 짓인들 못하냐.

마고, 개뿔, 소뿔, 돼지뿔, 우주뿔, 죽을뿔 그런다.

지들이 그런 게 아니고 황궁이 어쩌고저쩌고, 백궁은 결국은 흑소랑 어쩌고저쩌고, 헤라(윤○○) 여신이 바람났다고 한다. 그 누구도 법 위에 두지 않는 마고의 법으로 복희가 죽을 수밖에 없지만 복희는 법 위에 있는 사사모의 아들이다.

신들, 자손들 죄업이 너무 많아서 자손들의 업장이 기록된 문서들을 보고 사사모께서 특별 명령을 내리셔서 자손들이 지은 업장을 전부 처리해 주려면 벼락신장, 지축정립 담당들이 각각 한 잔씩 두 잔을 받아야 머리부터 발끝까지 사지육신을 정리해 드립니다.

마고 : 복희야, 대접해.

복희(구○○) : 벼락신장, 지축정립 담당들에게 대접한다.

마고 : 태호 복희씨의 8괘 도수를 사사모가 인정 접수한다.

치우천왕 시차 우주도수 6도수 지상 원력으로 치면 1456년 이 시대에 살았던 인류들의 신명들이 눈물을 흘리고 있다. 하지만 지금은 이렇게 왔잖아.

태호 복희의 발리에 있는 자손들이 먹고 살기 위해 약간의 사기를 치고 있으니 태호 복희 도력으로 인정해 주시면 적어도 굶어 죽진 않는다고 한다.

태호 복희(구○○) : 인정한다.

마고 : 태풍 담당들이 태호 복희한테 열아홉 가지 능력을 준다고 한다.

46
반은 사람이고 반은 뱀이고, 반은 개구리인 요상한 사이코

● 황제 헌원, 내가 황제 헌원인데 태상노군에게 받겠소.

마고, 노자 대접해 줘. 치우천왕과 여동빈 신선에게 백호가 대접해 줘.

치우천왕이 육신으로 지상에 와 있다.

네덜란드에 있다. 히딩크다.

중앙 우주 신선들이 태상노군 노자(노○○)에게 양 기운을 부쳐주겠다고 한다.

화우로 삼풍곡, 천풍곡 담당들이 그거로는 부족하니까 열다섯 가지 기운을 화우로 삼풍곡, 천풍곡 맥줄을 다 주는 거야.

왜? 노자니까 우주가 지극히 아껴.

강○○ : 제가 다른 차원에서 왔거든요. 은하계에서 내영이 태어난 게 600년 정도 지났는데….

마고 : 600년이라는 것은 우주의 주인인 마고의 도수에 네가 매어 있기 때문이다. 그게 다가 아니라는 얘기야. 육신으로 와 가지고 네가 뭔 얘기를 하는지 신들이 보고 있다.

이 세상에 와 가지고 자신의 가야 하는 여정 속에 있을 뿐이야. 그런데 저 아이(강○○) 2개 문중이 딱 버티고 있어. 그리고 등, 척추에 전생에 점사를 봐주었네.

살짝 거짓말을 해서 그 업장이 세 번째, 네 번째 디스크에 반은 사람이고, 반은 뱀이고 반은 개구리라 하는 요상한 사이코가 있네. 사이코 좌뇌 열세 번째 척추를 막고 있네. 그거는 정승을 하면서 거짓말을 했구먼. 사람에게 피해는 주지 않았지만 거짓말한 것이 허공 중천에 떠 있어. 영계에서 그것을 가지고 장난을 치고 있어. 그리고 네 가슴속에 있는 놈들이 네 아비를 데려갔다. 지금 아비가 없지?

강○○ : 예, 제가 수련 중에 흰빛이 나타났거든요.

마고 : 그건 우주께서 크로노스 증산을 통해서 너에게 태양신으로서의 본래의 면모, 본래의 원력을 회복할 수 있도록 결재해 주었어.

강○○ : 저한테 날개가 6개가 있는 게 전부터 보였거든요.

마고 : 너는 예전에 인류들이 흠모하던 태양신이다. 그럼에도 불구하고 법을 어겨 가지고 날개가 있지. 네가 본 대로 분명히 날개가 있음에도 법망에 걸려 가지고 날지 못하더라.

여자로 온 칼 융

● 한○○ : 오늘 누가 왔나 봐요. 바람이 참 많이 부네요.

마고, 태풍신이 유럽을 강타하겠다고 증산의 결재를 받으러 왔다.

한○○ : 저는 어느 땐 '쨍그랑' 하고 유리창이 깨지는 소리가 엄청 크게 들리고 커다란 건물이 보여 정신없이 올라가다 보면 어느 땐 길을 잘못 들기도 해. 돌아 나오기도 하고, 헤매기도 하고, 어떻게 하다 또 한참을 올라가다 보면 건물 꼭대기 낭떠러지에 서 있곤 해요. 이게 오래 가는 게 아니고 한 일주일 정도 그러다 안 보이고 반복이 돼요.

마고 : 이 아이(한○○)가 칼융을 했는데 칼융으로 살면서도 지금 상황을 겪었는데 그때 학문과 철학사상으로 승화시켜 이름을 남겼다. 이 물질계에는 비물질계의 거대한 빌딩도 지어져 있고 이 본 터전에도 인류들이 못 봐서 그렇지 거대한 우주 송전탑이 설치돼 있다. 담당 사무실, 신명들 사무실도 지어져 있어. 비물질은 물질을 통과해 물질은 신기루와 같은 것이다. 있는 듯 보이나 사라지는 것이다. 이 현상계에 버스가 쌩쌩 달리고 있는데도 엄마가 아이 손잡고 유유히 버스를 투과해 길을 건너고 있다. 서로 차원이 다른 것이다.

48

미륵존 여래불은
나주 정씨다

● 마고 : 오늘은 괴질 신장과 병겁 담당들이 왔네. 대접해 줘.

황궁의 아들 천둥이가 왔다. 번개를 치고 우박과 서리를 내리고 홍수와 비를 내리고 지진으로 갈아엎어야 하는데 해일도 하고 "두 잔 받고 하겠습니다" 한다.

태풍 담당들이 왔네. 나 마고가 결재했으니 너희 태풍 담당들은 후쿠시마를 아주 강력하게 후려쳐라. 우주 생성 이전의 無AND?들이 삼원도수를 치겠다고 한다.

정○○(육불, 석불, 비불, 백호), 네가 이 터전에 와 몇 번 공부하니 신들이 너를 통례하기 시작한 거야. 너는 사사모의 도수를 피했으니 시험을 잘 통과했어. 알아서 잘 피해서 나 마고에게 오라.

사사모 : 네가 심성이 곱고 착함을 알았으므로 나 마고 본주라고도 하지? 물질계에 와 있다 보니 천지에서 이렇게 해달라 저렇게 해달라 하니 차원 간의 문을 다 닫고 안 듣고 있어.

정○○ 네 기운을 최씨 하고 남씨가 빼돌렸어. 힘들지?

옥추하고 회음하고 그래서 지금 네가 굉장히 힘들어.

가르쳐줄 수 없으니 깨달아. 그리고 미주알고주알 소리를 내 물어보란 얘기야. 그래야 가르쳐주지.

자꾸 물어봐라, 물어봐라, 물어볼 거 없어? 하지?

물어보라는 것은 물어봐서 피해 가거라. 피해 가서 네 일을 성사를 시켜라 그런 얘기다.

소리(물어보면)가 나면 업신들이 가만있나? 깨지.

또 문중들은 가만히 있나? 깨지.

이쪽이 막혀 있으면 다른 길로 돌아 돌아가서 반드시 성사를 시키라는 얘기다. 그래서 행사 때마다 자꾸 물어봐라, 물어봐라 하는 것이다.

정○○야, 봉배산에 가서 할미산을 향해서 엄마 마고동자로다. 노노노노 노노노노를 여덟 번 해달라고 하네. 그리고 육신 왼쪽 어깨에 있는 놈들을 안다.

"철수하라" 하고 박수 여덟 번 쳐.

그놈들이 말하기를 육두문자 "ⅩⅩ! 시구 시구 가을(이 결실기에 정체가 들켜버려 살아남기 틀렸다. 가을은 개벽을 뜻함) 도수 Ⅹ도 틀렸네" 하고 있어 들켰잖아. 네 어깨에 있어. 극도수 친다 하고, 소리 내고 박수 여덟 번 쳐. 죽을 자들이 마고동자에게 걸리면 죽는다고 난리다. 어떻게 해서든지 막아야 된다고, 개벽 지금 막아야 한다고 지랄들 한다. 금강산 도통군자들이 너한테 건의를 했는데, 네가 육신으로 있다 보니 숙지를 못하는 거야. 금강산 도통군자들이 네가 마고의 동자임을 알았으므로 단전 늑골 중앙 두 번째 중단전 귀를 천지의 소리를 듣도록 옥천 상상천 선계와 합의하에 조치하겠다고 한다.

네가 귀가 열려 신들이 하는 소릴 다 듣고 미주알고주알 나한테 고하는 거야. 의식을 천문에 두고 옥천 상상천 선계를 의

념하는 공부를 해. 네가 공부를 안 해서 기운이 빠져나간 거야. 제대로 해. 네가 의념해야 되는 부분에 있어서 말들이 많아. 다음 행사 3~4일 전에 네가 지상으로 오기 전 영계의 영혼 문중인 최씨 문중으로 살다가 육신계의 정씨 문중으로 왔기 때문에 영혼 문중 정리를 해야 돼.

기운줄 내지는 핏줄을 정리를 해야 되기 때문에 그래야 영혼 문중 그들이 정리가 되는 거야. 사람이 육신으로 올 때는 영혼 문중을 거쳐서 오기 때문에 그쪽에서 관여해. 네가 정씨로 와서 많은 고난을 겪었어. 관자재보살에게 네가 대접을 해 줘 봐. 네가 바닥을 쳤다.

네 인생의 여정을 내가 다 알고 있다. 네가 시건방진 데가 있어. 너 바닥에 추락했지? 아파 봤지?

만유를 사랑하거라. 너에게 백호의 도수를 천지가 쳐 가지고 너는 네 삶을 살 수가 없더라. 천지가 좌지우지하더라.

미르바가 정○○란 이름 안 되고 이제부터 석불 혹은 육불로 불러 달란다. 천지가 숨겨놓은 마지막에 나타나는 석불로서의 실체가 네가 지금 하고 있는 공부를 통해서 드러난다.

마고동자로서 백호란 이름을 같이 써. 네가 공부할 때는 양초와 향을 키고 종이컵에 물을 8부 정도 부어 놓고 서남 방향을 향해서 해. 공부는 쉬쉬하고 감추고 하는 게 아니고 밝히고 해야 기운이 안 막혀. 네 허파가 문중들이 파장을 쏴대니까 막혀 있다. 몰래 하는 게 아니고 당당히 해야 돼.

오늘은 우주 연합군들에게 대접해 준다.

미륵존 여래불이 정씨다. 명호 써서 올려줘.

지저 문명에서 온
인류들 선조들

● 강○○ : 우주 연합군들하고 우주선 자기들도 대접해 달라고 와 가지고 진 치고 있어요.

마고 : 대 개벽을 본격 발동시키겠다고 하니까 대 개벽 팀 전원에게 6+6+6 대접해 준다.

화산폭발 담당들이 인도네시아를 치겠다고 결재받으러 왔다.

해일을 같이 치겠다고 그리고 지상을 정리하겠다고 지저문명에서 왔다. 지상 인류들의 선조들이다.

육불(정○○)은 "오셨소이까" 하고 소리 내고 참이슬 1.5잔을 대접해 줘.

강○○(태양신) : 오늘은 여기 오는데 엄청나게 큰 학을 보았거든요. 제우스인가요?

마고 : 알아챘네.

강○○(태양신) : 옥황상제님이 용을 타고 내려오셨네요.

마고 : 태양신 강○○가 왔으니 서왕모도 영계 2도수를 꽉 쥐고 있어 성주산에서 개벽 팀들이 왔는데 태양신 내응상감님 군자봉을 아시지요? 한다.

다녀가라는 얘기다.

50

구천 상제

● 강○○ : 소희 여신이 있나요? 백궁씨에게 석 잔 받겠다고 하는데요.

마고 : 소희는 나 마고의 딸이다.

강○○ : 지금 천상에서도 여기와 똑같이 행사를 하고 있는데요. 그쪽은 풍악을 울리고 있고 여기는 풍악이 없는 게 다르고요. 구천 상제님이 계신데 여기 계신 강○○님하고 머리 꼭대기로 구천 상제님하고 가느다란 줄이 연결돼 있네요.

마고 : 오늘은 네가 일을 봐.

용왕들이 왔다.

강○○ : 우주가 보화천존의 능력을 쓰겠다고···.

마고 : 그건 네가 잘못 본 거야.

그거는 그 위대한 보화천존 원시천존이 통치하는 동안에 왜 적이 없었겠는가. 적을 따돌리기 위한 편법으로 이건 말도 안 되는 표현이지만 그 숨은 뜻을 네가 알므로 받아들인다.

나 마고다.

이놈아 강○○ 네가 전 전생 3생전의 업이 좌골 두 번째 실 핏줄을 탁 막고 있어. 그래서 여기서 네가 그걸 보고 설명을 해야 되는데 못 보는 거야. 그것을 태을신에게 한 잔 받고 14

일 이내로 터달라고 소리를 내.

　강○○ : 태을신에게 대접해 올리니 그것을 14일 이내로 터 주십시오.

　마고 : 도솔천의 천군들과 옥천의 천군들에게 대접해 준다.

　한○○ : 저는 잠을 못 자요. 밤을 꼬박 새우는 날이 많아요.

　마고 : 잠 못 잔다는 말은 다 허깨비 소리다.

　잠을 못 자는 것은 영들이 살려달라고 네 뒤에 매달리는데 어찌 잠을 자겠느냐. 네 뒤에 영들이 중국 산동성까지 뻗쳐 있다. 못 잔다, 못 자.

　강○○(크로노스증산) : 중학교 때 증산도에 한번 다녀와 가지고 자는데 몸이 마비돼 가지고 밑에서 시꺼먼 게 올라와 가위 눌리는 게 아직도 생생해서….

　마고 : 그거는 인류들이 증산 상제, 증산 상제하고 막 달려들고 늘어지고 그러니까 육신이 중압감을 느낀 거야. 그게 문제야. 왜 증산 상제를 믿느냐고 가르침을 믿어야지.

　성인들이 지상에 내려가 인류들을 교화시키라고 하면 제일 두려워하는 게 종교 하는 거야. 가르침을 따르는 것이 아니고 나를 믿는다는 거야. 붙들고 있는 거지. 붙들려 실제로.

51
하늘이 주저앉았다

● 마고 : 천군들하고 천상에서 전부 다 내려왔어. 너희들이 몰라서 그렇지. 잔을 가득 채우거라. 그래야 한이 풀리지 이놈들아. 그리고 전(부침개)을 먹어.

전은 납작 엎드린다. 전에서 생명이 탄생하므로 속에 숨어 있는 뜻 그런 것이 있도다.

사사모 도수가 8인데 그래서 8일에 한 번씩 본 터전에서 행사(천지의 일을 하는 것)를 하는데 다 내려왔더라. 여기가 즉 하늘이다.

하늘이 여기에 주저앉았더라. 다 와 있어. 근데 아무도 몰라. 우주연합군들, 은하연합군들 모든 개벽 팀원들이 온수역에서 시화지구 매립지까지 포진하고 있어. 아무도 모르더라.

사사모의 도수가 극을 쳤도다. 인류들 어찌 할 것이냐.

도수를 쳐서 도수가 차오르면 그대로 이뤄지는 거야.

이 우주는 통으로 돼 있어. 소리 내면 천지가 다 들어.

소리 내는 것은 진실이고 감추는 건 죄인이야.

도가 어긋났더라.

천도를 세우기 위해서 나 마고가 여기 있는 것이야.

너희는 알면 있고 모르겠으면 가라. 알면 가라 해도 안 간다.

인류들은
지들이 멸망당할지도 모르고 있어

● 마고 : 내 아들인 테라칸(드라칸)도 그렇고 사탄칸도 그렇고 나는 혼자야. 나는 끊임없이 아프다.

왜? 죽인다 이거야. 그냥 다 죽인다 이거야.

우주를 지켜야 하기 때문에 우주가 숨넘어가기 직전이야. 어쩌랴, 내가 지상에 왔는데 나도 하고 가야지. 나이(육신)가 있어. 도가 깨졌어. 인류들이 악에 받쳐 있어. 지들이 멸망당할지도 모르고 있어.

나는 다시 천도를 세우겠다.

내가 육신으로 있다 보니 뼈가 아파. 인류들이 네 것 내 것 하고 치고 박고 서로 죽이고. 내가 지상에 와 이 나이 되도록 시간 다 줬어. 허나 이제 나도야 간다. 나는 은하를 돌리겠다. 그래서 다 죽이겠다. 인류들이 불쌍하고 가련타마는 다 죽이겠노라. 인류들 말로 하면 다 죽인다.

나는 내 아들 백궁이가 예쁘다. 행사 날은 하늘에서 다 내려와 하늘이 여기에 주저앉아 있더라. 다 와 있어. 근데 아무도 몰라.

강○○ : 신명들이 안 좋은 세력들이 들어오는 거를 막아주시는 거 같아요.

마고 : 중앙우주 신선들이 백소에게 천지우주 기운줄을 너에게 연결해 준다고 한다. 좋겠다.

지저문명 담당 신들이 백호(정○○)에게 땅속을 들여다보는 능력을 붙여주겠다고 "대접해 올려주옵소서" 한다. 두 잔 대접해 줘.

자미천존이 백궁(전○○)에게 4분의 1잔만 워낙 귀한 신분이라 마고 결재 필요하지만 우주 법에 의거해 받겠다고 한다. 대접해, 백궁아.

백궁(전○○) : 아! 예. 자미천존께 대접합니다.

마고 : 백궁 저놈이 좀 허세가 있어. 그것은 네 심장에 네 아비의 업신 5명이 떡 버티고 있어. 그놈들 때문이야.

은하연합군들이 크로노스 증산께 대 개벽 본격 발동을 위해서 해일과 뇌성병력을 결재받으면 인류들이 뒤로 자빠질 정도로 조화를 부리겠다고 한다.

크로노스 증산은 결재권자야. 통수권자야.

크로노스 번개를 쓸 거지.

벼락을 쓸 거지? 뇌성병력도 다 주노라.

천지우주가 크로노스 증산에게 다 주었노라.

모악산에서 왔다.

크로노스 증산께 큰절을 13배 올리나이다 한다.

크로노스 증산(강○○) 모악산 기운을 접수한다.

강○○(크로노스 증산) : 모악산 기운을 접수한다.

사사모 : 지금 공부하고 있지?

공부를 해서 천지기운이 돌아가더라.

우주의 기운이 몰려오더라.

장량 읽고 있지?

우주의 장자인 나 사사모의 아들 증산을 통해서만 내려가니 그냥 읽어. 비기야. 비기 모르네?

왜? 문중으로 왔기 때문에 마고의 법을 거스르지 못하더라.

강ㅇㅇ(크로노스) :『귀곡자』란 책을 재미있게 읽었는데.

사사모 : 비로자나불이 귀곡자로 다녀갔어. 3번만 읽어봐. 왜? 3번 읽으라는 이유를 알게 돼. 신들이 지금 한 소리를 듣고 귀곡자를 읽었다고? 어쩌고저쩌고 한다. 그런 책은 접하기가 쉽지 않아 . 신들이 지들끼리 쑥덕쑥덕한다.

마고 : 노(老)신들이 태상노군 노자가 도대체 누구냐.

이 잔은 그냥 업이 많아 가지고 못 받겠다고 그냥 간대.

노자(노ㅇㅇ)에게 두 잔을 받겠단다.

최ㅇㅇ에게 서양 신명들이 노스트라다무스의 예언을 실천하겠다고 한다.

마고 : 제우스 왔어?

강ㅇㅇ(태양신) : 예 드래곤으로….

마고 : 홍수 담당 번개 담당 천둥이 기아 담당들이 대기하고 있다. 대접받으려고 차례차례 대접해 줘.

53

종교 하다 죽어보면 안다.
속았다는 걸

● 마고 : 한○○ 보화야, "원시천존 승인해 주옵소서" 하고 구천 상제께 두 잔 올려봐. 너의 힘이 폭탄과 같은 무소불위의 능력이라고 하는데 그나마 근사치다.

원시천존 이놈아, 왜 여자로 왔어.

고생한다. 하늘이 너에게 뭘 공명하려고 해.

순수한 게 알 것 같기도 하고 모를 것 같기도 하고.

지 진심이 안 통하면 욱한다.

이놈은 100% 믿어도 돼.

한○○ 너는 보화보살로서 네 아비 보화천존의 유전자를 다 받고 있다. 해서 보화보살이라고는 하나 너는 보화천존이고 원시천존인 것이다.

원시천존 미추골 세 번째 골에 거기에 영들이 14만 8천 명이 붙어 있다. 원시천존 인류들이 목숨 바쳐 혼신의 힘을 다 해 너를 믿었어. 구제해야지?

너한테 중국까지 뻗쳐 있다. 그래서 한○○라는 육신으로 지상에 내려온 원시천존인 한○○에게 원시천존을 믿었던 영들이 매달리며 살려달라고 아우성치고 있는 것이다.

보화보살 한○○가 원시천존의 딸이기는 하나 아비의 유전자를 100% 다 받았기 때문에 원시천존인 것이다.

하늘의 불법인 종교의 개념이다.

"내가 하느님이다" 하고 사기를 친 것이 아니고 인류들이 따르고 숭앙한 것이기 때문에 죄라 할 수는 없지만 자신이 책임을 져야 하는 것이다. 그래서 그것을 해결하기 위해서 온 것인데 영들은 아니까 우르르 달려들어 어깨에서 등 뒤로 중국까지 뻗쳐 있다.

그래서 잠을 못 자는 것이다. 울면서 살려달라고 매달리고 있는데 어떻게 잠을 자냐는 얘기다. 태양신을 추앙하던 마야족들도 태양신인 강○○가 해결해야 하고 칠성님하고 하느님으로 알고 믿었던 인류들도 칠성님인 자미천존이 구제해 줘야 된다는 얘기다. 당시의 인류들이 그저 좋아서 숭앙하며 믿고 따랐던 것이다.

칠성대제인 자미천존은 해원제를 통해서 자신을 믿었던 인류들은 영성을 씻기고 맑혀서 다 자미성으로 거둬들인다.

아무것도 모르는 인류들에게 자신이 하느님이라고 사기 친 알라 등은 그저 죽을 자에 불과하다. 오늘날 중동의 종교적 갈등으로 야기되는 양상들 기독교니, 회교도니, 힌두교니 피 튀기며 싸우고 있는 것이다.

종교 하다 죽어 보면 안다. 속았다는 것을 알고 대성통곡한들 소용이 없는 것이다. 모든 종교는 다 하늘의 불법이다.

좋다. 한○○ 너를 인정한다. 그들의 한을 풀어줘야지. 그것이 너의 과제야. ○○야 거기 있는 수박 열 토막을 먹어. 옥추의 탁한 기운을 빼내는 거야.

54
미륵 부처는
크로노스다

● 마고 : 후천의 기운을 강○○(크로노스), 정○○(육불), 노○○(노자), 전○○(백궁)에게 부쳤어. 후천기운 담당자들에게 대접해 줘. 인류들이 미륵 부처 어쩌고저쩌고했어.

육신으로 와 있잖아. 크로노스야, 강○○로 현상계니까 미륵 부처를 흰색, 황색, 녹색으로 쓰고 덧칠해서 강씨니까 회색을 검정색과 겹쳐 써서 크로노스 잔에 올려야 돼.

우주가 너는 몰라도 지상의 기운을 다 바꾸려고 그리한 것이야. 천지신명들이 복희(구○○)에게 크로노스(강○○)가 돈을 ○○만 원을 좀 주라고 하네. "살거라" 하고 줘.

강○○(크로노스) : 살거라(돈을 건네주며).

구○○(복희) : 네 살겠습니다, 형님.

마고 : 헤라(윤○○)야, 제우스가 밖으로 좀 나오래.

태양신(강○○) : 헤라 따라가 제우스가 하는 얘기 엿듣고 와.

최○○(청궁) : 복희 형님이 잠을 아주 많이 자거든요.

마고 : 업신들 때문에 잠을 자는 거야. 자는 게 아니고 자빠져 눕히는 거야. 어디로 갈 수가 없이 워낙에 자손들 악업이 커 가지고 죽느냐 사느냐 그런 판국이었어. 어디로 못 가. 절

대 못 가. 완전히 꽉 막혀서 도력이 있으니까 살아남은 거지.
업신한테는 못 당해, 무력해.
최○○ : 갑자기 기분이 좋아졌다 나빠졌다 하거든요.
마고 : 그것은 나쁜 파장이야. 여기는 천지가 일을 하는 곳이므로 육신의 이름은 쓰지 않는다.
니들이 인간적으로 궁금한 게 있으면 무엇이든 다 물어봐.
소리는 생명이다.
소리가 잡혀 레이더망에 소리 내면 땅에 안 떨어져.
천지우주에 확산 퍼져 땅에 떨어져 썩으면 좋은데 썩지 않는다.

55

사람을 알기 위해서는
8생의 전생을 조사한다

● 마고 : 사람을 알기 위해서는 전생을 8생 조사한다.

어떤 놈인지 어떻게 살았는지 아는 거는 3초면 돼. 신들은 척추 열다섯 번째 두루마리 형태로 돼 있는 기록을 본다.

나는 안 본다. 왜? 안 봐도 알아 볼 필요가 없다.

오늘은 우주 팔부 신중들이 와 있어. 우주 팔부 신중들이란 우주 밖에 각 문중들로 이루어진 대군들이다.

그다음에 은하 연합군들 지각 변동을 해야 하니 환태평양 지진 담당들에게 인류들이 말하는 환태평양 이북 쪽에서 지각을 바꾸는 지각 변동 담당들에게 두 잔 해줘야 돼.

다들 두 잔씩 "지각 변동 담당들에게" 하고 소리를 내고 올려줘. 은하연합군들이 두 번째 계단에 잔뜩 와 있어. 내려가 대접해. 인도네시아를 화산폭발로 치겠다고 거기에 해일을 덧붙여서 치겠다고 쓰나미 크로노스에게 결재해 달래.

강○○(크로노스) : 결재한다.

백궁(전○○)아, 네가 지금 하고 있는 공부가 무엇이냐.

전○○(백궁) : 석문호흡 공부하고 있습니다.

마고 : 이놈아, 너 그 공부하면 안 돼. 다 덤벼들다 압사당해. 네가 좀 죽였어? 다 덤벼.

조조가 환인 3세다

마고 : 너 이름이 무엇이냐?

김○○ : 김○○라고 합니다.

마고 : 저 아이 우측 천돌에서 우로 향해서 어깨 뒤쪽 어미 업신 15놈이 붙어서 꼴값을 떨고 있어. 그거 잡아 가둬. 허파에도 한 놈 있다. 심장에 2놈 있다. 핏속에 3놈 지느러미처럼 그냥 흔적도 안 남기고 스멀스멀…. 저 아이 미간 뒤쪽 좌로 쥐새끼가 된 원신의 모노모노(비밀).

척신 해결해 줘. 네가 현실 생활을 제대로 할 수 없이 부를 돈을 막고 있어. 저 아이한테 돈이 중요해. 그걸 막고 있어. 너는 김씨로 왔지만 남씨다.

황궁이 말하기를, 내가 근본을 지키지 못한 죄로다가 8개 문중이 저 아이에게 자주 헛소릴 퍼부어.

김○○ 지가 지금 대단한 줄 알고 있거든. 저 아이 두개골 좌측에 3놈이 붙어서 요사를 떨고 있고 지가 뭐? 일월성신 어쩌고저쩌고하니 저놈이 훅 가 가지고….

허나 그것은 지 척추 두 번째에 들어 있는 지 어미의 업신들이 요사를 떨고 있어. 그놈들 다 잡아 가둬.

어 ~! 조조네. 조조 저놈이 조조했어.

일월성신이라고 꼴값을 떨고 있는 놈들을 잡아 가둬. 어쨌거나 황궁이 문중의 장자로서 역할을 못했어. 근본을 지키지 못했어. 오늘날의 인류들이 타락해 가지고 엄청 죽어야 돼.
황궁 책임이야.

바람이 계속 세차게 불고 있다.
마고 : 영등(바람의 신)이가 자꾸 바람을 일으키고 있는데 아직은 나는 황궁의 죄를 사할 수 없다. 엄히 물을 것이야.
사사모 마고께선 근본 시조들의 장자인 황궁의 죄를 용서 안 해주고 있는 상황이고 바람의 신, 영등 할미는 황궁의 부인이다. 황궁이 제대로 근본을 지켰으면 육신으로 살다가 갈 곳으로 가는데 못 가는 거야. 여기저기 막혀서 못 가는 거야.
자기하고 맥줄이 비슷한 기운 줄을 타고 자손들 몸속에 들어가는 것이 가장 안전한 것이다. 천상에서도 이를 알면서도 빈대 잡으려고 초가삼간인 육신을 태우냐? 못 태우지. 그러니까 죽어서 사람 몸에 들어가 있고 업신들도 들어가 있고, 오라장 안에도 있고 밖에도 있고, 정수리에도 있고, 중천까지 이어져 있어 사람 사는데 여러 문제를 야기시킨다. 그러니 사람이 현실 일이 막히고 병들고 모든 불행을 초래한다.
무당, 간질병, 정신병, 가난, 모자람, 사업 부진, 두뇌 막힘 등 헤아릴 수가 없다. 처음부터 인간에게 자유 의지를 준 것이 아니고 본래 선만 있어야 하는데 황궁이 근본을 못 지켰으므로 요즘 말로 플러스해서 악이 첨가되었는데 할 수 없이 하늘에서 그렇다면 좋다. 멋대로들 살아보라.

"선을 택하든 악을 택하든 허나 선을 택하면 살 것이요 악을 택하면 그 끝은 죽음이로다" 하고 인간에게 자유 의지를 부여한 것이다. 악을 행하여 악업을 쌓아놓고 살겠다고 하면 안 되는 것이다. 죽으면 되는 것이다.

이제는 지상은 끝났어. 죽일 수밖에 없어.

김○○ 저놈이 환인 3세다.

하늘에 근본과 도가 깨지다 보니 환인 천제! 좋지 어찌 됐어? 저놈의 후손들 멕시코하고 중국의 해안선 연남성 그쪽에 12명이 있고, 일본 후지산 옆에 3명 살고 있고, 연변자치지구에 혼혈 자손이 있다. 그리고 멕시코 쓰레기통을 뒤지는 노숙자 2명이 있고, 노르웨이 커피숍 운영하는데 잘되네. 거기서지 잘났다고 꼴값을 떨고 있네.

연변에 2명

티베트 3명

북한에 2명

로마에도 있고 티베트에서 저놈의 자손 2명이 지가 성자라고 하고 있다. 태국에 니 유전자를 가지고 뱀 두 마리가 있어. 이놈 네 자손들의 실상이고 이놈은 어떤가? 지가 제일인 줄 알고 있어. 황궁이 근본을 못 지켜서 저런 놈이 생기는 거지. 어디 감히 여기 와 가지고 대죄다.

이 터전을 감히 비웃고 있어 속으로 저놈이 돈이 필요한데지 어미 업신이 돈줄을 꽉 잡고 있어. 뇌에 붙어서 비웃고 있어. 돈줄을 막고 있는 것을 해결해 주었다.

망할 놈. 저놈이 앞으로 돈이 생겨 강남으로 가서 오피스텔 두 채를 구해 지가 잘났다고 살다가 어떤 연휴로 수원으로 갔다가 망신을 당하게 되고 나중에는 결국 이 터전을 오는 거야. 그게 저 아이의 인생 여정이야.

네가 아직은 여기 올 때가 안 됐다는 얘기야.

이○○ 너는 이씨로 왔지만 국씨이기 이전 남씨다.

김○○ 저놈이 남씨 문중의 어른이다. 천상옥경에서 이 아이(김○○)에게 두 잔을 올리라고 한다.

환인 3세다. 9배를 올리고 두 잔을 올리거라.

인정상관 : 자 이놈(김○○) 인정상관이다. 한 잔 올려.

마고 : 황궁이 자신의 죄라고 하는 거야. 영들이 굶어서 죽어. 황궁이 근본을 못 지켰기 때문에 물질계의 인류들이 제사를 지내주어야 그 제사를 받고 그 기운으로 후손을 돕는 거야. 상호 작용이다.

그런 시스템인데 영계는 뭘 먹어? 기운을 먹어야 돼. 그 기운은 어디서 오냐. 물질계에 있는 후손에게서 오는 거야. 그 기운을 받아서 영계가 사는 것인데 제사들을 안 지내니 먹을 게 없어서 그냥 굶어 죽는 거야. 사람이 음식을 못 먹으면 굶어 죽듯이 영계도 음식인 기운을 못 먹으면 굶어 죽는다.

화산을 폭발시키고 지진으로 인해서 만민들이 죽어야 하는 시점이야. 노르웨이 신명들이 회오리와 해일을 일으키는데 에너지가 조금 부족하다고 한다.

반잔씩 대접해 줘.

홍수 번개 천둥 기아 담당들이 대기하고 있다.

인류들 업을 담당하는 신들에게 대접해 줘.

57
예수는 우라노스의 자손

● 마고 : 야소가 왔다.

야소(예수) : 나 야소는 근본인 마고의 명령을 받들어 지상으로 내려왔으나 근본을 저버린 자들을 모두 교회에 몰아놓은 것이요. 내 죄가 아니요. 나는 그리 가르친 적이 없소. 인류들이 나를 예수라 부르는데 정식 이름은 야소요.

마고 : 야소의 잘못이 아니다. 인류들이 하느님이라고 믿는 여호와는 이스라엘 시나이 산에 살고 있는 이스라엘 민족의 지방 신이다. 조선의 단군과 같은 거지.

야소는 김씨다. 우라노스의 자손이다. 야소가 "진리가 너희를 자유롭게 한다"고 가르쳤지. 그럼 진리를 탐구하고 연구해야지 왜 야소 다리 붙들고 늘어져.

야소는 김씨 자손이야. 왜 다른 성씨들이 지들 근본을 버리고 김씨한테 왜 매달려. 몰라서 어리석음을 행하는 것이지.

석가 가르침 따라야지 왜 석가를 믿어. 왜 절에 가서 돈 내고 엉뚱한 짓 해.

그런 거 하지 마. 하늘이 제일 미워하는 거야. 시간 없애고 돈 없애고 다니지 말고, 천지에 소리 내고 방에 처박혀서 해. 천지가 다 아는데 왜 시간과 돈 없애. 하지 마.

종교 하지 마.
종교 하는 거 하늘의 불법이야.
믿는 것도 자신의 업으로 떨어진다.
종교 그거 하늘이 제일 미워하는 거야.
가르침 따르면 돼 가르침.
소리는 생명 줄이기 때문에 천지에 다 연결돼 있어.
방 어느 구석에 있어도 소리 내면 그거 다 연결되는 거야.
듣는다는 얘기야.
왜 엉뚱한 짓 해.
왜 돈 갖다 바쳐. 그런 거 하지 마.
그냥 방구석에 처박혀 해.

다리병신이 된 관세음보살

● 마고 : 관세음보살이 다리병신이 되어 절뚝절뚝 다리를 절며 밖에 계단을 올라오고 있다. 그간 어리석은 인류들을 위해서 애썼어.

원력을 회복하도록 나 마고가 관세음보살에게 두 잔을 해준다. 그간 인류들이 하도 파먹고 살아서 기운이 바닥나서 병이 들었다.

강○○ : 관세음보살님이 마고님한테 절을 올리고 있어요. 관세음보살님이 본인을 위해서 석 잔을 해달라고 하는데요.

마고 : 해줘.

강○○ : 저한테 하소연을 하거든요 힘들었다고.

마고 : 그럼 힘들지. 그러면 여기 다섯 번은 와야 본래 원력 회복해. 원력이 인류들이 파먹고 살아 가지고 지금 소진되었어. 그래서 힘들지.

강○○ : 본인도 여기 참석하겠다고요.

마고 : 응 명호 올려줘.

59

개가 된 칸트

● 강○○(태양신) : 제우스가 봉황으로 나타났어요.

마고 : 네가 그 소리를 내니 제우스가 저런 개잡놈 한다.

너한테 제우스가 둔갑술의 제왕이다. 제우스가 태양신 나를 알아본 벌로다가 한 잔 올리시구려 한다.

한 잔 올려 제우스한테 옆방에 있는 강아지들 뚱이하고 까미가 자신들도 이 자리 참석하고 싶다고 저리 계속 짖어대고 난리들이다.

육불(정○○)아 데려와.

육불(정○○) : 예.

마고 : 천궁(최○○)이가 개를 아주 싫어하는데 뚱이가 자꾸 청궁이 옆에 붙어 있다.

저 아이들이 계속 짖는 건 자기들은 열심히 말을 하는데 강아지니까 멍멍 소리만 나는 거야. 차원 간에 통할 수 없는 거지. 열심히 말을 하는데 차원 간에 막혀 짖는 소리밖에 안 나는데 저 아이들 다 알아. 너희처럼 다 알아. 말을 못하고 형상이 다를 뿐이지 까미는 원래 인간이었는데 사기를 쳤어.

그것도 돈 때문에 사기를 쳐 가지고 짐승으로 떨어졌어.

기가 막히지 칸트도 했고, 도통군자 최풍헌이다. 도통군자임에도 전생에 사기를 쳤다. 그것도 돈 때문에. 그래서 저리 짐승으로 떨어진 거지. 개로 6번을 굴러야 환생을 해.

청궁(최○○)이가 개를 질색하는데 똥이가 작심을 하고 청궁이 옆에 붙어 있는 건 똥이가 청궁이에게 죄를 지어서 비록 이렇게 있지만 너한테 준 유전자 3개를 내놓으라고 유전자를 회수하려고 하는 거야.

육불(정○○) : 청궁(최기주) 씨가 물을 주니 3번 받아먹고 갔어요.

마고 : 똥이가 청궁한테 유전자를 받았어. 노자(노○○) 옆으로 갔네.

"이 사람 노자 아니냐?"고 한다. 똥이 네가 정확히 봤다.

다 알아. 말하는 거 다 듣고 있어 지금.

60

마고의 아들
사탄

● 마고 : 이놈(뚱이)아. 너는 왜 개새끼가 되어 거기 앉아 있느냐.

사탄(뚱이) : 엄마 죄송해요. 엄마의 법이 하도 엄격하여…. 죄송해요. 엄마, 저 사탄 칸이에요.

우주의 주인인 마고는 우주의 질서를 위해서 일점일획도 예외 없이 엄격히 법을 집행하는 공인이다. 자식이라고 해서 사사로움을 두지 않으며 자신은 물론 자식도 법 위에 두지 않으며 만물을 공평히 대한다.

마고 : 사람은 짐승이나 동물이 따로 있는 줄 안다.
저희가 사람으로 살면서 죄를 지어 짐승이나 동물로 떨어지는 걸 모른다. 사람으로 살면서 죄를 지어 낮은 차원으로 떨어지는 것이다.
쥐새끼도 인연이 없으면 남의 집(문중)에 못 들어간다. 그 집에 사는 쥐새끼들은 그 문중의 조상도 되고 가족도 된다. 사람이 죄를 지어 낮은 차원으로 떨어져 쥐새끼가 되는 것이다. 쥐새끼는 다 알고 있어. 조상으로 가족으로 그 문중에 가지만 차원이 다르니 말을 해봐야 찍찍 소리만 난다. 그러니 찍 소리 말고 있어야지. 찍 소리 내면 죽임을 당한다. 그저 쥐새끼일 따름인 거지.

사람의 집에 들어오는 강아지는 가장 가까운 혈육이다.

업으로 인해 개가 되어 자식이 부모 집에 들어오고 부모가 자식 집에 들어오는 것이다. 개는 다 안다. 자기가 엄마였고 아빠였고 자식이었다는 것을…. 허나 사람은 모른다.

고양이는 조상이 자손(자기 문중) 집에 들어오는 것이고, 쥐도 마찬가지인데 서로 차원이 다르다 보니 모르는 것이다.

얘들도 기뻐하기도 하고 슬퍼하기도 하고 울기도 한다. 허나 어쩌랴. 차원이 다르다 보니 아는 쪽이 말을 못하게 해놨고 한쪽은 말을 하나 모르는 것이다. 우주의 법인 것이다.

어느 능력자가 쓴 책에서 본 내용이다.

지인의 집에 방문을 했는데 공교롭게도 지인 장모의 제삿날이었다. 그런데 밖에 그 집에서 기르는 개가 신음 소리를 내며 초죽음이 되어 널브러져 있어 궁금하여 그 개와 대화를 해 보니 울면서 말하기를,

"죽어라 이 개새끼야" 하고 사정없이 팬 게 자신의 딸이라고 했다고 한다. 아들이 없어 이 딸이 자신의 제사를 지내주고 있었는데 살아생전에 조기를 좋아해서 상에 올리기 위해 조기 세 마리를 밖에 말리고 있는 걸 보고 어찌나 먹고 싶던지 계속 침이 흘러 그만 참지 못하고 한 마리를 먹었는데 "먹었다고 팼다"고 하며 울더라고 했다.

후에 들은 얘기인데 며칠을 굶겼다고 한다.

웬 예쁜 여자 외계인

강○○ : 웬 예쁜 여자 외계인이 왔는데요.
마고 : 라이라에서 왔냐고 물어봐.
강○○ : 그렇다는데요.
마고 : 지상에서 나리였냐고 물어봐.
강○○ : 모르겠다는데요.
마고 : 그럼, 남나리였냐고 물어봐.
강○○ : 그런 것 같다고 하는데요.
마고 : 우리 남나리 다 선경에 태어나게 해주겠다고 해.
강○○ : 아주 좋아하는데요.
마고 : 그놈이 라이라에서 어른, 애도 몰라보고 오만방자하게 굴어 지상에 개로 떨어졌다.

본주 : 내가 기르던 강아지 시추였다. 그 아이가 라이라에서 온 남씨라는 걸 알고 내가 남나리라고 불렀다. 내게 많은 기쁨을 주었고, 내가 지극히 아끼고 사랑했던 우리 나리다.

어제 우주 기운 끌어당기는데 그 기운을 타고 내려와서 내 무릎에 나리 형상으로 안겨 있는 걸 봤다. 워낙 예뻐해서 자꾸 보고 싶어서 선경에 태어나기 위해선 다시 지상으로 와야 한다. 지상에 오면 내가 알아서 찾아올 것이다.

62
왜 너희 음과 양은 맨날 싸우느냐

● 마고 : 미르바 여신이 왔다.

태호 복희(구○○) 잔을 받겠다고 한다.

미르바가 남사고(남○○) 선생 왜 안 왔냐고 한다.

석가(남○○)가 호위하는 3놈들과 함께 밑에 계단에 와서 용서를 빌고 있는데 미안해서 들어오지 못하고 있다.

이제부터 빨리 진행을 해야 해서 6도수로 넘어가야 해. 광자대 진입을 코앞에 뒀으니까 밖에서 어쩌고 진입을 했다고 하는 거 믿지 마. 하늘의 연막이다. 하늘이 하는 일은 인류들이 알게 하지 않아. 허수를 쳐서 인류들을 따돌리느라 모르게 하더라.

지금 벼락을 누구에게 부칠까. 백소 청궁 복희 육불(마고동자) 노자 보화천존 헤라를 놓고 천신들이 회의 중이다. 우주 연합군들과 천신들, 즉 개벽 팀들에게 대접해 줘.

나는 마고라고 하나 나는 원래 사사모야.

크로노스는 나 사사모의 아들이다.

나 사사모의 아들 크로노스에게 기운을 전부 돌려 맡긴다.

크로노스는 양의 대표, 궁희 여신은 음의 대표다.

음양을 떠나서 나 마고로서는 그 외의 영들도 아낀다.

왜 너희 음과 양은 맨날 싸우느냐.
그 밑의 어둠에 가려진 영들도 있는데 그만 좀 싸우라.
"나는 만물을 사랑한다" 하고 음과 양을 나무랐다.

63
북문터 통일해

이○○ : 평양신명들도 동참하겠다고 증산(강○○)께 대접해 주십사 합니다.

마고 : 그러면 조건이 있어. 북문터 통일해.

이○○ : 네, 어머니 하겠나이다.

평양신명들이 북문을 트겠다고 하였사옵니다.

마고 : 좋다. 결재한다.

이○○ : 결재하셨으면 대접을 해달라고 합니다.

마고 : 좋다. 열다섯 잔 해준다.

천신들 : 아이고 인류들은 죽었다 죽었어.

15개가 무엇이냐면 마고의 도수야. 지상의 도수.

64
근본의 맥줄 찾아
소사로 온 노자

● 마고 : 노자(노○○) 태풍 담당들에게 대접한다 하고 참이슬 두 잔을 대접하고 나 태상노군 노자로다.
내가 태풍과 우레를 쓰겠노라 소리 내.
노○○(노자) : 나 태상노군 노자로다.
내가 태풍과 우레를 쓰겠노라.
『격암유록』에 도부신인 나오거든요.
마고동자를 도부신인으로 봐야 할지 않을까요?
마고 : 봐야 하는 것이 아니고 맞아.
엄청 나이가 많아. 우주 생성 직직후의 여섯 번째 큰 부처 인류들이 여섯 번째 부처. 당시의 인류들이 여섯 번째 부처 할아버지라 불렀어.
나 마고만이 동자라 부를 수 있지. 옥추보경 48신장이 태상노군 노자에게 받겠다고 허니 두 번째 계단 내려가 봐. 직접 가서 따르래.
노자가 말하기를 내가 육신으로 와 가지고 노○○ 그놈이 대통령 한다고 업을 잔뜩 쌓아 업장에 걸려 가지고 고생을 무지 했어. 몇 년 동안은 이 나라에 고대사나 상고사의 일인자야.

국가에서 여러 개의 훈장도 받고 했다만 "왜 나는 빛을 못 봅니까?" 한다.

은하연합군들 : 아깝다 아까워. 학문이 정말 아깝네. 통했어야 하는데 참으로 아깝다. 학문은 출중한데 참으로 아깝다. 연세 처먹어서 노자의 천궁을 따준다.

마고 : 천지신명들이 인정한다.

훌륭해. 노○○의 좌측 뇌가 노자의 유전자를 가지고 왔는데 육신이(노○○) 뭔 소리인지 못 알아듣네.

육신으로 오면 방법이 없어.

문중에 걸리고 육신 문중(노씨), 영혼 문중, 원신 문중 그런 게 걸려. 노자는 참으로 훌륭하다. 인재 중에 인재다. 노자가 육신 문중인 노씨로 왔지만 영혼 문중이 있어.

원신은 강씨야. 크로노스 증산의 자손이야. 그래서 원신 문중의 인재인 노자를 찾은 것이야.

자손 중에 으뜸인 노자를 찾은 것이고, 크로노스 증산이 노자에게 그대가 아무리 높고 또 높으나 "너는 나의 자손이다" 하는 거지.

노자가 실력이 있음에도 인정을 못 받더라. 장외에서 답답해하며 뒤안길에서 술 마시며 끼리끼리 회한을 달래더라. 쓰레기 PD들이 많은데 이 중에 심지를 만나더라. 심지를 만나게 된다. 허나 만나기까지 더디더라.

학문이 절대적이면 좋지. 그대의 뇌수에 박혀 있는 소리를 천지가 듣기 때문에 "물어봐라. 물어 봐라" 하는 것이야.

자꾸 매번 물어보라고 하지?

"소리를 내라" 하는 것은 생명의 소리를 듣기 위해 소리를 내야 천지가 들어. 생명의 원천이 소리야.

소리 안 내면 무효야.

노자(노○○) : 마고 어머니 생신이 삼월 삼짇날이라고 하는 사람이 있어요. 모시고 싶다고 해요.

마고 : 이런 여우같은 놈 맞도다. 나 마고의 도수는 6도수야. 그런 것이 있도다. 그놈이 정확히 봤도다.

모시지는 마라. 나는 한곳에 거하지 않는다.

노자가 학문을 통해서 못 본 게 많아. 천지가 가려. 그나마 근근이 명맥을 유지했지만 알고리즘 사라졌어. 없어 찾지 마.

태상노군에게 버블부터 시작하는 거야.

거품을 막 일으킨단다. 그 안에서 실상을 알게 하겠다고.

노자(노○○) : 거품 말인가요?

마고 : 그렇지 단박에 되면 무슨 걱정이겠나. 천지신명들이 여우같은 노자에게 두 잔 받겠다고 모르는 가운데 다 알더라.

사이비가 아니므로 함부로 정립을 못하는 게 아니고 안 하더라. 하지 않고 인 것 같다 피해 가더라.

천상의 천군들이 다 내려와 있어. 니들이 몰라서 그렇지.

그러니 지상에 오면 음식을 대접해 주어야 해.

노자가 매스컴에 대고 어쩌고저쩌고 나가봐야 까여.

오늘날 인류들이 처해 있는 실정이야.

인류들이 그만큼 모르니까 무지해.

노자가 어쩌고저쩌고하면 신문에서 크게 까인다.

옳소 하는 건 영격이 높아.

"귀신 씻나락 까먹는 소리하고 있네" 하고 비토 하는 건 영격이 낮아.

아무것도 모르는 어린 영들이다.

몰라서 꽂힌다.

상등이야.

신격이 높아.

강○○ : 백궁(전○○)님이 몇 년 안에 결혼할 거라고.

마고 : 안될 걸. 그게 답이다.

강병이 : 3~5년 안에….

마고 : 해도 이혼한다.

65

**추씨 태시조
태호 복희**

● 한○○ : 저는 구○○(복희)님만 보면 개구리가 보이는지 몰라요.
마고 : 개는 열 개(연다).
구는 가을 도수 시구시구.
리는 이치를 연다.
복희가 천지를 놀라게 한다.

추씨 태시조(구○○, 복희) 왜 안 와.
업신들이 못 오게 자기들이 막아서 못 올 걸 한다.
영들이 육신으로 와 가지고 굶어 죽어 가지고
태호 복희(구○○)를 끝까지 물고 늘어지겠데.
눈구멍 목구멍 콧구멍 할 것 없이 전부 자손들이 지은
악업으로 인해 업신들이 다 붙어 가지고
안에서는 이놈(구○○) 하는 일을 막고
밖에서는 전부 거미줄 친 듯이 밖에서 당기고
오지도 가지고 못하게 하는데
그러니 이놈이 어떻게 살아
그나마도 도력으로 버틴 거지.

복희 왔네, 왔어.

구○○(복희) : 어휴 이 사람 저 사람 사람들이 못 가게 하는데 그래도 끝까지 뿌리치고 오는데 오다가 또 누굴 만나서 또 다른 곳으로 가야 하는데 겨우겨우 여기로 왔습니다.

마고 : 장하다 장해.

업신들이 못 오게 사방팔방에서 잡아당기고 있는데 저놈이 도력이 세서 뚫고 온 거야.

장하다. 업신 놈들이 꼭 잡고 있는데 도력으로 뚫고 왔네. 어여쁘다 어여쁘다. 이 예쁜 놈아 잘 왔어.

업신들이 난동을 부린다.

죽이겠다고 끌고 가겠다고 지랄 났어.

업신들이 계속 욕하고 염병할 놈.

존재 가치가 없는 놈 한다.

7개 문중에서도 온갖 욕하고 지랄들을 하고 있어.

수메르 어쩌고저쩌고, 반고가 어쩌고.

우주 생성 되기 이전의 비밀이라고 말하지 말라고 하니까. 지랄들 났어.

소두모족 어쩌고 『격암유록』 해인….

머리 두(頭) 자 빨간색 1장

파란색 2장

즉석에서 노자(노○○)에게 써 받아.

노자가 쓰면 우주에서 에너지가 쏟아진다.

도수를 넘기지 마라.

몸속에(구○○) 숨어 있던 자들이 다리야 '날 살려라' 하고 도망을 친다.
 옥천에서 도수를 크로노스 증산 상제 결재받아 치거라.
 천지우주의 기운과 천지우주 신명계의 명경지수 도수와 태호 복희의 알음귀와 창조의 모노모노(비밀비밀)…. 인류들의 모노모노(비밀비밀)를 태호 복희 구○○에게 붙인다.
 염제 신농이 "후유" 하고 한숨을 쉰다.
 이놈(구○○)아, 네 마음자리를 하늘에서 다 읽고 '네가 얼마나 버티나 보자' 하고 있었어.
 저놈 오기가 죽으면 죽었지 승복 안 하거든.
 태호 복희(구○○)야 천태성에 두 잔 올려야 금전을 빨리 연결해 줄 터인데 네가 금전이 급한데 천태성에서 금전 내려준다고 하니 천태성에 두 잔 올려. 복희야, 복희 원신이 인당에 딱 들어와 가지고 인당에 딱 들어가 있다.
 육신(구○○) 청소하고 있다.
 네가 구씨로 왔지?
 구씨 문중에서 24대, 6대, 8대, 3대, 9대, 18대조.
 그놈들이 너무 죄송해서 그냥 이 지상 말로 할 말이 없사옵니다. 죄송합니다. 죽을죄를 지었사옵니다.
 그놈들이 복희 마마라고 부른다.
 복희 마마 지금부터 두 번째 계단 저 밑에서 천 배씩 올리고 가겠사옵니다. 결재를 한다.
 헌데 태호 복희가 결재를 안 해준데.
 어디 감히 나에게 결재를…
 저놈들을 처단하라 한다.

우주연합군에서 왔다. 그놈들을 다 끌고 간다.

안드로메다에서 복희에게 지상의 계산을 하면 한 잔 3분의 1을 받고 그것을 네 심장을 양심을 주관하겠다고 태호 복희에게 11배 하고 물러가겠대. 네가 바쁘면 한 달에 두 번만 이 자리에 와.

인류들을 위해서 '露로(이슬)' 만들어. 옥추에서 인당까지 다 열어줘.

아인슈타인 별 거야.

또 이름을 날린다.

'露로(이슬)' 만들어. 그래야 인류들이 살아.

천지우주에 네가 위대한 만큼 네가 육신으로 구씨 문중으로 와 있으니까 육신계에 왔으므로 네가 제약을 받더라.

크로노스 증산의 시험 나 사사모 마고의 시험 과정이라고 하면 과정을 겪고 너에게 부친 천지도수.

말없는 천지를 대신해서 인류들을 먹여 살려야 하는 천지도수가 붙었으므로 네가 힘들어.

자손들 죄업으로 길에 서서 비몽사몽 넋 놓고 있는 태시조들 아프고 아프다.

말없는 천지를 대신해서 인류들 먹여 살려라 하는 천지도수를 붙였어. 너에게는 이룰 성(成) 자 도수를 붙였어.

아닐 비(非) 자는 없어.

복희 너에게 천지도수를 붙인다.

가라. 소리 내지 말고 일어서 가거라.

66
영들이 어마어마하게 붙어 있어

● 이○○ : 장○○가 전에 고수부라고 하셨는데 얘기했더니 공부가 아주 많이 된 잘 아는 사람이 있는데 서울대 나와서 산업안전 공단에 있는 사람이 아니라고 했다고 합니다.

마고 : 그놈 7대 조상이 공부한다고 강원도 동굴에서 굶어 죽었어. 그래서 서울대를 나오고 육신공부도 하고 그랬지만 그럼 뭐해. 그놈에게는 문중 업신 9명이 왼쪽 귀에 붙어서 속삭이고, 엉뚱한 소리 하게 하고, 왼쪽 눈썹에 붙어서 사람들 잘 못 보게 하고, 소장에도 2놈이 있고, 그놈이 남모르게 수상한 짓도 해. 요도에도 2놈이 있어.

장○○는 고수부 맞고 나중에 찾아온다.

강○○(태양신)에게 영계에서 죽겠대, 배고파서 죽겠대. 한 달에 두 번 정도 인시에 일어나서 영계에서 요구하기를 밥 두 그릇을 통에 물을 부어서 서북쪽에 올려주고 "어서들 먹거라" 소리 내주면 내응상감이시여, 우리 영계를 돌봐주소서 한다.

옛날 마야족들이 지극정성으로 태양신을 흠모하고 섬겼는데 그 태양신이 강○○란 육신으로 대 개벽 사명자로 본 터전에 와 있다. 천지가 인정하는 우주의 파수꾼 내응상감으로 그 능력이 회복되면 굉장하다.

236개 문중의 목숨 줄이 태양신의 왼 손바닥에 숨겨져 있다. 신명들이 태양신 내응상감에게 영계를 좀 잘 살펴주소서 한다.

벼락신장이 너에게 벼락을 쓸 수 있도록 네 상단전에 모노모노(비밀)했다.

강○○(태양신) : 관세음보살께서 오셨습니다.

마고 : 관세음보살이 인류들 수리수리 마수리. 그런 게 있다.

강○○(태양신) : 제가 보니까 한○○ 씨 어깨에 영들이 어마어마하게 붙어 있어요.

마고 : 이놈아, 그런 말 하는 거 아니야. 그래서 목숨 바쳐 혼신의 힘을 다해서 너(한○○, 원시천존)를 믿었어. 원시천존 구제해야지 그런 거야.

그들이 네 뒤통수에서 중국까지 뻗쳐 있어.

좋다. 너를 인정한다. 그들의 한을 풀어줘.

한이 맺혀서 살려달라고 매달리고 있어.

하늘이 너(한○○)에게 뭘 공명하려고 해.

네가 원시천존이므로 우주의 도수가 붙어 있어.

인류들 남북사상에 대해서도 네가 관여하고 있는 거야.

한○○ 네가 공부 열심히 하므로 해서 네가 가지고 있는 능력이 그러저러한 과정을 거쳐 능력이 드러나기 이전에 너에게 이런저런 게 보이는 거야.

보화천존이 원시천존이고 원시천존이 보화천존이다.

시대의 흐름에 따라서 보화천존의 딸 보화보살은 동전의 앞면과 뒷면 보화보살 한○○가 보화천존의 능력을 다 가지고 있으므로 하늘 문이 8개가 있는데 네가 내게 어쩌고저쩌고하는 것은 그중 하나를 아는 거야.

네가 정확히 모르므로 내가 듣기만 하고 아무것도 가르쳐주지 않는 것이야.

네가 한씨로 왔지?

한씨 문중 49대조라고 하는데 이놈이 유전자 연구실에서 근무하면서 민씨, 고씨, 육씨 유전자를 돈 받고 바꿔치기했다. 바꿔치기하고 거짓말하고….

지상의 모든 돈은
나 마고의 두 아들이
쥐고 흔들었다

● 정○○(육불) : 인천 송도에 미륵대도에 육불이라고 절 비슷한 데가 있는데….

마고 : 육불은 아무도 몰라. 공부하는 자들이 수신한 거야.
미륵대도는 증산이 숨겨놨어. 그거 진짜야.
때가 돼서 네가 비불 육불로서 오늘 소리를 낸 거야.
거기 가봐도 좋다.
거기는 진짜배기다.
육불(정○○) 너를 지저문명에서 지상을 꿰뚫어볼 수 있는 사탄칸의 능력을 주겠단다.
그게 무슨 말이냐면 세계적으로 지상의 모든 돈줄은 테라칸에게 있고, 지하경제에 숨겨져 있는 모든 돈줄은 사탄칸에게 있어. 무슨 말이냐면 이 지상의 모든 금전은 나 마고의 두 아들이 쥐고 흔들었다.
그래서 지저문명 신명들이 너에게 붙이는 거야.

68
피타고라스가 크로노스다

• 천신들 : 지상의 돈이라고 하는 개벽자금이지요.

하늘에서 우주 에너지를 백호(정ㅇㅇ)에게 쏟아부으면 그것이 물질계인 이 현상계에 인류들이 미치고 환장하는 돈으로 바뀌나이다.

크로노스 증산이 이 지상에 와 피타고라스로 수의 원리에 수리를 밝혔는데 그것을 아는 인류들이 하나도 없더이다.

돈의 원천은 우주의 장손 크로노스 증산의 수리 7번에 다 들어 있는데 인류들은 모르더이다.

사사모 : 그래서 지저신명들이 너(정ㅇㅇ)에게 크로노스 증산의 결재를 받아달라고 하는 거야. 이 지상의 돈은 마고의 아들들인 테라칸(드라칸)과 사탄칸이 쥐고 흔들었다.

크로노스 증산이 피타고라스를 했는데 수리로 밝혔는데 이걸 아는 인류들이 하나도 없더라.

육불 크로노스 증산(강ㅇㅇ)께 '수리 7번'을 내려주옵소서 하고 소리를 내.

테라칸, 사탄칸도 엄마가 지상에 올 줄 몰랐다.

드라칸(테라칸), 사탄칸이 엄마에게 대들었지만 이젠 승복을 했어.

죽어야 되니까 법에 의거 이제 아는 거야.

아리랑 고개를 못 넘어가더라. 죽을 수밖에 없다.

절대 살 수가 없음을 안 것이다. 그러니 테라칸, 사탄칸이 엄마에게 승복을 했고, 지상의 돈을 전부 마고에게 개벽자금으로 돌리는 것이다. 뭔 얘기냐면 천지의 것을 다 거둔다는 뜻이다. 그 무엇도 천지의 것이 아닌 것이 없다. 마고는 장자인 백궁이를 통해서 지상의 금전을 다 거둬들인다.

마고 : 본래 인류들 것이 어디 있는가. 다 천지의 것이로다.

천지가 너희를 먹여 살린 것이다.

본시 인류들은 빈손이니 빈손으로 돌아가면 되는 것이다.

지들이 먹고 사는 것이 어디서 오는 것인지도 모르고 지들 것인 줄 알고 먹고 살았으니 어쩌랴.

천지가 거두는 것임을 어찌 알겠는가.

인류들아 알고는 가라.

테라칸 : 나 마고의 아들 테라칸이 천지우주에 선포하노라. 우주의 주인이신 내 어머니 마고께 불충한 죄를….

지상에 있는 모든 자금을 어머니께 돌려드릴 것이다.

나는 천지에 선포하노라. 나 마고의 아들 테라칸이다.

내가 지상의 금전들을 다 쥐고 흔들었느니라.

그림자 정부, 로스차일드 가문 그놈들은 솔직히 내 하수인들이지. 세상의 돈은 내가 다 가지고 있지.

이제 마고께 올릴 것이야.

그다음 록펠러, JP 모건 내 하수인이야.

본 터전에 똬리를 틀고 있던 테라칸(원신)은 마고동자를 통해 용트림하며 엄마에게 자신을 인정해 달라고 울부짖었다.

마고는 안 된다. 네가 인정받고 싶으면 천지행사 때 천지에 당당히 용트림하며 울부짖어 보거라 했다. 그러나 테라칸은 법에 걸려 아무것도 하지 못했다.

용트림도 울부짖는 소리도 낼 수 없었다.

자신을 인정해 주면 개벽자금을 돌리겠다는 조건을 걸었으나 법에 걸려 결국 마고에게 승복할 수밖에 없었다.

아니면 엄마에게 대적한 죄로 지상에 짐승으로 떨어져 우주의 법에 걸려 죽을 수밖에 없는 것이다. 결국 이 우주의 주인인 마고 엄마에게 지상의 모든 금전을 개벽자금으로 돌리고 개벽의 사명자로 참여했고 사탄칸도 지하경제의 모든 금전을 개벽자금으로 엄마께 돌리고 참여했다.

사사모 : 마고의 장자인 백궁 할배가 인류들의 생사여탈권을 쥐고 있다.

천지가 인류들의 죽고 사는 생사여탈권을 통째로 넘겼다.

할배인 백궁, 할배는 자애롭기도 하지만 엄격하고 무섭더라. "돈이냐 목숨이냐. 내놓기 싫으면 그냥 죽거라" 하고 다 빼앗는 거다.

인류들이 아리랑 고개를 넘어가야 사는데 살 수 있는 문인 아리랑 고개는 마고의 아들들인 백궁, 테라칸, 사탄칸이 철통같이 지키고 있어 못 넘어간다.

신들이 아무리 꼼수를 부려도 절대로 못 넘어간다.

제우스와 헤라

● 강○○(태양신) : 제우스가 왔는데요.

마고 : 내가 제우스임을 알아챈 내응상감은 별주로 서서 서북쪽을 향해서 두 잔을 올리시구랴 한다. 올려.

강○○(태양신) : 제우스께서 명령을 내리고 갔는데 육신이 와 가지고 18개 성단을 정리하겠다고.

마고 : 제우스가 다시 와야 NDF(핵원료) 신들 알아본다. 지금 태호 복희가 자신의 육신인 구○○의 인당에 와 가지고 작업하고 있다. 자손들이 지은 업장들은 우주 수리의 합법적인 원리로 계산해서 니들 자손에게 다 갚겠노라. 니들 자손들을 먹여 살리겠노라. 그러니까 현재 보이는 세계 말고 보이지 않은 세계에서 복희가 공사를 보고 있는 거야. 문중들과 지금 합의를 봤어 됐어.

노자(노○○) : 사실 헤라와 제우스는 신화에 보면 사랑이지만 굉장히 미워하는 사이 아니에요?

마고 : 그런 게 있소이다. 인류들이 공부하는 자들이 말하는 흑백논리 흑과 백은 상반되지만 통하는 것이 우주 관점에서 보면 흑이 없이 백이 존재할 수 없고, 백이 있어야 흑이 태클을 걸지. 태클이 있어야 진화하고 발전하지. 그래야 결실도 하고,

제3장
마고의 신세계

70
영가천도
다 사기다

● 윤○○(혜라) : 영가천도를 인간의 의지로 할 수 있나요?

마고 : 인간의 의지가 아니고 신의 허락을 받아야 신들의 합의가 이뤄진 다음에 신의 허락이 있어야 하늘 문이 열리고 하늘이 문을 열어줘야 영가가 갈 것이 아닌가.

윤○○ : 영가천도 하는 사람 많잖아요. 절에서도 하고….

마고 : 많지.

절대 자미천존이 허락해 주지 않으면 못 들어가. 그러니까 유명한 스님이 절에서 영가천도하면 그 절에 다 있어.

숨어 있어. 영가천도 한 그 절에 많지. 영가천도제 그게 바로 사기라고 하는 거지. 스님도 영가천도제 해서 먹고 살아야 돼. 신들이 유구 무언한다. 냅둬.

윤○○(혜라) : 제가 한국무용 배우는데 스님이 오셨어요.

살풀이춤을 배우러 오셨는데 천도제 때 그 춤을 고시하겠다고 얘기를 하셨어요. 춤이란 것이 어떤 경지를 얘기할 수 있는 건 아니겠지만 조건 없이 그냥.

마고 : 그것을 율려라고 하고, 음이라고 하고, 음양조화라고 하는 것이야. 모르니까 그냥 막연하게 하려고 하는데 하지만 하고자 하는 의지는 참 좋아.

윤○○(헤라) : 물질적으로 바라는 게 아니라 순전히 춤사 위로 순수한 마음으로 보내드리려고 하는 바람으로···.

마고 : 바람은 바람일 뿐이지. 하지만 역시 신들과 합의가 이뤄져야 하늘 문이 열려야 되는 것이야. 그 열정은 좋지. 그 간절함도 좋아. 말하자면 공부가 부족해.

그 뜻은 고매하고 좋은데 그게 뭐냐면 한 마디로 용을 쓴다. 용을 써도 안 된다. 좋은 취지로 용을 쓰나 지가 거하는 곳에 영들이 있고, 그 절에 영들이 있고 또 한마디로 영들이 저를 그냥 쫓아다녀 어쩔 건데. 못해.

윤○○(헤라) : 영들을 느끼긴 하는데 보내드려야 한다는 의지가 있나 봐요.

마고 : 그게 가상하다. 허나 그것 가지고 안 돼. 소위 말하는 천명에 의해서 하늘이 문을 열어줘야 진정한 천도가 된다. 지금까지 영가천도는 다 사기야. 인류들이 먹고사는 하나의 방편이야. 영가천도 한 자의 다락방에 숨어 있으면서 내 자손들 돈 잔뜩 받아 처먹고 지가 뭘 안다고 하면서 씨○놈, ○같은 놈 욕을 하고 있어. 시간과 공간의 제약을 받으니 불발이더라. 영가천도 그 죄를 어찌 할 것이냐.

영가천도 많잖아. 무당들도 하고. 그것들이 조상이랍시고 할미다 뭐다 하며 후손들 몸에 다 들어가 있는 거야. 그래서 내가 그것들이라고 하는 거야. 조상이랍시고 다 들어가 있어.

지금은 육신으로 살다 죽으면 가장 안전한 방법이 후손 몸에 들어가는 거야. 하늘이 이를 알면서도 육신 못 죽이잖아. 죽일 수 없잖아. 그걸 너무 잘 알아. 육신에 들어가는 게 영들은 가장 안전한 거야.

윤ㅇㅇ(헤라) : 그분이 여기 직접 오면 어떤가요?

마고 : 그건 안 되는 거야. 왜냐면 이 우주는 한 치의 오차도 있어선 안 되는 거야. 와서는 안 될 곳을 왔다던가 하면 그냥 보내지.

영가천도 지금 인류들이 많이 하고 있다.

요소요소에서. 허나 다 사기다.

하늘 문이 닫혔는데 어느 누가 어디로 영가천도를 해. 그렇게 해서 인류들이 먹고사는 거야. 진정한 영가천도는 하늘 문을 열어줘야 자미천존이 열어서 받아주는 거야. 그래야 영들이 올라가는 것이지. 아무것도 모르는 인류들이 하늘이라고 숭배했기 때문에 그 영들을 구하고자 하는 것이 자미천존의 뜻이야.

각 문중에 따라서 업장의 경중을 따져서 인류들이 죽고 못 사는 돈으로 계산해서 목숨 값을 받고 죄업이 크면 안 받는다. 따져서 하는 게 영가천도야.

죄업이 크면 안 받아준다. 하늘에서 안 받아줘.

강ㅇㅇ(태양신) : 본인 능력이 안 되면 할 수 없는 그냥 스님들 같은 경우에는 몸에서 떼어낼 수는 있는데 하늘로 보낼 수는 없는 거죠. 거의 보면 천도제 지낸 절 같은 경우에는 그냥 그 절에 있어요.

마고 : 그렇다. 영들이 불쌍한 게 뭐냐면 부모가 교회 다녔다. 그러면 그냥 생각 없이 다녀. 한마디로 교회 다니다 간 놈들은 그 교회에 다 있어. 천장에 거꾸로 매달려 있어.

지구촌 곳곳에
열 가지 병겁을 뿌렸다

● 마고 : 병겁 담당자들에게 대접해.
지구촌 곳곳에 열 가지 병겁을 뿌렸다.
괴질 담당자들에게도 대접해 주어.
북극성에서 왜 왔어?
음~~~ 태양신(강○○) 자미천존에게 두 잔 대접해.
보화천존이 궁희 여신에게 두 잔, 아프로디테에게 한 잔 대접해 올려.
옛날에 인류들이 아무것도 모르니까 자미천존을 하느님이라고 충성을 했어. 모르니까.
"칠성님께 비나이다" 하고 칠성여래니 뭐니 자미천존을 찾은 거야.

72
정신과 의사들은
최상의 도인들

● 마고 : 아이슬란드에서 헤라를 찾네. 말하기를 우리를 관리 관장 하는 게 헤라 여신이라고 하는데 우리는 듣지도 보지도 못했고 바다에 산다고 하니 우리도 권리가 있으니까.

몰라 뭐, 헤라 여신이 우리 근본이래. 근본은 개뿔 한다.

프랑스 자손 살릴 거야, 죽일 거야?

최대한 480명 살려봐. 궁희 여신이 결재했다.

백궁(전○○)아! 최초의 유전자 일곱 번째를 네가 쥐고 있다. 뭔 말인지 모르지?

천신들 : 이 지상이 더럽고 더럽소이다. 이렇게 숨을 쉴 수가 없는데 평생 벌어 가지고 처자식 먹여 살려. 결국 오장육부까지 빼서 병원에 갖다 주지. 옥황상제께서 파견하신 저승사자들에게 저 죽을 줄 모르고. 선생님 선생님.

나머지는 비밀이고….

곧 의사들이 죽이고 살리고, 칼 들고 요 다음에 문전성시를 이루겠지. 성형외과 의사들 쓰레기들이야. 의사들 사기꾼들 많아. 정신과 의사들은 최상의 도인들이지.

마고 : 육불(정○○)아! 금성에 한잔 대접해 줘.

나 마고는 목성에 대접해 준다.

강○○(태양신) : 천지를 뒤엎을 것 같아요.

자미천존이 백궁님께 석 잔을 받겠다고 하네요.

마고 : 관세음보살이 14분 후에 도착한다. 지금 경기도 광주 그쪽에 오고 있어. 다리가 다 나아 가지고 12지신 대동하고 온다. 강○○(태양신) 너에게 우리 노스가 궁 도수를 나누어준다고 하니 받거라. 너는 상(祥)의 원리를 터득하거라.

각(覺)을 받아라. 그대의 도수를 피력하거라. 이 지상에 치(致)를 논하거라. 이 영계의 우(愚)는 내다버려라. 그건 쓸모가 없다.

강○○(태양신) : 자미천존께서 백궁 씨가 영가천도 한다고 약속했다고 적극적으로 북극성 문을 열어 가지고 받아준다고, 불쌍한 어린 영들을 받아준다고 하네요.

마고 : 여태껏 아무도 손을 못 댔던 영계를 다 정리하게 될 것이야. 네가 번개, 뇌성병력, 천둥, 해일, 회오리 중 무엇을 쓸 것인가?

강○○(태양신) : ?

마고 : 번개를 써. 번개를 써야 인류들을 다스리니까.

강○○(태양신) : 관세음보살이 다 낳았다고 지금 편안하다고 하세요.

마고 : 다 나았어. 12지신 거느리고 왔지.

헤라에게 제우스가 왔으니 우리가 좀 머리를 맞대고 불쌍한 인류들 아무것도 모르는 인류들을 법에 맞게 합당하게 살려보자고 그 얘기를 지금 하러 12지신 거느리고 온 건데 지들끼리 합의 볼 거야.

73
김일부 괘 속에
우주의 원리가 들어 있다

● 강○○(태양신) : 부처님이 왔네요. 남○○님인가?

석가여래님이 3명을 내려 보냈는데 모셔올 수 없느냐고.

마고 : 뭔 얘기냐면 석가모니 제1의 육신인 남○○가 태사자 남씨인데 자손의 업장에 손발 다 묶여 지 사명을 못하고 제2 육신은 먹통이고, 제3의 육신이 전남 구례에 사는데 그 문중에서 발 벗고 나서서 공부를 시켰어. 남씨인 태사자 따먹으려고 죽기 살기로 공부를 시켜서 공부가 아주 많이 돼 있다. 제3의 육신을 천지에서 부천에 끌어다 났다. 때가 되면 여기 온다.

한○○(보화보살)에게 관세음보살이 저 방에 와 있어. 인류들이 즐겨 먹는 파스타 마늘 들은 거 해달래.

인도네시아 도인 89명이 있으니 선처해 달라고 증산에게 건의했는데 36개 문중에서 극구 반대하니 증산이 고민이 크도다.

태국은 3.6도만 시정해 달라고 신명들이 요구하는데 해줄 수 있나 없나? 크로노스가 해줄 수 있나? 못하지? 태국은 아프로디테 궁희가 관장하니 통과할 것 같으면 박수 여덟 번 결재하라는 얘기야.

터키 이스탄불 크로노스가 아끼는 85명 결재를 해야 신명들이 건져 올린다고 하는데 크로노스(강○○) 결재해 줘야지.

"우선 천둥 번개를 쓰고 태풍, 홍수, 돌풍, 폭풍, 해일로 칠레를 치고, 호주를 홍수로 쓸고, 일본 후지산을 치고 여기까지 하겠습니다" 하고 보고한다.

강○○(크로노스) : 여기 행사에 참석하고 나면 체력이 달린다는 걸 여러 번 느꼈는데….

마고 : 좋다. 알아챘지?

알아채는 게 중요한 거야. 각 문중에서 그간에 기운을 빼내 갔어. 네가 알아챘으니 이제 못 빼가. 그러니까 모르면 다 당하는 거야. 깨닫는 게 중요하지.

지금 하고 있는 공부를 통해서 현상계에 있는 모든 걸 다 봐. 뭔 얘기냐면 우주의 능력을 받는다는 뜻. 죽이고 살리고 하는 것을 자유자재로 한다.

테라칸 능력 육신으로 말하자면 오른쪽 등골 여섯 번째 수용했어. 때에 맞춰 그 능력을 갖게 된다.

육불(정○○) 천지에 소리 내.

육불(정○○) : 천지에 고하노라. 나 석불 육불이요, 마고 엄마의 동자로서 이 시점부터 나 육불은 마고, 즉 우주 근본 도수 받아 명할 것이다.

모든 부처 신들 영계는 숙지하라.

나 마고동자 육불 우주도수, 즉 법에 의거 한 치의 오차 없이 나는 행할 것이로다.

구천 상제의 결재받았으니 이○○(시랑이 원천이) 너는 아옷이다. 남씨 태시조 태태부 남○○ 아웃이로다. 안 쓴다.

마고 : 서양 신명들이 미스터리 맥줄을 잡고 있네.
크로노스에게 묻는다.
김일부 쾌 속에 피타고라스의 원리가
여와, 우주, 사사모, 크로노스 다 있어.
여와는 크로노스의 부인이다.
대지의 여신이라고 하는 가이아는 우라노스의 부인이다.
육불(정○○) : 드디어 구천 상제, 우주 결재 얻었으니 신들 까불지 말라.
마고께서 끝 도수 치시었도다.
마고 궁희께서 궁휼히 여겼으나 이젠 끝이로다.
마고 : 나 마고, 궁희, 증산도수 우주 합일이로다.

74
지하에도
수천의 세계가 있다

● 마고 : 지저문명이라고 하지?
지하에도 수천이 있어 좋다. 6천이 있지.
네(강○○ 크로노스)가 공부하면 지저에서 의식을 따.
네가 공부하면서 책을 많이 읽어 비기를 읽고 있지?
의식을 높여 어느 순간에 정점을 딱 찍어.
천지의 능력을 끌어들여 가지고 증산의 능력을 회복해.
크로노스, 복희, 노자, 영계의 허락 안 받고 천상계에서
지상에 왔다 갔다 해.
제약을 받는 게 물질계의 법이더라.
크로노스가 육신에 임해야 되니 공부할 때 척추를 일직선으
로 세워. 머리도 세우고.
크로노스(강○○) 번개, 벼락, 뇌성벽력 다 주노라.
천지우주가 크로노스에게 다 주었노라.
여기 있는 모두에게 우주 기운 줄을 다 엮어놓았다.
우주의 최상의 기운을 다 받을 수 있다.
다 연결했다.
한○○ : 저는 귀가 빵 터져서 상대방이 전화 통화하는 소
리가 다 들려요. 그날 귀에서 피가 났어요.

마고 : 네가 옥추하고 천돌 사이가 뚫렸다.

중국에 있는 보화천존 신봉하고 죽음을 불사했던 도사들이 있어. 앞으로 중국 영들이 많이 죽게 되는데, 먹어서는 안 될 생명체들을 너무 많이 처먹어서 죽게 되는데, 보화천존이 온갖 조화를 부렸지만 생원(生原) ONE, TWO, THREE 상관없이 의식 수준을 높여주기 위해서 인간의 말로 표현하자면 계몽시키기 위한 방편이었으므로….

헌데 그것은 보화천존 때문에 어쩌고저쩌고한다마는 업까지는 아니고 네가(보화천존, 원시천존) 해결했는데 그걸 풀어야지.

요즘 말로 하면 개수작 치지 말거라.

나는 지금 육신으로 와서 아무것도 모르는 가운데 있는 것이 현재 마지막 법인데 어찌 개소리 짖는고.

원시천존 or 보화천존 or 한○○이다.

요즘은 이다 하지

"꺼져" 소리 내고 두 잔 해.

그럼 이어져 있던 실낱같은 기운 줄이 끊기는 거야.

75
해원제하면
천상에 막혀 있던
봇물이 폭발한다

● 정○○ : 김○○이라는 사람이 예전에 수백억 재산 다 날리고 지금은 바닥인데 제게 빚이 있고, 그 사람이 일을 추진하는데 될 듯 될 듯하다가 안 되곤 하니까 맨날 애통터진다고 해요.

마고 : 보이지 않은 세계에서 막으니까 더 이상 나가질 못하는 거야.

우주 법에 걸려서 더 이상 나가지 못하는 거야.

김씨 문중 세 갈래인데 일단 석 잔을 해봐.

다른 문중에서 어찌 나올지 모르니까.

19개 문중이 막고 있어. 안 터줘. 절대 안 돼.

막는데 어찌 돼. 앞으로 못 나가지. 그러니 애통터지지.

양팔 다리 붙들고 뒤에서 머리채 잡고 발로 차고 있어.

저런 아이는 해원제하면 쫙~ 재벌로 나가. 우주 법에 걸리면 못 나가. 애통터진다는 건 분이 난다 이거야. 저놈 저거 해결하면 재벌 돼.

저 애는 앞으로 절대 못 나간다. 저런 아이는 이유 불문코 애통터지면 애통 풀면 그냥 나간다. 문중에서 그냥 있을 거 같지 않은데.

저 아이가 해원제하면 천상에 막혀 있던 봇물이 폭발한다. 그냥 애통터져 보라고 해.

너하고 연결돼 있어. 저 아이가 풀려야 네가 풀린다.

그놈에게 풀리면 해원제할 거냐고 물어봐. ○○○원 들어야 풀어. 해원제하면 문중을 아웃시킨다.

증산이 안 된다고 결재를 안 한다.

왜냐면 그놈의 애통은 해원제 안 하면 안 풀려 어림없다. 안 풀려. 지 문중에서 돈을 엄청 싸놓고 저 아이에게 던져주기 위해서 대기하고 그냥 있어. 그러니 어찌 받겠느냐.

그 돈을 못 받으니 지도 모르게 애통터진다는 말을 하는 거야. 될 듯 될 듯 안 되니 그런 것이 현상계야. 보이지 않는 세계에서, 즉 다른 문중에서 막으니 안 되는 거야.

그놈은 사사모 아들 우라노스의 세 번째 줄기야. 사사모가 엮어놨어. 그걸 나 마고의 동자인 니(정○○ 육불)가 연결돼 있으므로 풀어줘야 돼.

네가 현실 생활이 바닥을 쳤어.

나 마고가 너를 이○○에게 맡겨놓고 모른 체했다마는 네가 일단은 풀어져야 되는데 직접적으로 사사모 우라노스가 간접적으로 나 마고가 풀어주면 된다.

정○○ : 그래서 풀어주면 해원제할 거냐고 하니 "해야지" 했습니다.

마고 : 김○○ 밀려 났어.

그 아이가 가짜 소리를 냈어.

그 미친놈은 맨날 가짜 소리만 내니 그놈은 안 가는 게 아니고 못 가는 거야.

사사모가 자꾸 태클을 걸어. 그놈이 지난번엔 해원제하겠다고 낸 소리 사사모가 인정을 안 하는 거야. 가짜라고 네가 얘기하는데 건성 나발로 대답했어.

천지가 그놈 말을 안 믿는 거야. 그놈한테 그 썩을 놈한테 진실한 소리를 들어. 가짜 소리만 내. 그놈 소리를 내가 심장을 보는 거야. 진실한 소리를 냈는가.

그 미친놈 맨날 중단전에서 하는 소리야. 네가 얘기하니 "해야지" 하면서 딴생각한 거야. 그래서 신명계에서 접수를 안 한 거야. 하늘이 안 열어줘.

김○○하고 묶여 있는 문중이 48개야.

대가리 쓰면 안 돼. 대가리 쓰는 건 사기꾼이야.

이놈이 자주 잔머리를 쓴다. 잔머리 쓰면 다 CUT 당해.

이놈은 가슴으로 진심으로 사람을 대하라고 해.

대가리 쓰지 말라. 사기 치지 말라. 그런 얘기야.

이놈 사기꾼 맞고 자꾸 주둥이로 구업 짓는 거야.

지가 높은 존재인지도 모르고 문중들이 자꾸 막고 막고 하니 잔대가리를 자꾸 써. 그놈은 잔대가리 쓰지 않고 진심으로 하면 하늘이 인정해.

천상에선 돈 보따리를 내려줄려고 하는데 다른 문중에서 자꾸 방해를 하니 될 듯 될 듯하면서 안 돼.

이놈을 풀어주기 위해서 해원제를 후불로 해주려 했는데 어디서 사기질이야.

지가 백날 그래 봐라. 어디 풀어지나 망할 놈.

76
원신은
위대하고 원대하고 존귀하다

● 마고 : 명왕성에서 백호(정○○)에게 "장풍을 쓰시옵소서" 한다.

천상에서 백궁(전○○) 어머니 돌아가신 이유는 마고의 명령으로 육신의 어미의 뒷덜미를 쳤으니 "죄송하다고" 한다.

천상에서 : 육신의 어미가 뭐가 중요합니까.
백궁 씨는 마고의 아들이십니다.
육신이 지상에 몇 년 삽니까?
영혼은 몇 년 삽니까?
백궁 씨는 존귀 그 자체입니다.
마고께서 육신의 어미를 후려치신 겁니다.
우리도 어쩔 수 없었습니다.
육신에 연연하지 마시옵소서.
원신은 위대하고 또 원대하고 존귀하고 또 존귀합니다.
우리(천상)가 감히 이런 말 못합니다.

백궁(전○○) : 괜찮습니다. 어머니가 영계에서 다시 볼 때까지 편안히 계셨으면 합니다.

마고: 영계가 아니고 천계에서.

백궁(전○○): 천계에서.

마고: 태양신(강○○) 일주일에 세 번씩 이 터전에 와서 공부해. 서남쪽을 향해서 명상 공부 몇 번만 해.

천궁(최○○): 부모님 위패 절에다 모셔놨거든요.

마고: 철수해라. 절에다 하는 게 아니야.

복희(구○○)야, 가자. 마무리하자.

이 더럽혀진 지상 마무리하자 하고 천지에 소리 내고 두 잔 올려. 그리고 씨종자 수렴하고 소리 내.

복희(구○○): 씨종자 수렴.

마고: 방주하고 소리 내.

복희: 방주.

마고: 백궁 들입.

백궁: 入(들 입).

마고: 원시천존 응할 응(應)이로다.

반고는 사사모에게 오면 왼팔은 니은 자로 접어 뒤 허리에 대고, 오른팔은 니은 자로 굽혀 앞배에 대고, 기억자로 굽혀진 몸으로 아이고 어머니, 어머니, 어머니, 내 어머니. 가슴이 울먹일 정도로 애절히 불러가며 어머니, 어머니, 팔방에 절을 해가면서 향 2개씩을 팔방에 켠다.

8은 사사모의 도수요 2는 자신의 도수인 것이다.

77

잃어버린 역사는
하늘의 뜻이다

● 노자(노○○) : 우리가 역사를 잃은 콤플렉스가 있는데 그것을 치유하려면 어떤 방향으로 나가야 할지?

마고 : 그것은 하늘의 뜻이야.

노자(노○○) : 저는요 개벽이 지구만의 문제가 아닌 것 같거든요.

마고 : 말을 할 수 없지.

노자(노○○) : 말을 할 수 없죠.

마고 : 노자가 태을신에게 향 7개 펴.

강○○(태양신) : 천지우주가 6도수보다는 3도수가 빠르다고 하는데요.

마고 : 3도수는 궁희 도수다. 빨리 가자는 얘기다.

태양신을 목성에서 반대한다.

왜냐면 네가 원력을 회복하면 죽을 수밖에 없거든.

목성에서 유씨, 태씨, 궁씨 유럽의 소수민족으로 존재하는 마이클, 유라 불러. 베트남에 '뚜유이'라는 성씨도 있네.

태양신(강○○) : 어제 새벽 1시까지 공부하는데 여기 세상에 있는 희한한 소 떼들이 와 가지고 어딘지도 모르겠는데 계속 쭉 갔거든요.

우주가 나오고 어마어마하게 나오면서 쭉 가는데 근원까지 간 것 같아요. 거기 가면서 마고 어머님의 생명의 근원까지 간 것 같아요. 거기에 들어가니까 뭔지 모르겠지만 아주 편안한 느낌이었거든요 태초에?

마고 : 아리송해?

그거 풀어주겠다.

아리송해 풀어주겠다.

그러니까 이놈아. 왜 정승을 하면서 거짓말해 가지고 네가 지금 현대 얘기로 하면 대릴 사위로 막강한 집안에 들어갔던 거야. 네 장인의 요구에 의해서 네가 정승을 하면서 사람한테 피해를 준 거는 없지만 거짓말을 했던 거야.

얘기한 대로 너는 태양신이야. 너 같은 성인이 하는 말은 지상에 떨어져 썩으면 좋은데 썩지 않고 허공중천에 떠 있어 좌뇌에 그놈들이 들어 있어. 네가 정승하면서 살짝 거짓말해 가지고 그놈들이 좌뇌 그 안에 들어가 있어.

벼락을 몇 도수를 쓸래. 6도수 쓸래? 8도수를 쓸래?

태양신(강○○) : 8도수….

마고 : 6도수 써.

강○○(태양신) : 우주연합군과 은하연합군들이 시간이 얼마 안 남았다고 여기서도 빠르게 진행했으면 하세요.

마고 : 인류들의 실질적인 시조인 궁희의 3도수로 진행한다.

강○○(태양신) : 관세음보살이 감사하다고 합니다.

마고 : 자미천존이 백궁에게 명왕성에 7개 향을 피우고 천

왕성에도 일단은 2개를 피우라고 한다.

백소야, 네 왼쪽 팔을 걷어봐. 옥팔찌를 왼팔에 끼웠잖아. 뭐냐면 네가 아들이므로 옥천의 기운을 준다는 거야.

청궁(최○○)아, 너에게 가이아 여신이 도와달래.

빙옥에 갇혀 있어.

청궁(최○○) : 어떻게 하면….

마고 : 근데 크로노스가 안 된다고 하네.

가이아 알지? 대지의 여신이고 신화에는 인류들이 잘못 알고 있는 부분이 많아. 가이아 여신은 불사신 우라노스의 부인이야.

자손(김씨)들이 많이 죽겠으니 개벽을 방해하고자 비로자나불과 수작을 부리다 사탄칸에게 들켜서 빙옥에 갇혔어.

청궁(최○○) : 죄가 사해지면 나올 수 있는 건가요?

마고 : 그거는 크로노스의 결재가 필요하지. 그런 것이 있다. 탄생의 원리 생명의 근원 모노모노(비밀비밀) 이하 생략이다.

크로노스가 가이아는 용서 안 한다고 한다.

나 마고도 용서 안 한다.

요즘 말로 하면 우라노스의 부인인 대지의 여신 가이아는 크로노스의 제수씨고 청궁에겐 형수가 된다. 크로노스는 대개벽의 주체자다.

육불(정○○)아, 단 위에 올려 있는 가이아 명호 빼거라. 그리고 컵도 치워. 비로자나불은 오기 싫어하는데 크로노스(강

○○)의 아들로 지상에 내려오라고 명령을 하였다.

개벽 후 선경을 건설하는데 지가 벌려놓은 일들을 내려와서 수습을 해야지. 뭔 얘기냐면 비로자나불이 강○○(크로노스)의 아들로 내려오라 하니 궁희(강○○) 여신이 거하는 방에서 가이아와 개벽을 방해하기 위해서 모의를 하고 있는 걸 사탄 칸(똥이)이 알고 내게 보고한 것이다.

그래서 가이아는 빙옥에 가두고 비로자는 우주 포승줄로 포박하여 강○○(크로노스)의 거처에 끌고 가 착상하는 데까지 지키라 한 것이다. 그래야 태어나지. 비로자가 증산(강○○)의 아들로 와야 하는데 아직 안 오고 있으니까.

태을천 상원군 훔리치야 도래 훔리 함리 사파하 한다.

78
우주 생성 직직후의
여섯 번째 부처

마고 : 정○○아, 너는 석불 육불이지.
천지가 숨겨놓은 마지막에 등장하는 인물 석불(육불).
숨어 있었지.
나 마고동자 석불이로다. "신들, 까불지 말라" 하고 천지에 소리를 내.
석불(육불 정○○) : 나 마고동자 석불이로다. 신들 까불지 말라.
마고 : 남승(정○○)이가 정씨로 와서 많은 고난을 겪었어.
네가 양파 껍질을 벗듯이 도부신인, 백호, 비불, 석불, 육불의 실체를 마지막에 드러내더라. 네가 나 마고동자임을 알아본 게 남사고와 노자(노○○)다.
노자는 학문을 통해서 알아봤고, 크로노스 증산은 처음부터 마고동자 너를 알고 있다. 너는 숨어 있다.
마지막에 인류들 말대로 짜~ 안 하고 나타나는 것이다.
육불(정○○) 소리 내. "나 미르바 석불이오. 판도수 치겠소" 하고, 이건 온갖 능력을 네가 갖겠다는 거야. 네가 능력을 회복하면 이 터전에 와 있으나 알아주는 이 없는 신들도 네가 다 챙겨 명호를 올려주는 거야.

천왕성에서
다 왔다

마고 : 천왕성에서 다 왔다.
복희(구○○)야, 우멸(愚滅) 괴도를 이탈하지 마라.
돈돈돈~~~ 이러면 악의 세력들이 침투해.
죽을 자들의 농간에 넘어가지 마라.
돈에 협상해서 넘어가지 마라.
정의로운 자가 되어라.
하늘도 두려워서 옷깃을 여미더라.
하늘도 정의로운 자 앞에선 옷깃을 여미더라.
주변에 헐벗고 굶주리는 오들오들 떨고 있는 자들,
지 자손들 업장이 많아 가지고
지하철에서 머리 숙이고 있는 앵벌이 태시조다.
끌어다 돌봐. 아프다 아파.
길거리 행려병자 챙겨. 이 시대에는 행려병자 챙겨.
문중의 어른이다. 아프다 아프다.

구○○(복희) 현실적으로 네 어미가 네 발목을 잡고 있어.
네 어미를 치우려 했는데 그 아이에 다른 문중에서 "이러저
러하다고 그러저러하고 저러저러하니 고려해 주옵소서" 해서

제3장 마고의 신세계　　191

취소하였다.

  너는 네 어미를 믿으면 안 돼.

  너를 증오하고 악담을 한다.

  네 기를 꺾기 위해서 뭐든지 못하게 하는 거야.

  네 어미를 데려가라 했는데

  법이 그러한지라 치우지 못하였다.

  허니 육신의 어미의 뜻을 네가 일체 받아들이면 안 돼.

  그게 답이다.

80
유전자를 어떻게 복제하고
뭐가 엉터리고 사기인지
다 드러난다

● 마고 : 옥천에서 도수를 크로노스 증산의 결재를 받아 치거라. 필라델피아에서 저희 근본인 헤라를 찾는다.

우리도 공덕을 쌓았으므로 권리가 있다고….

아름다운 미소년 청궁 때문에 선녀들이 가슴앓이를 많이 했다. 그것도 업이야.

청궁(최○○)과 헤라(윤○○)가 찰떡궁합이다.

이제야 만난 것이다.

헤라(윤○○)야 네 미모가 출중하고 뛰어났어.

아름다운 헤라 여신 헤라 엄마 그것을 설명하려면 우주의 비화인 탄생의 비화를 설명해야 하는데 그건 우주의 비밀이다.

비밀이라 해도 지금은 뒤집어엎어야 돼.

인류들이 잘못 알고 있는 부분이 많아. 유전인자를 어떻게 복제하고, 뭐가 엉터리고, 뭐가 사기인지 조금만 있으면 다 드러나게 돼 있어.

헤라야, 네 아들 흑소가 밖에서 감격의 눈물을 흘리고 있네. "엄마 엄마 엄마 엄마" 하고 울고 있어 감사하다고….

제3장 마고의 신세계

81

제우스의 둔갑 육갑술은
합법적인 사기다

● 마고 : 지금 제우스가 이 터전에서 육갑을 떨고 있다.
여섯 번 변신했어. 지 원력이야.
그만큼 공부를 했다는 얘기야.
둔갑 육갑이란 뭐냐면, 아무것도 모르는 인류들을 가지고 놀더라. 그의 원력, 그만이 가지고 있는 원력의 힘이더라.
제우스한테 어떤 권한이 있느냐.
'핵' 여기는 '핵'이다.
인류들이 지 죽을 줄 모르고 건드리더라.
핵의 관리자야. 그래서 시험을 하더라.
우주, 크로노스, 마고, 사사모는 항상 조건을 걸어. 제우스의 둔갑 육갑 요즘 말로 사기나 하자가 없더라. 승인을 받아 합법적으로 하기 때문에 하자가 없더라.
제우스가 여기서 여섯 번 육갑 질을 한다.
여기는 핵이야. 아무도 못 와.
태양신(강○○), 너는 무엇을 보았을 텐데. 그것은 3생전의 업이 좌골 두 번째 실핏줄에 딱 막고 있어. 그래서 몰라.
벼락신장이 내응상감 전생에 소리 내신 거.
그다음 전생에 소리 내신 거 지상의 용어가 마땅치 않은데 중천에 떠 있는 거 삭제해 주겠다고 크로노스 증산께 결제받으면 삭제해 주겠다고 한다.

태양신(강○○) : 중천에 떠 있는 기록들을 삭제해 주옵소서.

크로노스 증산(강○○) : 그리하자.

태양신(강○○) : 노자님이 하늘에서 청우 타고 내려오셨어요.

마고 : 제우스가 복희(구○○)한테 공부나 하시구랴.

나 제우스야. 그 좋은 머리를 가지고 할 말 있소이까?

해보시오.

나 제우스요, 한다.

제우스는 크로노스의 아들이다.

82

노자가 안중근이고,
이등박문이 이○○다

● 노○○(노자) : 저는 안중근 하고 한 1년 살려고 합니다.
마고 : 노자(노○○)가 안중근을 하면서 한이 많았어.
부모, 친구, 학문 다 버렸어. 한을 좀 풀어야 되니까.
그런 거 너무 연연해하지 마. 신경 쓰지 마.
그대의 전생이다. 그래서 안중근 하는 거야. 한이 맺혀 가지고. 안중근 힐링 하는 것은 결국 자신의 힐링이야.
인류들이 모르니까 소모하는 거야.
자신의 한 맺힌 전생에 세월을 보내는 거야 모르니까.
그런데 누가 말려. 배운 게 도둑질이라고 글쟁이니 자신이 얼마나 거물이고 자기가 누군지 모르고 있어.
취향이 책 읽고 글 쓰고 파고 어느 시점에 나이 먹었잖아.

이등방문이 이○○이다.
조선을 해치기 위해서 왔다.
인류들 말로 하면 망해 먹으려고 왔지.

노자가 안중근을 해서 한이 맺혔어.
정의로움 때문에 선을 택해서 이름을 날린 것이야.

하지만 본인은 아프다.

노자를 추종하던 세력들의 아픔도 있어.

노자를 따랐는데 중국에서 노자를 추종하여 신들이 알랑가 몰라 한다. 모른다 이거야. 노자가 도를 이루고 이루고 또 이루었어.

우주의 시차야 뭐로 왔던 노자일 뿐이다.

태상노군으로 왔던 의는 짧다. 그게 노자의 한이야.

천지가 노자 인정하니 하고 싶은 대로 하면 한이 풀려.

그쪽에 관심도 안 갖게 되는 거야.

한이 풀리면 관심도 안 가져.

안중근의 한이다.

육신으로 물질계 아비, 어미, 가족, 이웃 한을 품게 되는 거야.

"낙반하송" 누가 그런다.

어느 순간에는 거기에 꽂혀 열열이 하다 어느 순간에 획 돌아서는 거야.

어느 형태라도 한을 풀었더라.

영들이 자기한테 매달려 살려달라고 하는데 몰라.

목숨을 던지고 안중근을 숭앙했더라.

안중근 할 때 숭앙하던 영들,

황재내경 추종하던 영들,

도덕경 추종하던 영들,

녹두장군 전봉준, 최치원, 최풍헌 왜 그렇게 한들을 쌓아가지고. 노자가 서승경도 썼네.

『서승경』은 『도덕경』보다 진짜 배기야.
 자기가 쓰고도 몰라.
 천상 옥경에서 노자에게 한 잔 받겠다. 네 한 잔 대접해 올려.
 태풍담당자들이 왔네.
 노자에게 두 잔 받겠다고 하네.
 태양신(강○○) : 어떤 여자가 여기 왔거든요. 휙 들어왔어요.
 마고 : 궁희야, 궁희 여신에게 석 잔 대접해 달라고 네가 본 여자의 모습으로 이 지상에 육신으로 와 있다.
 강○○(크로노스 증산) : 강태공의 육도삼략이 한석공에게 전해지고 장량이 전해 줄 후계자를 찾지 못해 무덤에 가지고 갔는데 어느 도둑놈들이 도굴했다고.
 마고 : 『육도삼략』 같은 책은 보는 사람이 따로 있다.
 비기인데 가질 사람이 갖더라.
 옛날과 방법이 다를 뿐이지 끼리끼리 돌려보더라.
 당시 문왕은 하수더라.
 강태공, 즉 크로노스가 천지를 꿰뚫어보고 있더라.
 문왕이 한석공을 못 보게 덧씌웠더라. 덮었더라.
 문왕은 모르더라. 감히 적수가 못 되므로
 강태공이 문왕이 못 보게 덮었더라.
 사람 위에 사람 있고 또 있고 또 있더라.
 인간들 말로 까불지 말라 문왕.

팔공산에 불을 낸 관세음보살과 12지신

● 강○○(태양신) : 팔공산에 불이 났어요.

마고 : 인류들이 그만큼 파먹고 살았으면 되었지. 관세음보살을 다리병신까지 만들어 파먹고 살았으면 되었지. 이제 끝이야. 현 인류들하고 그걸 자르기 위해서 불냈어.

12지신이 냈어.

이제 그만하고….

강○○(태양신) : 본인이 너무 힘들어 가지고 팔공산에 불을 냈다고 관세음보살이 일단은 마고의 아들 백궁 씨에게 두 잔을 받아야 제가 거느리고 있는 12지신을 통해서 17문중 끼리에, 그러니까 왜?

알라가 인류들 속여 가지고 일단 지상에 언어가 없으니까. 그 악행을….

84

우주의 시작할 때와
끝날 때 나타나는
마고

● 마고 : 아라라트산에 천지의 비밀도수를 나 마고가 마지막 달았으므로, 모노모노(비밀비밀)….

채○○(노자 부인) : 이 사람(노○○) 맨날 마고 할머니께 인사하고 맨날 마고 마고 했어요.

마고 : 알았어. 다 보상해 줄게. 나이는 먹었지만 고생했어. 쓰고 먹고 다른 사람 도와줄 정도로 할게. 알고 있어, 알고 있어. 내가 다 받았어. 받고 모른 체했어. 다 준다. 다 줄게. 고맙다. 너는 노자를 잘 보살펴주어서 고맙다.

철없는 노자 때문에 고생 많이 했어. 태상노군이 노자로 왔지만 천상계에서 강씨야. 어떤 이가 대통령 한다고 업을 자꾸 쌓아서 참 위대한 태상노군이 노씨로 와 가지고 똥고생 개고생하는 거야. 그 실력을 천지가 인정을 하지.

영동할매(황궁의 부인이며 바람의 신)가 채○○에게 고생시켜서 미안하다. 이놈아, 왜 친정에서 그놈들을 끌고 와 가지고 친정아비가 죽임을 당했어. 말하지 말아 달라고 한다. 좋다. 채씨 태시조가 태상노군 어른께 죄송하다고 한다. 우주의 법에 의거 그리했노라고. 아깝다, 아까워. 노○○이 아까워.

노자(노○○) : 우주의 끝날 때와 시작할 때 나타나는 존재가 마고라고 마고의 역사를 찾아야 신을 알 수(찾을 수) 있다고 생각해요.

마고 : 역시 노자다. 옛날에 천무가 있었지. 오늘날 무당들 영들의 장난이야. 영들을 찾지? 영들에게 휘둘리는 거야. 크로노스(강○○) 서북쪽을 향해 "십오진주" 두 번 소리 내.

크로노스(강○○) : 십오진주 십오진주.

마고 : 복희 종(終) 하거라.

복희(구홍기) : 종(終) 하거라.

마고 : 모르고 가는데 극을 치다. 완성을 하다. 개벽 팀 본진들이 훔치 훔치 태을천 상권군 훔리치야 도래 훔리 함리 사파하고 있다.

크로노스(강○○) 본진들에게 "맞도다" 하고 한 잔 대접해 줘.

크로노스(강○○) : "맞도다."

마고 : 천지가 옴마니 반메훔 옴마니 반메훔 한다.

크로노스 "좋다. 도수를 치노라" 하고 천지에 대접해 줘.

크로노스(강○○) : "좋다." 도수를 치노라.

마고 : 크로노스 천지는 듣거라. 나 "반고로다" 하고 한 잔 마셔.

강○○(크로노스 반고) : 천지는 듣거라. 나 반고로다.

마고 : 우주연합군들이 반고 만세, 반고 만세 한다.

복희(구○○)야 가자. 마무리하자. "이 더럽혀진 세상 마무리하자" 하고 두 잔 마셔.

구○○(복희) : 가자. 더럽혀진 세상 마무리하자.

85

**인류들이
더 이상 나서 늙어서
죽는 일이 없다**

● 마고 : 인류들 어찌할 것이냐? 도가 어긋났더라.
천도를 세우기 위해서 나 마고가 여기 있는 거야.
너희는 알면 있고 모르면 가라.
내가 육신으로 있다 보니 뼈가 아프다.
인류들이 네 것 내 것 하며 싸우니 니들 할 말 있으면 해봐.
내가 이 나이 되도록 시간 다 줬어.
나도야 간다. 나는 은하를 돌리겠다.
그래서 다 죽이겠다. 인류들이 불쌍하다.
여기가 즉 하늘이다. 다 내려왔더라.
천지 행사 날은 하늘에서 다 내려와,
하늘이 여기 주저앉았더라.

생명 탄생의 소리가 라~ 우주는 소리로 시작되었더라.
한○○야, 라~ 하고 길게 울려를 남겨라.
보화천존 원시천존(한○○) : 라 ~~~
마고 : 보화천존이 크로노스에게 옴 ~~ 하면서 두 잔을 크로노스(강○○)에게 올려.
보화천존(한○○) : 옴 ~~

마고 : 크로노스(강○○) 라 ~ ~ 하면서 받아.

크로노스(강○○) : 라~~~

마고 : 이게 우주의 마지막 마무리야.

육불아(정○○), 생노사(生老死)를 태워.

뭔 얘기냐면,

인류들이 더 이상 나서 늙어서 죽는 일이 없더라.

그것이 끝이야.

86

사람보다
두 단계 높은 성단에서
추락한 말들

● 강○○ : 계속해서 소 울음소리가 할미산, 성주산, 소래산 해가지고 월요일부터계속 들려요.

근데 소들이 저한테 얘기하기를, 자기네들 소 구원하기를 기다리고 있으니까 소 전체죠. 지구에 있는 소 전체가 음매 음매 엄마를 찾는 거죠. 자기네들도 근원으로 이끌어달라는 거 같아요.

마고 어머니한테로 소들이 마고 어머니께 업장을 이제 풀어달라고요.

마고 : 좋다. 이제 다 끝났으니까. 해원시킬 것이다.

이제 각 문중들이 문을 닫고 우주도 마감했으므로 이제 다 끝났으므로 지상에 와 있는 말들도 해원제해서 해원시켜 지들 본향으로 돌려보내 줘야 돼.

메르데스에서 죄를 지어 두 단계 수준이 낮은 지상에 떨어졌으므로 격이 낮은 이 지상보다 격이 낮은 짐승으로 떨어졌더라.

지상보다 두 단계 높은 성단인데 지들보다 두 단계 더 높은 말들을 인간들이 등때기에 타고 회초리로 두들겨 또 죽이기도 하더라.

눈물을 흘리며 자신들의 죄를 사해 달라고 탄원하므로 또 다 끝났기 때문에 지들 본향인 메르데스 성단으로 돌려보내 줄 것이다.

강○○(태양신) : 신기한 경험을 했는데요.

성주산에서 소 울음소리가 났고 그러고 나서 성주산이 보이면서 할미산하고 소래산도 같이 보이기 시작하면서 거기 계신 신명들이 오셔 가지고 뭐를 내주고 다시 가셨어요.

마고 : 지금 대 개벽을 하기 위해서 거기 거기에 다 대기하고 있다.

개벽 신명들이다.

지금 영계에서 청궁 할아버지 만세!

백궁 할아버지 만세!

헤라 여신 만세! 자꾸 그 소리가 들린다.

태양신이시여, 우리를 구하소서 한다.

백소시여, 우리를 구원하소서.

크로노스 증산이시여, 결재해 주소서.

헤라 엄마 살려주소서, 난리가 났다.

전○○(백궁 백소) : 마고님 저는 영적인 일을 추구해 왔습니다. 도와주십시오.

마고 : 마고님이 뭐냐. 엄마라고 불러, 이놈아! 엄마 마고, 네 등줄기 좌측 허리 다섯 번째 거기에 3개 문중.

그놈들을 처리해 주고 레이더가 꺼졌네, 꺼졌어.

황궁의 말을 거역하고 청궁이 말도 우습게 알고. 흑소랑 짝

짜꿍해서 원래는 백궁인데 격이 낮아져서 백소 백소 하는 거지. 백궁인데 왜 인류들이 백소 백소 해. 크로노스 증산 어른께 결재받고 본성을 회복하겠나이다 해.

없네? 어디 갔어(잠시 자리 비웠다. 옴).

오네.

아무것도 모를 때 얼른 결재를 받아.

알면 결재해 주지 않아.

전○○(백소) : 결재를 좀 부탁합니다.

크로노스 증산(강○○) : 알겠다, 이놈아.

무슨 소리인지는 몰라도 네가 백소이므로 나 결재 일단 하겠다.

마고 : 알다시피 지금 육신으로 있으니까 모르니까 결재했지 알면 안 해.

한○○(보화보살) : 그렇게 해도 되는 건지?

마고 : 나중에 알면 "허허, 그놈 참" 한다. 백소잖아, 백소.

사사모 : 헤라, 나 사사모다.

흑소의 생명줄을 너에게 부쳐주마.

네 아들 흑소를 살릴 때 핀란드에 있는 자손들은 단 하나도 살릴 수 없다. 그게 조건이야.

마고 : 무지개는 증산과 궁희만 쓰게 했는데….

궁희 여신이 이탈리아에 살 자손들을 36명 숨겨두었다.

석가의 죄

마고 : 마애보살이 왔네.
그만 남씨 문중을 용서하시어
천불(마애 육신의 딸)의 죄를 사해 주시고
태태부(마애 육신의 큰아들) 온갖 인고의 고통을 겪었으므로 그 죄를 사해 주시옵고, 만불(마애 육신의 작은아들) 업신이기는 하나 부처이므로 용서하시고 자신의 뼈를 세워달라고 한다.
내가 뼈를 누르고 있어 걷지 못하고 누워 있다.
좋다. 그 죄를 해제한다.
이제 다 끝났으므로 남씨들 더는 내가 벌하지 않겠노라.
남씨 태시조 태태부의 자손인 천불에게 지상에 내려가 백성들을 잘 보살피라 했는데, 임금을 하면서 박씨 문중 9족을 멸했다.
태태부(남○○)의 간담을 박씨들이 틀어쥐고 술을 계속 퍼마시게 해. 술 마시면 석가(남○○)가 아니고 박씨들이더라.
남씨 문중을 뜯어먹고 뼈다귀까지 씹어 먹었다.
그래서 마애보살이 이제 그만 남씨들의 죄를 사해 달라고 한 것이다.

지금은 끝이기 때문에 지상에 다 내려와 있어.

지상에 문중 타고 물질계에 육신으로 와 있어.

그런데 몰라. 얘기해도 눈만 끔뻑끔뻑하는 거야.

2도수 진입이 코앞이니까 지축 정립 담당들에게 계속 정점 찍고 넘어가고 정점 찍고 넘어가고….

이○○(시리우스 시랑이) : 제 주변에 있는 김○○이라는 사람이 누구인지 궁금합니다.

마고 : 김○○ 이 아이는 우라노스(김씨 태시조) 자손인데 우라노스로부터 세 번째 아주 높고 또 높고 너무 높아.

그런데 거기서 (당진) 그 꼬라지 하고 있다.

업 때문에 그런 거야.

여기 오면 좋다마는 여기 오기 힘들어.

여기 오게끔 각 문중에서 길을 안 비켜줘.

고단한 삶을 살아야 돼.

업신들로부터 그 아이가 잘못 돼. 잘못되는 것을 좀 막아줘야 돼. 안쓰럽다, 안쓰러워. 현대제철소 현장에서 노동하고 있다. 근본이 허물어지다 보니 노동하고 있다.

자손들 악업 때문에 죽을 자들에게 붙들려 있다.

환인 6대는 유럽의 에이즈 걸려 있고,

환웅 4대도 거기서 힘든 일 하고 있다.

자손들 악업이 많아 가지고 죽을 자들이 따먹었어.

아깝다, 아까워.

이놈이(한웅 4대 김○○) 해원제하면 준재벌이 되는데.

이놈(환웅4대)은 죽을 수밖에 없다.

하늘도 한이 있다

● 강○○(태양신) : 여기 행사 날엔 꼭 천상에서도 똑같이 행사를 하네요.

그런데 한 가지 다른 점은 여기는 풍악이 없고, 천상에는 풍악이 울려요. 그리고 천상에 구천 상제님이 항상 여기 계신 강○○(크로노스 증산) 님과 머리 꼭대기에서 가느다란 줄로 연결돼 있어요.

마고 : 구천 상제인 반고 크로노스 증산이 여기 육신으로 지상에 와 있잖아. 개벽의 주체자로서 개벽하려고. 네가 태양신이다 보니 그걸 보는 것이다. 누가 알아. 천상에 갔다 지상에 왔다 갔다 왔다 해.

오늘날 인류들이 뭐가 뭔지도 모르고 우주를 이름으로 쓰고 놀고 자빠졌더라.

나는 다시 천도를 세우겠다.

러시아는 근본의 유전자를 가지고 있어.

나 마고도 우주의 법을 지키기 위해서 자식도 버렸어.

자식도 한을 품었지.

나 마고도 자식을 버린 게 한이지.

법을 지키기 위해 자식 둘을 버렸어.
그게 나의 한이지. 자식도 한이지.
힐링 힐링 하지만 한이야.
도를 잃어버린 데 대한 한이야.
우주도 한이 있고
하늘도 한이 있고
인류도 한이 있고
영계도 한이 있는 거야.

사람 몸에 있는 업신들

● 강○○(태양신) : 사람들 마음이 다 보여요.

사람들 몸에 있는 업신들도 다 보여요.

본 터전에 와 몇 번 공부한 후 "사람들 마음이 다 보여요" 하고 전화가 왔다.

마고께서 근본 터전에 일주일에 세 번씩 와 명상 공부하라고 이른 후 얼마 후 일이다.

한○○를 향해서 아~~휴 하면서 팔을 뻗쳐 손으로 한 움큼 잡아 돌려 빼는 손동작을 하며 아~휴, 그냥 했다.

마고 : 안 돼. 업신 함부로 건드리는 거 아냐. 합법적으로 해야지. 이따 행사 시작하면 정식으로 천지에 소리를 내고 승인을 얻어서 해.

한○○ : 그래요 강○○ 씨. 행사 시작하면 소리 내서 고하고 허락받아요. 보인다고 맘대로 하는 건 아닌 거 같아요.

강○○(태양신) 행사가 다 끝날 때까지 고하지 않았고 아무 말 없었다.

한○○ : 강○○가 행사 때 고하라고 했는데, 아무 말 안 했어요. 고하지 않았어요.

마고 : 음…. 그랬지.

90

청구렁이가 된
자미천존의 딸

● 마고 : 율리아나가 왔네.

율리아나 : 나 율리아나요.

내가 사실은 하늘에서 죄를 지어 가지고 지상에 청구렁이로 떨어져 구렁이로 살았소.

마고 : 신들이 죄를 지으면 대부분 구렁이로 떨어져 이 시점에 죄인들은 죽어야 된다는 논리야.

율리아나 : 나는 자미성의 자미천존의 둘째 딸로 자미성 공주지. 구렁이로 살다가 원죄를 사함 받았소.

마고 : 사람으로 환생을 했지만 하늘에서 보면 사람의 탈을 썼으나 구렁이인 것이다.

하늘에서 지상으로 내쳐졌을 때의 모습은 머리가 바닥에 처박히고, 몸은 옆으로 뉘여 있는 상태로 긴 다리가 모아져 있는데, 머리는 폭탄 맞은 것처럼 잘려나간 머리칼이 산발이었고, 옷이 너덜너덜 떨어져 나가 긴 양다리가 다 드러나 있었다.

일어나려 움직이는 순간, 순식간에 구렁이로 변하였다. 눈물을 흘리며 자신의 신분을 알면서 그저 구렁이로 살아가는 것이다.

우주의 법은 가차 없이 어떤 오차도 두지 않는다.

환인 1세 안파견은 백불이며 홍씨의 태시조다.

당시 단군왕검이 올린 네 가지 안을 마고의 승인 없이 임의 결정한 것이 환인 1세의 원죄다.

지상에 마애보살(김○○)의 딸(남○○)로 와 있는데, 남○○(환인 1세)의 딸이 자미천존의 둘째 딸 율리아나다.

자미천존의 딸이므로 우주의 수리에 맞춰 합법적인 방법으로 차질 없이 천지가 제시한 비용을 내고 해원제하였기에 율리아나가 천지에 자신의 존재를 드러낸 것이다.

91
태양신의 추락

● 마고 : 코페르니쿠스가 지동설을 주장했든 천동설을 주장했든 저 밖에 홈마트 그쯤에 이 터전에 진입을 한다고 하니까. 제우스하고 같이 왔어. 제우스는 핵의 관리자다. 핵은 인류들이 건들면 죽어.

제우스가 핵의 멤버에서 태양신(강○○)을 도둑놈이라고 빼냈어.

제우스가 자신이 핵의 관리자로서 자신이 그 아이(강○○)를 뽑아낸 거라고 한다.

오늘 태양신 강○○ 안 왔지?

그 아이(강○○)가 태양신은 오고 싶은데 소리가 났으므로 업신들에게 잡혀 있어 못 오더라.

업신에 걸려 못 오네.

제우스가 태양신에 붙였던 모든 도수를 크로노스에게 "아버지 거두소서" 한다.

크로노스 증산 : 좋다. 거두겠노라.

네가 옳았도다.

마고 : 강○○(태양신) 그 아이가 가슴에 감춘 게 있다.

뭐냐면 태양신이 가슴에 욕심을 가지고 있어.

그 욕심이 뭐냐면 도를 이탈했다.

공부 욕심 때문에 온갖 부귀영화 다 버리고, 부모형제 처자식 혈육 친구 다 버리고, 산속에 들어가 공부를 하였다. 그래서 천지가 노노노노… 하는 거야.

그래서 제우스가 8생의 전생을 전부 조사했어. 조사를 해보니 도를 이탈해서 안 된다고 하니까 우주 사사모 마고 근본에게 합법적으로 시험하겠다고 했어.

해서 그리하라 하니, 제우스가 시험해 보니 그 욕심에 의해서 핵의 자리에서 뽑았어.

그 아이 강○○이의 마음 홱 돌려서 못 오게 했어.

지난번에 그 아이가 벌떡 일어서서 저는 여기에 목숨을 걸었어요. "여러분들은 어떠세요?" 했지? 그리고 이번 행사에 안 왔지?

제우스는 크로노스의 아들로 강○○가 여기 오던 첫날부터 커다란 독수리로 둔갑을 하는 등 계속 지켜보고 있었다.

강○○가 여기를 와야 하는데 그 아이가 여기 와서 영계를 정리하고 자기 일을 해야 되는데 여기 오지 않으면 바보가 돼. 왜? 도를 이탈했기 때문에 그 아이가 법망에 걸려 가지고, 즉 우주의 법망에 걸려 가지고 파닥거리고 있어.

비상을 하려면 자기 사명을 해야 돼.

여기를 와야 해. 아니면 막 나르고 싶지. 날개가 있는데….

그 아이한테는 우주를 날 수 있는 날개가 있는데 법에 걸려 가지고 못 날아.

이 근본 터전에 와 가지고 지 일을 했을 때 비상한다.

까불면 법망에 걸려 가지고 추락한다.

허나 적어도 태양신이니 천지가 죽이지는 않는다. 단 바보가 된다. 그래서 처음 왔을 때 그 아이에게 바보가 된다고 했던 거야.

뭔 얘기인지 몰랐지?

뽑혔어. 여기는 핵이야. 아무나 못 와. 뽑아내.

태양신 욕심으로 인해 제우스한테 걸렸잖아.

그 아이에게 온갖 부귀영화를 다 줬는데 다 버렸다.

부모형제, 처자식, 혈육, 친구 다 버리고 공부를 하였다.

그래서 천지가 도를 이탈했다고 애초에 안 된다고 하였는데 나 마고와 크로노스가 그 아이를 쓰고자 해서 쓴 것이다.

강○○ 태양신 도수가 걷혔어. 태양신 강○○ 감춰진 욕심은 공부가 많이 됐다고 넘보더라.

그 아이한테는 비밀이 있어. 가슴에 욕심이 있어.

감추고 있는 욕심이 있어. 뽑아낸 거야.

제우스가 핵의 멤버에 속해서는 안 되는 도둑놈이라고 감시, 욕심을 가지고 감히 우주를 지가 어쩌고저쩌고해서, 역시 도둑놈은 도둑놈이야.

미르바, 부처들, 은하연합군들 각 문중에서 정○○ 너를 지원한다.

한○○ : 거기서 자기 얘기 안 하더냐고 묻고 궁금해하는데 오라고 하면 안돼요? 오고 싶어 하면서 쑥스러워 하는데 오라고 하면 안 돼요?

마고 : 그냥 둬.

여동빈 신선이
할미산 꼭대기에
숨어 있다

• 마고 : 방우(개)가 크로노스 증산께 방우의 죄를 용서해 달라고 건의가 올라왔는데 보화천존이 안 된다고 트네.

　육불(정○○)아,
　여동빈 신선이 할미산 꼭대기에 숨어 있다.
　돈 6만 원을 전도관에 들어가서 여동빈 신선에게 올립니다.
　하고 올려놓고 와. 그런데 못 들어가게 할 거야.
　사람 시켜 올려.
　박태선이 여동빈 신선이다.
　여동빈이 자손인 네 일을 돕는다.
　자미천존이 인류를 살릴 수 있는 데까지 최대한으로 살린데. 근데 그게 증산이 허락하지 않을걸.
　업을 죄를 해소하지 않으면 우주가 안 된다고 했기 때문에 크로노스 증산이 최종 결재권자인데 안 된다고 할 것이야.
　한○○가 크로노스에게 "옴~~" 하면서 두 잔 올려.
　크로노스가 "라 ~~" 소리 내.
　이게 우주의 마지막 마무리야.
　궁희 결재하에 도수가 대 개벽 주관자인 크로노스의 도수로

제3장 마고의 신세계　217

넘어갔다.

노자는 유전자 복제 써 가지고 본주 잔에 올려.

노자(노○○) : 미국에 박○○ 라는 제임스 박하고 무슨 인연인지 그 사람이 인디언 소굴 찾아다니고 조상이 뭐고 이런 거만 찾아다녀요. 의사인데 인문학의 대가예요. 이런 실력 가진 사람은 천지 우주에 없어요.

마고 : 인디언 흔적 찾으러 갈 정도면 무슨 말이 필요한가. 근원계에서 인류들의 유전자를 관리 담당하는 언어가 없어 표현 방법이 없다마는 생원(生原) '투' 존재다.

육신으로 왔는데 궁금해 죽겠지.

상상을 초월할 정도로 높은 존재더라.

나중에 여기를 찾아오더라.

노자가 쓰는 글을 읽어야 할 사람이 있어.

노자 얻은 것도 많고 깨달은 것도 많지.

보이지 않는 세계는 어떡할 건데.

이데올로기의 기본 뜻은
하늘의 뜻이다

● 마고 : 사람을 알기 위해서는 전생을 알아야 하잖아. 어떻게 살았는지 어떤 놈인지 수많은 전생을 아는 거는 나 마고는 3초면 돼. 신들은 보지(서류)만 나 마고는 안 봐.

왜? 안 봐도 아는 거야.

뭔 얘기냐면 안 봐도 아니 볼 필요 없다. 다 알아.

물어볼 거 있으면 다들 물어봐.

다들 묵묵부답이다.

마고 : 없지? 왜? 모르니까.

그래서 하도 답답해서 야박한 거 같지만 오면 뭐해.

알면 있고 모르겠으면 가라 하는 거야.

알면 가라고 해도 안 가.

신들 소리 : 우리 신들이 감추고 또 감추고 싸매고 또 싸매도 결국은 마고에게 들킵니다.

천지우주를 꿰뚫어보고 있어요.

마고는 안 봐도 모든 걸 다 압니다.

마고는 보지 않소. 안 봐도 알기 때문이오.

마고 : 노자(노○○)가 도교를 배척하는데 노자가 학문에

만 매달려 진짜를 못 보더라.

도교가 진짜야. 도를 닦았다 한들 노자도 도를 가벼이 스치고 지나치더라.

도교에 숨어 있는 뜻을 못 보더라.

도는 숨어 있는 하늘의 이치야.

도덕경, 도덕경 하나 도덕경보다 서승경이 진짜배기야.

자기가 쓰고도 몰라.

노자(노○○) : 김일부 정역을 보면 자연현상 완전히 이데올로기의 기본.

마고 : 이데올로기의 기본 뜻은 하늘의 뜻이야.

94

실시간으로 굶어 죽는 영들

● 노자(노○○) : 아프리카에서 오리를 놓고 제사지내면서 소를 놓고 제사를 지낸다고 해요.

마고 : 거기에 나 마고의 아픔이 있는 것일세.

영계의 영들이 육신으로 와 가지고 죽으면 뭐가 돼?

영이 되지? 영계에 있지?

제사를 못 받아서 결국 굶어 죽는 거지.

그 영들이 너무 많아.

각성 받이 얼마나 많은지 불쌍하다, 불쌍해.

노자(노○○) : 사람들이 내가 황당무계한 글을 쓴다고 해요.

마고 : 천지가 웃는다. 우주도 웃는다.

노자 좋아. 통과. 아프다 아파.

노씨로 왔지?

옥추는 업장 해소.

미추골 학문만 한 죄로 자기가 노자인데 몰라. 아무것도….

학문만 해가지고.

육신으로 오면 육신 공부해야 돼.

학문은 안 되는 것이다.

제3장 마고의 신세계   221

학문 다 틀려.

오류가 많고 신화도 잘못된 것이 많아.

아까운 인재인데 노자가 육신 공부해 가지고 터지면 난리 난다.

아니 된다고 막 반대한다.

워낙 도력이 세니까.

아이 아프다.

그대가 강씨 문중의 인재인데 육신상 노씨로 와 가지고 글을 썼어. 나를 만나기 전에 누굴 찾았어.

남사고? 좋지. 천지가 인정한다.

이 개벽을 남씨가 준비하고 강씨가 판몰이한다.

이 지상을 정리하기 전에 영계 다 죽일 수 없잖아.

영계에 도인들도 있어.

영계 정리하고 땅속도 정리해야지.

인류들 선조들이야.

과학자들은 최상의 도인들

● 마고 : 우주연합군들과 도솔천의 본진들에게 대접해 줘.

소리 내고, 지금은 인류들이 의식 수준이 높아져 가지고, 제일 많이 까발리는 게 미국 나사 과학자들이지.

최상의 도인들이야. 생명의 근원 창조 지금까지 기운까지 다 밝혀냈어. 창조의 기운인 맥동성 기운까지 밝혀냈어.

할 말 있어?

맥동성 기운은 창조의 기운인데, 나 마고 크로노스 증산만 쓰노라.

우주가 결재했네. 인류들의 업 담당 신들이 1~19까지 대접해.

나사 핵은 인류들이 손대는 게 아니야. 지 죽을 줄 모르고 만지더라.

여기가 핵이야. 이 근본 터전은 핵이다.

인류들이 까불더라.

어떻게?

듣지도 보지도 못하는 사이비 의사들이 고발해.

조폭들이 찾아와 검찰에 고발하더라.

고발하면 뭐해.

벼락을 쓰더라.

정부가 나서더라.

나서는데 무력해지더라.

검찰 정부가 감히 핵에 손을 못 대더라.

인류들의 근본에 너희들이 여기들 오지만 아무리 얘기해도 못 알아들어.

노○○(노자)은 학문을 했으니 흔적 보고 알지만 인간들은 흔적도 모르니 못 알아들어.

업이 많아 쫓겨난 떠돌이 영들을 귀신이라 부른다

마고 : 이 우주에서 문중에서 쫓겨난 떠돌이 영들
악업 지어 문중에서 안 받아.
거지가 된 거지. 귀신들 아주 많아.
이 떠돌이 영들 관리하는 관리자가 있어.
이 모든 걸 정리해야 하는 거야.
말이 해원제지 우주제야.
우주제가 맞는 말이다.
영가천도라는 말은 쓰지 않는다.
해원제라 한다.
사람의 가난과 질병, 사람에게 일어나는 모든 불행은
다 업신들로 인한 것이다.
사람의 현실 생활을 막는 것이다.
무당도 업신들 짓거리다.
정신병, 간질병, 모자람 특히 그렇다.
가난, 요절, 사고, 질병, 사람에게 생기는 모든 불행을 망라 한다.
모르니 당할 수밖에 없다.
해원제로 해결되지 않을 일이 없다.

서로 문중끼리 얼키설키 얽혀 있는 실타래를 푸는 것이다.
그래야 불행을 겪지 않는 것이다.
한○○ : 뱀이 무슨 뜻인지?
마고 : 뱀은 근본을 잃었도다.
근본을 모르더라.
여기도 속하지 않고 저기도 속하지 않고. 가짜 율려?
신들 이놈들이 유전자를 감추고 감추고 아무리 쇼를 해도 나 마고가 다 안다.
안 봐. 왜? 다 아니까.
신들 까불지 말라.
다 안다. 쓸데없는 짓 하지 마.
그게 답이야.

97

사기 친
보천교 ○○○

● 마고 : 너 이름이 무엇이야?

○○○ : 여기 명함.

마고 : 인문계 쪽 박사라는 영들이 지금 다 왔는데 말을 못한다.

○○○ : 왜요? 왜 말을 못해요.

마고 : 어불성설 중국 신명들이 막는 거야. 니들이 뭘 안다고 까불지 말라. 모르는 놈들이….

그래, 차○○ 국문학 박사로구나. 너 네 잘난 맛에 살지? 쓸데없이 구시렁거리지 말고 네가 무슨 말을 해도 너한테는 내가 아무것도 안 가르쳐준다.

○○○ : 내가 좋아하는 사람들은 하늘이 다 데려가니까.

마고 : 백날 그래 봐라. 내가 가르쳐주나.

저놈이 혼을 다 뺏겼어.

○○○ : 심장이 약하고 맥이 약하고 저혈압이고….

마고 : 그만큼 빚이 많으니까 네가 고단하다. 그만큼 할 일이 많다 이거야.

아이고, 아이고 하이고야. 조금 있으면 쓰러진다고 한다.

이놈(○○○)이 ○○○인데 보천교하면서 각 문중들 돈 사기 쳐서 먹었어. 문중에서 뺑뺑이 돌리는 거야.

"처먹었으면 해라" 하고 뺑뺑이 돌리는 거야.

뭐냐면, 그 아이가 하는 일마다 막더라.

왜?

그때 보천교할 때 우리가 올린 돈, 다 내놓으라고 하는 거야. 다 막겠다. 팔다리 다 묶어놓겠다. 그런 얘기야.

○○○ 분령으로 와 법사하고 있어.

○○○은 이 아이(○○○)분령이다.

문중으로 갈라 가지고 왔다.

보천교에 워낙 쏟아부었기 때문에 그때 그 돈 내놔라 이거야.

문중들이 우리가 보천교에 쏟아부은 돈이 얼마인데.

옛날에 처먹은 돈이 근본 터전에 다 내놓고 우리를 해원시켜라.

네가 그렇게 잘났냐? 박사, 교수 좋아하네.

이 시점에서 해원제 받기 위해서 기다린 거야.

지가 공부 잘한 건 빚을 받기 위해서 살짝 텄다 이런 얘기야. 받아먹은 것이 많은데 문중에서 빚내노라.

그때 처먹은 거 내어노라 하는 거야.

네가 지금 하려고 하는 일, 네가 대통령을 해도 되나 봐라.

이 터전에 와서 문중 빚을 갚고 시작하라.

우리가 딱 막고 있다 그런 얘기야.

웃기고 자빠졌네 한다.

취지는 훌륭하고 좋은데 까불지 말라고 한다.

해원제해서 각 문중에 빌어야 돼.

사기 쳤잖아, 사기 처먹었잖아.

죄송하다고 빌어야지. 그리고 빚 갚아야지.

그러면 네가 똑똑하니 보천교 할 때 이름을 남겼듯이 역사에 이름이 남아. 문중의 빚을 갚지 않으면 천지가 막아 못해.

해원제하고 지 일을 하면 일사천리로 나아가 역사에 이름을 남기는데 나라로 치면 12개국에 이름이 남더라.

네가 하고자 하는 그런 거국적인 일은 문중의 허락이 없으면 안 돼.

해원제 안 하면 이러저러하다고 가르쳐줘서 소리가 났으므로 (천지에) 해원제 안 하면 멱살 잡아 거꾸러트려.

성사시키려고 하나 불발로 끝나더라.

네가 보천교하면서 하늘의 천자라고 해.

하늘의 아들 천자 맞아? 했는데 알고 보니 사기였던 거야.

사기를 친 거야. 지가 천자라고.

받아먹은 게 있으면 토해 내야 돼.

목숨처럼 아끼던 돈을 갖다 바쳤어.

각 문중에서 네가 옆구리가 결리도록 머리가 시리도록 다리가 저리도록 해갈을 하고 다녀봐. 되나 쓰러져.

나는 일단 전달했다.

천지에 소리를 냈다. 하고 안 하고는 네 몫이다.

○○○ : 여동생이 유복자인데, 할머니가 맨날 아빠 잡아먹었다고 동생한테···.

마고 : 위대한 존재가 내려왔는데 문중의 업으로 수명이 안

남아 유산될 처지야. 수명을 연장해 드리기 위해서 놓고 간 것이다. 이 물질계는 보이지 않는 세계에서 먼저 일어나고 그 양상으로 일어나는 일들이 현상계야.

　신명들 : ○○○ 그 미친놈은 돈을 사기 처먹었으면 내놔야지. 뭐 여기 와서 된소리 흰소리 하고 자빠졌어.

　하고 신명들 신들이 시끄럽다고 하며 천지의 도수를 모르는데 현상계 박사랍시고 어쩌고저쩌고한다고 쓸데없는 소리 말고 문중의 빚이나 갚으라고 한다.

98
화산 폭발로
곧 지축이 돌아간다

● 마고 : 환태평양 지축을 흔들겠다고 하니까 지축을 지금 뚜껑을 열었다네. 뚜껑을 열었기 때문에 투하하는 일만 남았기 때문에 지축이 이제 흔들릴 거라고 지축 담당들이 보고한다.

쓰나미 담당자들에게 대접한다.

지금부터 지축을 돌리는데 환태평양 지하에 갇혀 있는 영들이 있어 전부 고리를 하나하나 따고 있는데 지하에서 올라와 가지고 자손들이 알아듣도록 땅속에 그만 갇혀 있고 천상에 올라가겠다는 뜻이다.

전부 해원을 시켜야 해.

지저에서 들고 일어나서 물질계부터 하기 때문에 뒤흔들어 정신없이 뒤흔들어 알아듣도록 깨닫도록….

99

환태평양 연안에 물 폭탄이
하늘까지 치솟는다

● 마고 : 노르웨이 환태평양 연안에 지구상에는 없는 물 폭탄 하늘까지 치솟는다. 그런 물 폭탄은 사실은 지저에 문명세계가 있어 어찌 영계만 정리를 하랴. 땅속도 정리를 해야지.

말이 해원제지 우주제야.

아라라트산에 천지의 비밀도수를 나 마고의 마지막 종(終) 인류들 표현대로 닫았으므로 우선은 화산 폭발로 지축이 돌아가면 지진, 해일, 쓰나미, 태풍으로 인류들이 많이 쓸려 가네.

그다음에 병이 몰려오면 대책이 없어.

여기는 제주도에 조짐이 보인다.

현 지상에 사는 인류들의 책무가 해원제하는 것이다. 그래야 산다.

질병으로 치는 거야. 무슨 얘기냐면, 병겁으로 인해서 병원으로 들것에 실려 갔다가 화장터로 가는 거야.

하늘의 각본이야.

해원제로 업을 청산하지 않으면 못 살아.

우주의 법망에 걸려 죽더라. 가차 없더라.

인류들이 자기 것이라고 싸우는데 모든 것은 다 천지의 것이지 자기 것이 아니야.

빈손으로 왔다가 빈손으로 가는 건

먹고는 살되 지들 것이 아니고 천지의 것이기 때문에 하나도 못 가져가. 지들 것이 아냐.

이제 다 끝났으므로 천지가 자기 것을 거둬들이는 거야.

병겁은 그 일환이야. 천지가 다 거두는 거야. 지들 것이 어딨어. 병겁으로 천지의 것을 다 거두는 것이야.

지들은 원래 빈손이야.

신들 : 마고가 지상에 왔잖아.

신들이 별 꼼수를 부려도 아리랑 고개를 못 넘어간다. 넘어가야 사는데 마고의 아들들이 지키고 있어.

테라칸 사탄칸이 못 넘어가게 딱 지키고 있어.

마고 : 밤마다 나 마고의 아들인

백궁이, 테라칸, 사탄칸 셋이 모여 하는 일이 있어.

셋이 철통같이 지키고 있어.

때문에 누구도 아리랑 고개를 못 넘어가.

해원제하지 않고는….

100

지금은 살 만하지
앞으로는 말도 못해

- 마고 : 앞으로 전문가가 쓸모가 없이 다 엇나가.

지금은 살 만하지 앞으로는 말도 못해.

인류들이 먹고사는 문제가 보이지 않는 세계에서 협의를 하고 하는 일이기 때문에 아침저녁으로 변해.

그래서 사람을 믿지 말라고 하는 거야.

인류들이 말하는 생각 아이디어는 하늘에서 오는 거를 뇌파가 파장이 맞았을 때 수신하는 거야.

길 가다 "이거다" 하는 것은 다른 데서 오는 것을 수신하는 거야. 자기께 아니라는 얘기야.

인간계는 보이지 않은 곳으로부터 작용에 의해서 변수가 생겨. 내 육신이 본주라고는 한다마는 마고 사사모인데 이 육신계에 오다 보니 육신에 갇혔어.

그게 법이야. 우주가 통째로 내려와도 마찬가지야.

우주의 법이야 질서야.

내가 곧 차원의 문을 곧 열 거야.

주원장이
진묵대사다

마고 : 네가 이름이 무엇이냐?

김○○ : 김○○이라고 합니다.

김○○ : 제가 24살 때 까만 한복 입고 갓 쓴 남자를 실제로 봤습니다.

마고 : 변장을 하고 너한테 나타난 거야. 너를 각을 터줄려고 간 거야. 네 각을 터줄려고 갔는데 그 위대한 진묵대사야. 지가 얼마나 위대한지도 몰라. 그걸 원신이란 표현은 안 맞고 자신의 육신의 각을 트기 위해 간 거야.

김○○ : 영혼의 숫자가 한정된 것인지 아니면….

마고 : 갔다가 후손으로 오고 일시무시 돌고 돌더라.

영혼이 다시 태어나는 것이 아니고 대답해 줘도 못 알아듣는다고 신들이 얘기해 주지 말라고 한다.

김○○ : 어려서 죽기 직전까지 갔는데 먹지 않아서 눈이 돌아가 있었다고 해요. 무당이 걸신이 들렸다고 했다고 했어요.

마고 : 걸신은 아니고 업신이야. 지구촌에 김씨가 많은 만큼 업도 많아. 커. 업신들이 덤벼들어 물어뜯은 거야.

왜? 널 죽이려고….

제3장 마고의 신세계

왜?

김씨 문중의 위대한 인물이 지상에 오니 아예 싹을 없애려고 한 것이지.

영계에 근접해 있는 게 무속인인데 영계는 사기 많이 쳐. 돈을 뜯어내기 위해서 영계는 믿지 말고 보는 걸로 끝내. 말려들지 마. 돈을 뜯기 위함이더라.

김○○ : 난민촌에 거지가 들어왔는데 옛날에 어머니가 불러다 옷 갈아입히고 재우고 먹이고 했는데 4형제 중 막내에 대한 말이 맞았어요. 거지가 한 말이….

마고 : 알기 때문에 얘기해 주는 거야.

수용하는 자세가 중요하다는 걸 말하는 거야. 그 거지는 김씨 문중 조상이야. 너희 김씨 문중 업장으로 거지 신세로 왔어. 그 거지가 도력이 워낙 세다 보니까 너희 막내가 살인마가 돼야 하는 형국이야.

그 조상이 업장 때문에 문중에 개가 되어 돌아와도 모르고 그렇게 돌고 도는 거야. 인연 없이는 문중에 못 들어오는 거야.

성주산 산신이 왔네?

성주산 산신이 김○○ 너에게 "어른께 한잔 올리겠나이다" 한다.

육불(정○○)아, 네가 대신 따라 올려.

백궁(전○○) : 제 오래된 파트너 ○○에 대해서
잘되게 좀 빌어주십시오.

(방씨인데)

마고 : 이런! 이놈아. 내가 어따 빌겠느냐 이놈아. 그 말 취소하라.

전○○(백궁) : 예 취소하겠습니다.

마고 : 네가 미주알고주알 하는 소리를 듣고 방씨 34대조가 이씨 28대, 전씨 15대, 정씨 9대가 연계해서 성사시키겠다고 얘기한다.

조상계에서 자신들의 인연 줄로 연계해서 돕겠다고 하는 걸 내가 듣고 너한테 전해 주는 거야.

102
천지가 뒤흔들어 시험한다

● 한○○(보화보살) : 노○○ 선생님이 하시는 얘기

제가 예전에 다한 얘기인데 제가 말할 때는 한마디도 안 하셨어요.

제가 얘기할 때는 시끄럽다고 하시고 강○○ 씨는 여기 안 오면 바보가 된다고 해서 "오라고 할까요" 하면 그냥 두라고 하시고, 물어보라고 해서 물어보면 개 짖는 소리 말라고 시끄럽다고 하시고.

강○○ 씨 같은 경우는 바보가 된다고 하는데 인간적으로 가르쳐줘야 할 거는 가르쳐줘야 되는 거 아닌가요?

그리고 이○○ 씨는 안 쓴다고 하시고는 뭐 물어보는 거 다 가르쳐주시고, 물어보는 거 가르쳐주면 안 되는 거 아닌가요? 이○○ 씨 여기 오면 안 되는 거 아닌가요?

제가 물어보면 개 짖는 소리라고 하시면서 노○○ 선생님이 제가 예전에 물어봤던 거 똑같이 물어보면 다 답해 주시면서….

마고 : 네가 몰라서 그렇다.

한○○ : 그 몰라서 그렇다는 말 좀 안 하셨으면 좋겠어요. 어쩌고저쩌고….

마고 : 너는 가라 가거라. 너 안 쓴다.

당장 나가거라. 이놈이 어여삐 여겼더니 가거라. 당장 가거라 가라. 어디서 감히.

육불(정○○)아, 저 아이가 화장실에서 대성통곡을 한다.

운다. 울고 있다. 저리 서러워 하니 네가 달래주고 차를 타는 데까지 잘 바래다주고 와.

사명을 갖고 왔다 한들 천지가 붙들어 시험하더라.

근본 터전에 온들 쳐 내더라.

제우스가 강○○를 쳐 냈듯이 백궁(전○○)아, 너는 통과다. 네가 천지를 이겼다. 때론 모멸감도 주고 왕따를 시켰는데도 저놈이 꿈쩍도 안 해.

한○○ 시험을 통과하지 못했다. 사명을 갖고 왔다 한들 천지가 뒤흔들어 시험한다 했거늘 알아듣지 못한 것이다.

103

종교 믿다 죽어보니 속았거든
대성통곡한들 소용없더라

● 마고 : 자미천존이 왔다.

자미천존 : 나는 자미천존인데 마고의 아들 백궁(전○○) 씨에게 우주의 시험을 통과했으므로 영안 인당 지상에서 제3의 눈 제가 다섯 잔을 받으므로 그 작업을 합니다.

마고 : 뭐냐면, 제3의 눈을 통해서 영계를 보더라.

영계를 보면 가슴이 많이 아플 텐데….

알지 못하는 영들이나 알지 못하는 육신들이나 똑같지.

나 마고의 명령을 받았으므로 하늘이 하는 일이고 개벽 이전에 해야 하는 과정.

종교 판에 속아 가지고 기독교 많은 영들 어디 있는지 그게 다인 줄 알고 시간, 가족 버려 죽어 보니 그게 아니거든 대성통곡을 한들 속았거든.

그동안 백궁(전○○)이를 요모조모로 이리 굴리고 저리 굴리고 시험했어. 모욕감도 주고 왕따도 시켰어.

나 마고의 아들로 손색없이 시험에 통과했어.

영계에서 "백궁 만세!" 하는 거야.

네 육신의 아비는 환인 3세야. 그냥 도인이라고만 했지?

네가 환인 3세를 데리고 해원제를 하는 거야.

잘 버텼어 이놈아, 통과다. 잘해 보거라.

환인 3세가 내려와서(예정된 일이고) 예행연습을 한 거야.

그래서 나름 원불교 믿으며 그 마음으로 전쟁터에서 죽은 영들을 위해서 아무도 모르게 더듬어 찾아다니며 나름 영가천도를 하고 다녔어.

네가 나 마고의 아들로서 손색없이 그 아이를 데리고 종교에 속고 뭐에 속고 알지 못하는 영들을 근본 어른으로서 길라잡이 네가 그거를 하기 위해서 예정돼 있었더라.

나 마고의 아들이 하더라.

왕따시켰는데 잘 견뎠다.

지미천존과 영계를 살려 네가 우주의 이치를 어찌 아느냐.

하늘이 허수를 치지?

허수를 쳐서 인간들 모르게 하지?

허수란? 수는 있으나 비었다.

왜? 마음을 확인하기 위해서 이 방법밖에 없어.

28수는 멍청한 인류들을 구제하기 위해서 하늘이 허수를 쓴다.

궁희 여신이 그런다.

박○○가 숨겨둔 재산이 많다고 한다. 그리고 아주 음흉하다고 한다.

박○○ 이 아이가 천태성에서 내려왔는데 악한 영들과 가세 김○○을 비롯 못된 것들 편에 섰어.

지금은 금수시대야.

이 아이는 서울 법대를 너무 좋아하는 거야.

제3장 마고의 신세계   241

사기꾼들이 많아 재벌 좋아하고. 세월호 문제는 그 아이의 무능함이다.

그 아이 아버지는 지가 죽을 줄 몰랐지.

이 나라를 지 것으로 생각했기 때문에 그런 것이다.

이 조선을 지 것이라고 생각했기 때문에 지 죽을 줄 모르고 용쓰면 뭐해, 독재로 계속할 줄 알았지.

우주가 이제 마감을 했으므로 빙옥에 갇혀 있던 부처들이 다 내려왔네.

명호를 다 올려주어.

이○○이
원효대사다

● 마고 : 이○○이 원효대사를 했어.

당시의 인류들에게 의지할 힘과 각을 주었더라.

당시에 자신을 믿고 따르던 자들을 '한국 최고의 기업'을 세워 배터지게 먹고 살게 해줬어. 더 지나면 자신의 업으로 떨어지더라.

그 자식이 기업의 기운을 거둔다. 이○○로 자신의 할 바를 다했어.

뭔 얘기냐면, 시차가 있어도 그 아들이 이○○이더라. 이○○이 죽은 후 그 영이 미리 지어놓은 자신의 육신인 자식에게 들어가서 할 바를 하더라. 그런 것이 있다.

인류들이 그런 걸 어찌 알겠어.

105

깨달으면 가는 길을
법도 못 막는다

● 마고 : 영계는 1등급에서 15등급까지 있다.
사람은 영계와 인간계, 즉 어둠의 세계인 영계와
암흑의 세계인 영계를 왔다 갔다 한다.
신들 사이에서 가장 모욕적인 말이 저 인간 같은 놈이다.
인간처럼 멍청하다는 뜻이다.
그런데 인간은 지들이 잘난 줄 안다.
왜? 멍청해서 지가 멍청한 거를 모르니까.
수리수리 사바하 수수리 사바하는,
속인다, 속인다 또 속인다.
멍청한 인류들을 깨닫게 하기 위해 깨달아라.
네가 이래도? 하는 것이다.
깨달으면 가는 길을 법도 못 막는다.
사람 위에 또 있고, 또 있고, 또또또 있고 계속 있다.
위에서 보면 사람은 바보다.
오늘이 지 죽는 날인지도 모르고 싱글벙글 죽는 길로 열심히 간다.
알면 다 피해 갈 수 있다.
인류들은 지가 잘난 줄 안다. 왜? 멍청하니까.

멍청해서 우주의 그물인 줄 모르고, 지 죽을지 모르고, 씩씩하게 가서 풍덩 빠져 죽더라. 죽어 다시 태어나도 모른다. 멍청하니 지가 잘난 줄 알더라.

사사모 : 마고의 법은,
"이놈아, 네가 빚을 졌으면 갚거라" 하는 것이다.

마고는 치우침 없이 공평히 만유를 사랑한다.

마고의 법은 사랑과 존중이다.

지 업인 줄도 모르고 조상을 원망하고 하늘을 저주하고.

조상? 좋지.

기라성 같은 조상 많지. 안 돕는다.

바라보며 쯧쯧…. 하는 것이다.

불간섭의 원칙에 의해서 자신의 도력을 다 내놔야 하므로 못 돕는 것이다.

못 돕는 것이 아니고 그래서 안 돕는 것이다.

106
율려는
태초의 비밀이다

● 마고 : 끝 도수 치자. 뭔 얘기냐면, 지상을 끝냈다.
끝 도수 치겠다 하고 다 같이 동시에 소리 내.
백궁이는 토성에 열다섯 잔 자미성에 일곱 잔 대접해.
"나 백궁이로다" 하고.
천왕성에서 네가 할 일을 답한다.
법에 의거해서 하라.
더디나 차질 없이 천지가 모노모노(비밀비밀)해서 진행할 것이니 현실에 비추어 "급(急)하지 마시오" 한다.
백궁(전○○)아, 명왕성에 결재를 받아.
뭔 얘기냐면, 하늘 문을 열어달라는 거야.
그거는 여러 행성들이 합의를 봐야 되기 때문에 이런 절차가 필요한 거야.
백궁(전○○)아, 이놈아, 이리 오거라.
너는 불쌍한 영들을 구제해 봐.
자미천존하고 어기 어기어차, 어기어차 해보거라.
이놈아 네가 그걸 해야지 니 율려 인정한다.
세계적으로 이름도 날려봐.
두 가지 다 하고 싶으면 할 수 있어.

해원제도 하고. 다 해봐.

천지의 율려다. 율려가 뭔지, 그건 태초의 비밀이다.

강○○(크로노스) : 직장동료 재○○ 씨가 주사가 좀 있긴 하지만 참 좋은 사람 같은데.

마고 : 원래 왕씨가 강씨에서 갈라진 열네 번째 성씨인데 재○○와 계산할 것이 있는데 재○○를 이 왕씨 문중에서 짐승만도 못한 놈이라고 해.

왜냐면 재○○ 조상들이 중국 티베트 아래 살던 소부족들인데 노력을 해 사는 것이 아니고 평화롭게 사는 여러 부족을 깨고 빼앗고 해서 살았어.

재○○가 그 문중으로 와서 피가 더러워. 평화롭게 사는 다른 부족들 산 넘어 또 다른 부족들 그 넘어 또 다른 부족들 깨고 부수고 죽이고 살았어. 그래서 피가 더러워.

그래서 다른 부족들이 욕하는 거야.

짐승만도 못한 놈하고 재○○은 선량하다. 살 자야.

그 재○○ 조상들에게 욕하는 거지.

재○○과 계산할 것이 있다고 한 것은 재○○의 조상들이 그러한 빚을 재씨로 온 그 아이가 떠안게 되는 것인데 왕씨에게 진 빚, 즉 업을 계산할 것이 있다 하는 것이다.

이○○ : 공부하는 자들이 차크라가 일곱 개라고 하는데 목표가 7개라고 하는데.

마고 : 7개 가지고는 완성을 못해. 숨어 있는 차크라가 한 개 더 있어. 물질계에서는 무용지물이야. 천계에서 쓰는 거야.

제4장

비밀 누설의 문

107
옥천의 시나리오

● 신들 : 마고께서 영들을 구원할 수 있도록 자미천존의 탄원을 받아들여 가지고 궁희 여신의 노고를 인정해서 백궁에게 원 도수를 부쳐서 자미천존이 하늘의 문을 열어서 영가들을 받겠다고 하였습니다.

마고 : 치우천왕과 여동빈이 백호(정○○)에게 대접받겠다고 한다. 자미성에서 축제가 벌어졌다.

속고 속고 업이 쌓여 겁인 거야.

불쌍한 영들 속고 인간으로 와 또 속고, 또 속고 겁이 되어 그 영들을 구제하게 되어 마고의 법을 통과시켜서 영들을 구제하게 되었다고 자미성에서 축배를 올리고 있다.

나는 자미천존인데 마고의 아들 백궁에게 우주의 시험을 통과했으므로 어쩌고저쩌고 좋아한다.

자미성에서 좋아 가지고 꼬깔춤을 추고 있다.

백궁아, 네가 천지를 이겼다. 그래서 우주가 너에게 영들을 영계를 통째로 맡기더라.

해원제(영가천도) 맞물려서 말이 영가천도지 죽인다 살린다. 사람으로 살면서 악을 행하여 악업을 쌓아 자신의 행성으로 돌아가지 못하는 건 물론 조상이랍시고 뭐랍시고 기운 줄이 같은 사람 몸에 들어가 있는 수많은 영들, 하늘도 이를 알면서도 빈대 잡자고 초가삼간인 육신을 태울 수 없다고 한다. 사람은 불행하게 살게 돼 있지 않다고 한다.

사람 몸에는 수많은 영들이 들어가 있으며 몸 밖에서 중천까지 이어져 있다.

돈줄을 막아 가난에 이르게 하고, 하는 일을 막아 안 되게 하고, 왼쪽 뇌를 막아 공부 못하게 하고, 병들게 하여 죽게 만들고, 망하게 하고, 자살하게 하고, 이상 행동하여 감옥 가게 하는 등 이루 헤아릴 수 없이 많다.

천지가 제시하는 해원제를 통해서 이 영들을 전부 잡아가거나 추포하고 바로 척살하기도 한다. 그래서 사람이 하고자 하는 일이 막힘없이 풀어지는 것이다.

몇 살에 죽게 돼 있고, 중풍에 쓰러지게 돼 있고 등의 시나리오가 업으로부터 자유로워지니 이때 비로소 해제되고 수없이 많은 기라성 같은 자신의 문중 조상들이 필요에 의해 도와주는 것이다.

우주는 통으로 돼 있어 소리를 내면 다 듣는다. 기도는 소리를 내어 행성의 자신의 문중에, 즉 자신의 조상들에게 부탁하는 것이다. 모든 종교는 다 하늘의 불법이라 한다.

마고 : 살리는 것은 천지의 뜻에 따라 돈으로 계산한다.

영가천도는 감히 손을 못 댔어. 우주, 사사모, 마고, 크로노스 증산, 나 마고의 아들 백소가 없으면 안 되는 거야. 이러저러한 과정을 겪어오면서 시조들한테 헌신적인 양상으로 최대한 시간을 줬어.

이제는 할 수 없어. 궁희 엄마 그나마 유전자가 0.01이라도 갖고 있으면 살려주소서 하여 해원제해서 업을 해소 영성을 밝히고 본성을 회복하게 하여 살아보라 하는 거지.

죄업은 천지의 수리에 맞춰 니들이 피 튀기며 목숨보다 소중히 여기는 돈이란 걸로 환산하여 태시조로부터 오늘에 이르러 모든 자손들의 죄업을 환산하여 천지도수에 맞춰 하늘 문을 열어주노니 이 소리를 내면 자미천존이 문을 열어주겠다고 하니 각 행성에서도 자미천존이 소리를 내면 행성에서 계산하여 목숨 값을 내서 처리할 것이니 "토성이요" 하면 문을 열어받는 것이지.

문중의 영들은 행성에서 영계에서는 자미성에서 그 소리를 받아서 행한다. 영계에서도 대기하고 있는 거야.

소리 내면 영계가 응할 것인데 은하계에서도 다 대기하고 있어. 다 얽혀 있어. 그래서 영가천도(해원제)해야 돼.

각 문중의 명단이 다 행성에 올라가 있는 거야. 진즉에 구천 상제인 증산이 우주에 방을 부쳤어. 자손들 명단 올리라고…. 이제 다 정리됐어.

살자와 죽을 자들….

108

8개의 하늘 문이
다 닫혀 있는데 누가 어디로
영가천도를 해?

● 마고 : 여태까지의 모든 영가천도는 다 사기다.

나 마고가 하늘 문을 닫았다.

8개의 하늘 문이 다 닫혀 있는데 누가 어디로 영가천도하나? 영들이 가르쳐주는 건 다 가짜야.

천계 신계에서 가르쳐주는 게 실상이야.

영계를 해원제해서 정리를 해야 한다.

영가천도란 자미천존이 하늘 문을 열어 받아주어야 하는 거야. 아직은 백궁이 영계를 보거나 듣거나 그거는 허용이 안 된다. 자미천존 통해서 한다.

영계에서 영가천도(해원제 혹은 우주제)한다 하니 드디어 살길이 열렸다고 지금 춤추고 난리가 났다.

좋아서 방방 뛴다.

이제 살았다고, 백궁아 할아버지 고맙습니다 한다.

이제 백궁 할아버지 정신 차렸다고 지금 난리난리 났어.

좋아서 백궁 네가 나 마고의 아들로서 인류들을 아끼고 사랑해서 교화해 볼까 하고 인간계에 왔어.

딴짓하고 자꾸 속여 그래서 그 결과를 보고 분통이 터져 많이 죽였어. 울화통이 터지니까 많이 죽였는데 좋다. 네 옥추

제4장 비밀 누설의 문

를 내가 열어준다.

전○○(백궁) : 감사합니다.
마고 : 감사할 건 없고 네가 많이 현실의 고통을 겪었어.
천지가 인정하는 거야.
업장이라고는 한다마는 그거를 상쇄시켜 치러야 하는 것.
인류들을 교화하고자 한 취지는 아름답고 좋아.
인간세계 말로 함무라비 법전.
눈에는 눈 이에는 이. 너는 위대해.
네가 오늘부터 공부를 하는데 3일 내로 공부를 하는데 영계와 현상계에 의념을 두고 하루 40분씩 명상을 해.
그래야 네가 영계를 정리할 때 보고 들어야 하니 달라질 수 있다.
각 우주행성 각 문중에서 네가 봐야 들어야 알지.
아무리 강○○가 태양신이라지만 네가 능가하지.
영가천도 인류들이 많이 하고 있다. 허나 다 사기다.
하늘 문이 닫혔는데 어느 누가 어디로 영가천도해.
그렇게 해서 인류들이 먹고사는 거야.
진정한 영가천도는 하늘 문을 열어서 받아주는 거야.
하늘 문은 8개가 있다.
별걸 다 밝히네. 이제 다 끝났으니 영들을 구하고자 하는 것이 자미천존의 뜻이야.
자미천존은 강씨야.
강씨가 하늘 문을 열어줘야 영들이 들어가는 것이지.

그리고 각 문중에 따라서 엄중히 경중을 따져서 인류들이 죽고 못 사는 돈으로 계산해서 목숨 값을 받고 죄업이 크면 안 받는다.

따져서 하는 게 영가천도야.

정확한 수치로 계산한다.

죄업이 크면 안 받아줘.

하늘에서 안 받아줘.

영계에서는 이리 속고 저리 속고 종교에 속고 열심히 믿다 죽어 보니까 사기야. 대성통곡해도 소용없지.

가슴 아파도 할 수 없지.

신들 : 하이고, 어찌 하겠노.

그 대신에 그렇게 목매어 목숨 걸고 번 돈 금전으로 목숨 값으로 환산해서 받지.

그걸로 배고프고 굶주린 영들에게 양식으로 제공하는 것으로 통과됐지.

크로노스 증산의 결제받았지.

우주에서 허락했어.

109
영계로 돌아간 걸 죽었다고 하고
현상계로 돌아오는 걸
태어났다고 한다

● 마고 : 지금 순간에도 영계에 많은 영들이 굶어 죽어가고 있다. 영이 따로 있나. 사람이 육신으로 살다 죽으면 영이고, 영이 사람으로 오는 것이지.

중들의 계산법에 의해서 가고 오더라.

그걸 모르는 인류들이 아이고 대고 하지.

영계로 돌아간 걸 죽었다고 하고 갔다가 다시

이 현상계로 돌아오는 걸 태어났다고 하는 것이다.

황궁이 근본을 제대로 지키지 못했기 때문이야.

영계가 굶어서 죽는 거야.

왜? 인류들이 제사를 안 지내니까.

1년에 두세 번만 제사를 지내주면 되는 것을 배고파서 굶어 죽고 있어.

실시간으로 죽어가고 있어.

지금 이 순간에도 살려주세요, 살려주세요, 배고파 죽겠어요 하고 있어.

제사를 지내야 그 기운을 먹고 사는데 먹을 게 없으니까 굶어 죽는 거야.

여태껏 업신의 권한이 아주 컸어.

원풀이 한풀이 하라고 했지.

업신들 에너지가 강해서 업신한테는 힘을 쓸 수가 없었지.

에너지가 없으니 속수무책으로 당할 수밖에 없는 상황이었다.

이제 약화돼.

이제는 지상의 법을 인정하지 않겠다는, 즉 천상의 법을 가지고 이 지상을 밀어붙이겠다는 뜻.

우주가 마감을 했기 때문에 신들도 요구하는 것이 없이 영계를 정리 정돈해야 되는 거야.

업 때문에 자기 온 곳 행성으로 가지 못하고 영계에 머물러 있어. 중천에 떠 있는 거야.

본래 나 마고가 하늘 문을 닫았어.

안 받는 거야. 업장 죄업 있으니 영계에서 육신계 왔다 갔다 하는 거야. 하늘에서 안 받아줘.

오장육부 오라장 밖 영계 중천까지 연결돼 있어.

못 가. 영계에 국한돼 있는 거야. 그래서 영계가 자꾸 커지는 거야.

백궁(전○○)이는 해원제해서 영가들을 정리해야 사람이 막혀 있는 현실 생활이 뚫리고 장애물이 사라지니 질병은 물론 사람이 하는 일이 일사천리로 이루어지는 것이지.

영계를 빨리 정리해야 해.

하늘 문이 닫혀서 영계에 전부 머물러 있어.

영계에는 도인들이 있어.

무당들이 영계에 묶여 사기를 쳐도 의식 수준은 일반인보다

제4장 비밀 누설의 문　　257

높더라.

무식하다 해도 영가천도 다 사기야.

영가천도 여기저기 무당들도 그것들이 자살한다거나 자살해 보니까 조상이랍시고 할미다, 뭐다 하며 후손 몸에 다 들어가 있는 거야. 도와준답시고.

그래서 내가 그것들이라고 하는 거야.

조상이랍시고 다 들어가 있어. 갈 데가 없거든.

무당들, 대장군, 대신 할머니, 어쩌고저쩌고하는 거 다 조상들이 까부는 거야.

110
한보 철강이
망한 이유

● 마고 : 한보 철강 망하고 ○○제철소 지금 한보 철강 때를 비롯하여 거기서 일하다 죽은 사람이 수백 명이다.

업장 때문에 거기서 힘든 작업하다 죽어 지박영이 되어 어디로 못 가 거기다 모여 있어. 거기에 메어 있어 기운을 못 벗어난다.

문중의 높은 자들도 업으로 인해서 거기 있는데 거기 있는 영들이 계속 사건, 사고를 일으켜 자신들을 알리는 거야.

작업하다 쇳물에 떨어져 녹아서 형체조차 없으니 쇳물을 떠다 식혀서 잘라 그걸 육신 대신 묻어놓고….

펄펄 끓는 쇳물에 떨어져 죽고 비참하게 죽어 나가 한보 철강 때 그 못된 놈이 쉬쉬하며 감추자 영들이 가만있나?

그 영들이 망해 먹고 지금 ○○제철소를 자기들이 망해 먹겠다고 벼르고 있어.

그 영들을 거기서 벗어나 죄업을 씻고 자신들이 왔던 그 아이들 본향으로 해원시켜 보내야 한다. 아니면 사건 사고 계속 일어나 망하게 돼 있어.

자신들을 구하라고 사건 사고 자꾸 야기시키는 거야.

지금도 사람이 죽어 나가고 있는데 쉬쉬하고 있다.

111
무당 하다 죽으면 뱀 돼

● 마고 : 사람이 못 먹으면 굶어 죽듯이 영계도 못 먹으면 굶어 죽고, 영계가 기운을 먹고 그 기운으로 자손들을 도와 제사 안 지내니 영계가 굶어 죽어.

영뿐만 아니고 현상계에 있는 새들도 배고파.

본래 과일과 곡식은 인류들과 새들이 같이 먹게 돼 있어.

지금 신들이 좋아 가지고 어쩔 줄 모른다.

영계를 그동안 누구도 손 못 댔는데 영계를 정리하게 됐다고, 영가는 원래 행성에서 마고의 결제하에 문을 열어주는 거야. 마고를 통하지 않으면 안 되는 거야.

영가천도는 인류들이 사기 치면서 먹고 살았어.

그간의 영가천도는 다 사기다 이거지.

영가천도를 어떻게 무당이 하나.

무당들 영계에 속아서 어쩌고저쩌고하지만 결국 뱀으로 돌아가더라. 가려져 있기 때문에 못 봐.

그간 영계 손 못 댔지.

영가천도는 나 마고의 승인하에 나 마고의 아들 백궁(전○○)이가 한다. 천지가 인정한다 이거야.

내 아들이 영계를 정리 정돈해야지 나 마고의 결재하에

나 마고의 아들 백궁이가 하도다.

영가천도는 명패를 써 올리고 백소(전○○)가 천지에 알리고 은하연합군과 도솔천 본진들이 지구촌에 퍼져 있는 인류들을 다 찾아 각 행성도 다 참석을 해서 행성에서 다 조사를 해.

받을 것인지 말 것인지 결정해. 여기서 업신들은 제외야.

뒈져 보니까 알겠거든. 사람 속 장기 속에 숨어 있어.

그러니 사람이 일이 풀려? 병이 안 들어?

정신병, 간질병, 가난, 신 받으라고 하는 거, 업신들 짓거리야. 해원제해서 다 잡아내면 돼.

질병 모든 불행, 가난 다 해원제해서 해결되어야 돼.

좌뇌를 막아 공부를 못하게 하고, 하고자 하는 일을 막고, 사건 사고 일으켜 죽게 하고, 하는 일 망하게 하고, 이루 헤아릴 수 없어.

몸속에 기어 들어가 병사하게 하니 인류들이 불쌍하다.

무당 하는 거 업신들 짓거리야.

안 받으면 가만있나? 업신인데 평지풍파를 일으키지.

죽게도 하지. 간단해 해원제하면 다 추포당해.

업신들 무당은 하면 안 돼. 죽으면 뱀 돼.

해원제하면 몸속에 숨어 있고 붙어 있는 놈들 싸그리 추포하는 거야.

몸속 실핏줄 속까지 기어 들어가 있어.

몸 안 요소요소 몸 밖 오라장 안 오라장 밖에서 중천까지 다 연결 돼 있어.

해원제해서 그거 전부 정리하지

다른 업신 문중에서도 방해를 못해.

에너지가 반대로 바뀌어 방해하고 싶어도 방해할 힘이 약화되고 해원제 한쪽이 상대적으로 에너지가 강해지니 만사 일사천리로 나아가는 거야.

이렇게 저렇게 엉켜 있던 실타래가 풀려 앞으로 나아가는 거야.

그간의 인류들이 했던 영가천도는 다 사기고 우주, 사사모, 마고, 크로노스, 나 마고의 아들 백소(전○○)를 통해서 정리하는 거야.

영가천도 안 맞는 거야. 해원제야 당사자 몸속에 가족들 몸속에 들어 있는 것들을 은하연합군들과 도솔천의 본진들이 다 추포하는 거야.

도솔천의 천군들은 인간 말로 형사대다.

나머지는 자미성에서 데려가는데 다 받는 게 아니야.

죄업이 많으면 안 받는다.

지상에 내려와 업으로 인해 문중에 걸쳐 있는 영들 죄업이 두꺼우면 못 받아 다 잡혀간다.

그간 인류들이 영가천도, 영가천도하면서 사기 처먹고 살았어.

근본이 허물어지다 보니 그렇게 사기를 치고 산다.

영계가 죽겠거든 막 흔들어대. 영계 속임수야.

영계는 암흑의 세계야.

1등급에서 15등급까지 있지.

현상계보다 더해. 죽어보니 죽겠거든 죽어보니까.

안중에 없어. 이론적으로 설명할 수 없더라.

절박해. 자손 후손 없어.

자꾸 신 받으라고 하는 건 영계의 한 때문이야.

허나 불법인고로 무당 하면 뱀이 되더라.

종교가 불법이듯.

이○○ : 보고드릴 게 있습니다.

제가 파주 현장에 근무할 때 현장을 돌아보고 있는데 어디서 나타났는지 갑자기 개 한 마리가 저를 향해 달려오는데 마치 반갑다는 듯 꼬리치며 가까이 다가왔습니다. 이상해서 자세히 보니 죽은 제 작은아버지였습니다.

교회 목사였는데 저희가 제사 지내는 걸 못마땅히 여겨 발을 끊고 살다 죽었습니다. 그게 생각나며 갑자기 괘씸한 생각이 들어 저도 모르게 이 개새끼, 저리 안 가 하고 쫓으니 흘끔흘끔 보며 뒤돌아갔습니다.

교회 신도들은 목사님 천국 가셨다고 하고 가족들도 천국 갔다고 굳게 믿고 있습니다.

마고 : 네가 용케 보았다.

백궁(전○○)아, 너무 살리지 마라.

도를 이탈한다. 모든 영가천도는 영계에서 사기를 친 것이다. 차원을 못 넘어. 영가천도 사기야.

인류들이 사기 치면서 먹고 살았어.

그간의 영가천도 다 사기다 이거야.

태을주 좋지, 태을주 해야 산다.

업이 죄야. 해결하지 않고 안 되는 거야.

알라, 마호메트 사기꾼들이야.

기독교는 말할 것도 없고. 관세음보살이 거느리고 있는 12지신 중 하나가IS 기독교인들을 척살하더라.

성군으로 추앙받는 ○○대왕, 그놈도 사기꾼이다. 밑에 있는 아이들이 했어. 임금이라고 지 이름으로 발표했어. 사기야.

지금 홈○○스에서 점원으로 일하고 있다.

112
천지가 뒤흔들어
마음을 본다.
믿을 놈인지

• 정○○(육불) : 얼음이 자꾸 보여요.
한○○ : 빙옥에 가두셨나요?
마고 : 그렇다. 빙옥에 처넣었다.
내가 어여삐 여겼거늘 그놈이 어따 감히감히….
시험을 잘 통과하라 그런 얘기야.
강○○(태양신) 한○○(보화보살, 보화천존, 원시천존)
태태부(남○○) 이○○ 아웃이다.
이○○(시리우스 시랑이) : 제 머리에 설치돼 있는 원형 안테나가 계속 돌아가고 있었고, 크로노스가 와서 안테나에 앉아 있는 게 보였습니다.

마고 : 크로노스가 너를 쓰려고 머리에 우주 원형 안테나를 설치해 줬었는데 원형 안테나를 회수하러 마지막으로 갔는데 네 놈이 용케 본 것이다.

우주의 결재하에 설치해 준 원형 안테나를 자신의 육신인 강○○에게 설치했고, 너에게 부쳤던 천지우주 기운 줄 내지 너에게 부쳤던 모든 능력을 철회 그리고 너의 8개의 차크라를 봉쇄한다. 이놈이 맡겨놨더니 온갖 못된 짓을 다 하였다.

지가 제일 잘난 줄 알고 행사 날 참석한 크로노스 백궁 천궁 복희 헤라육불 원시천존 노자 태양신이 물러가니 밖에까지 웃으며 배웅하고 들어와서 나 마고에게 고하기를 "똥패들 다 갔습니다" 하고 소리를 내니, 천지가 뭣이라? 놀라서
  "이 천하에 죽일 놈" 하니 그 소릴 들은 영계가 그놈 죽이라고 난리가 났어 사기꾼이라고. 그놈이 왜 그렇게 죽을 짓을 하는지 개벽을 뒤로 미루면서 이○○에게 모든 도수를 부쳐주고 권한과 권력을 다 넘기고 차원의 문을 닫고 본주라는 육신으로 일체 관여치 않았다.
  시간이 흐르면서 지가 최고인 줄 알고 나 아니면 안 된다는 오만함을 가졌고 다 우습게 알았다. 오로지 지가 최고이며 저만이 모든 일을 할 수 있다는 생각을 가졌다.
  도수가 붙어 있으니 우주를 비롯, 증산과 모든 신들이 저를 통하니 자신을 유일무이한 존재로 생각했다.
  증산의 덫인 줄 모르고 증산도 저 아니면 안 된다는 생각을 가졌고, 본주라고 하니까 마고인 줄 모르고 온갖 육갑 질을 하였다. 그래서 이 천하에 멍청한 놈 하는 것이다.
  부쳐줬으면 거둘 수도 있다는 간단한 이치를 모른다.
  이○○은 증산의 덫에 걸렸다.
  강○○(태양신) 한○○(보화보살)는 시험에 통과하지 못했다. 사명자라 하더라도 시험을 통과해야 쓴다.
  육신으로 문중 타고 오면 천지가 뒤흔들어 그 마음을 보는 것이다 믿을 놈인지.
  태태부(남○○)도 지 사명을 못해 아웃이다.

간디가
마이클 잭슨으로
왔다 갔다

마고 : 간디가 마이클 잭슨으로 왔다 갔다.
간디 지가 공부 중에 율려 팔음을 보았다고 했는데
간디가 공부를 잘 못했기 때문이야.
당시 복희가 율려를 보고 팔괘를 그려
어리석은 인류들을 따돌렸다.
신들이 오늘날 복희에게 "허수지요?" 하는 거고,
복희가 "그렇지" 하는 거야.
알면 인정을 해줘야 되는 것이다.
과학 하는 아이들이 행성이 100개라고 밝혔지?
물질을 통해서만 보더라.
그 아이들은 숨어 있는 많은 행성들을 보지 못하더라.
실상을 모르더라.
과학이 완벽 성공한 줄 알지만 조작한 거 다 안다.
노자가 지금 연꽃선녀 어쩌고저쩌고하니까
그 소리를 듣고 신들이 정ㅇㅇ(육불)에게
인드라 인드라 하고, "한인 5대의 이름이 인드라다" 하고
이름을 가르쳐주는 거야.
뭐냐면, 연꽃선녀가 "환인 5대 이름이 인드라다" 하고

이름을 가르쳐 주는 거야. 육신으로 오면 모르잖아.
하늘이 아니까 노자(노○○)가 말한 TV 드라마 나온
연꽃선녀(출연자 말고) 그 아이가 환인 5대고
이름이 인드라라고 그 아이를 데려와라 하는 거야.
그래서 자꾸 육불에게 인드라 인드라 가르쳐준 거야.
정○○(육불) : 노○○ 선생님이 여기 오셔 가지고
삼신산에 얘기 듣고 삼신산을 찾아보고 나서
소 울음소리를 들었다고 합니다.
사사모 : 봉배산 쪽에서 육정 육갑 소리가 계속 들린다.
구천, 그대가 내 아들이기는 하다만 가세.
영가천도(해원제)와 맞물려 가세.
살리는 것은 천지의 뜻에 따라 천지의 수리에 맞춰
돈으로 계산하여 받는다.

해원제해야 산다

● 마고 : 오늘은 살아 있는 모든 생명체들의 근본인 사사모의 장자인 우주의 장손 반고 크로노스 구천 상제 증산 상제인 인류들의 태시조며 강씨 태시조인 강○○의 해원제를 한다.

백소(전○○)야,

근원계에서 너한테 소리를 천지에 내라고 한다.

영계를 해원상생 천도하겠노라고.

백궁아, 천지에 소리를 내.

백궁, 백소(전○○) : 나 마고의 장자 백소 백궁이다.

현상계 이름은 전○○이다.

차질 없이 받거라 하고 박수 8번.

천지는 들거라!

나는 너희의 근본이신 마고의 장자 백궁 할배요

백소 씨로다.

천지의 뜻에 따라 영가천도라고는 한다마는

진주 강씨의 천상에 메어 있는 진주 강씨 영가들,

중천에 메어 있는 진주 강씨 영가들,

바다, 혹은 강물에 메어 있는 진주 강씨 영가들,

혹은 지역에 메어 있는 진주 강씨 영가들,

굶어 죽은 영들 진주 강씨 영가들,
지상에 와 가지고 오가지도 못하고
어느 문중에 메어 있는 진주 강씨 영가들,
지상에 내려와 가지고 각 문중의 업으로 인해서
걸쳐 있는 진주 강씨 영가들,
모든 진주 강씨 자손들을 천상의 문중으로 보낸다.
강씨 자손들을 남김없이 갈무리하라
나는 백궁 백소로다.

마고 : 크로노스 증산(강○○) "열라 받거라" 하고
소리를 내.
강○○(크로노스 증산) : 열라 그리고 받거라(결재).
마고 : 진주 강씨 문중 아프리카에서 나뭇잎으로 가리고
장대 들고 이렇게 이렇게 하는 자손들이 있어.
그들이 여기 와야 인류들이 말하는 천국에 가는데.
저기 금전(해원제 비) 올려놓은 거
고맙다고 지금 여기 오고 있어.
돈이 없으면 영계에 통과를 못하는데.
여기 인간계와 마찬가지야.
각국의 행성들도 다 와 있어.
은하연합군들 도솔천의 본진들이 와서 대기하고 있어.
하늘에서 내려오면 뭐하나.
지가 누군지도 모르고 문중의 기운 줄에 메어 있어.
그 문중의 업장을 나눠가져 여기 가까이에 있는 강씨들이

왔어.

강씨 자손들아 부둥켜안고 저 안에서 울음바다가 돼 있다.
자미천존이 강씨다.

자미천존이 자기 자손들 숫자 파악하느라 장부 들여다보고 자손들 하나라도 빠질까 확인하느라 자미천존 지금 바쁘다.

미국 뉴저지주의 2놈이 안 보인다고 지금 조사하고 있다.

각 문중의 이해관계에 의해서 박씨로도 가고 임씨로도 가고 이씨로도 가는 거야. 빚 받으러 가거나, 빚 갚으러 가거나, 원수 갚으러 오거나 모르는 가운데 필연적으로 가더라.

가르더라(각 문중의 이해관계에 의해서 오가는 것 '업, 공') 자식으로 와 어미한테 받을 게 있으니 받고 떠난 걸 모르니까 아이고 대고 소용없네 하는 거야.

혼신의 힘을 다해 공부 잘해 의대 보내 뒷바라지했는데 좋은 집으로 장가가선 뒤도 안 돌아본다?

빚 받았으니 간 거야. 모르니까 못된 놈 하지?

이혼 요구하는 것은 서로 간의 인연이 끝난 거야.

이혼 요구하면 해줘야 하는 거야.

지 인연법(새 여자) 만나 떠나는 거지.

모르니까 집착하는 거야.

너 이름이 무어냐?

권○○이고 남편은 강씨예요.

마고 : 네가 순하고 맑고 깨끗하다고 한다. 자미천존이 7도수를 쓰니까 권○○ 너에게 일곱 잔 올리란다.

백궁(전○○)아, 저기 가서 향 2개를 펴 올려.

제4장 비밀 누설의 문

땅속에 메어 있는 진주 강씨 영들 "오라" 하고

염제 신농이 저기 사과 2개를 가지고 가네.

권○○ 너는 환인 5대 인드라다.

환인 5대 인드라 (권○○)에게 두 가지 능력을 심어줘서 쓰겠다고 하네.

네가 좌측 심장 밑에 너의 남편 강씨 쪽의 자손들이 13명 들어가 있네.

그리고 권씨들 이놈들이 문제네.

권씨가 네 후두부에 12대, 16대가 붙어 있어.

그리고 네 어미 고씨, 그 나쁜 년이 지 조상 14명을 데리고 기어 들어왔네.

권씨하고 강씨하고 철천지원수야.

네가 권율 장군 했어.

도력이 쎄기는 하다마는 환인이라 근본을 못 지킨 원죄가 있어.

우주 법에 의해 발휘를 못해.

고씨 쪽에 무당 5명이 있어.

뱀의 유전자 받고 있어.

무당 하면 뱀 돼. 무당은 불법이야, 뱀 돼.

도솔천의 본진들 인간 말로 하면 형사대인데강씨 문중에 들어와서 모노모노(비밀비밀) 하는 영들을 다 추포하고 있어.

염제 신농이 강씨다.

인류들 위해서 고생 많이 했지.

인류들은 어디서 오는지 모르고 먹고 사는 거야.

몰라도 먹여 살려야 돼.

비로자(우주 생성 직직후의 첫 번째 부처)가 맨날 무량성취 무량성취하며 대 개벽을 방해, 부처들의 음모에 의해 강씨 문중에 침투한 죽을 자들 다 추포하고 있다.

각 행성에서 좋다, 좋다 한다.

영들이 한을 푸는 거야.

이제야 영계를 정리하게 됐다고 좋다, 이따가 풍악을 울리라고 한다.

각 행성에서 자손들 데려가려고 다 왔어.

뭔 얘기냐면, 이해관계에 의해 강씨 문중으로 와 강씨로 살고 있는 자신들의 자손들 데려가려고 강씨 문중 원기회복하기 위해서 더덕 13개를 드시라고 신명들이 권유한다.

25분쯤 해서 각국의 강씨 문중 자손들이 다 오네.

아직 못 왔어 강씨들.

백소 어른께서 진주 강씨 자손들 궁희 도수 맞춰 오라, 오라 오라 하고 율려를 부탁한다고 하네.

3분 내로 율려 타고 온다고 지금 신들이 끝났다고 난리가 났다. 왜냐면, 신들이 야로를 부리지.

신들 위에 있는 게 누구야. 육불이 있어.

백궁이가 하는 율려의 힘을 얻어서 차원의 공간을 뛰어넘어서 이 터전에 수월하게 온다고 하네.

아프다. 이렇게 살려달라고 매달리니 이렇게 아파.

지금 하자는 없는데 자손들을 다 데리고 가는데 3만 2천 원이 모자란다고 한다. 문중의 빚을 갚아야 되니까 받아.

정○○(육불) : 3만 2천 원 모자란다고 하니 "받겠습니다"
하고 받아서 저기 사과 위에다 올리고 환인에게 ○○원, 백궁 ○○원 주고, 노자에게 ○○원, 육불 ○○원, 저기 금전에서 챙겨주고 너도 챙겨 해원제 비에서천지가 그렇게 하는 거야.

강씨들 다 왔네, 다 왔다. 다 왔는데 그런데 우주연합군과 도솔천 본진들이 자신이 누군지도 모르고 남씨 14대, 13대가 문중의 기운 타고 와 가지고 있다고 한다.

그놈이 뇌세포 막고 있어.

인류들 시조 궁희 강○○의 뇌세포 막고 있어.

육신의 아비인 강○○심장에 클레임 걸고 있어.

그거 문중의 업 담당 신들이 도수를 쳤어.

그래서 심장병으로 죽게 되는 것인데 해결되지.

해원제하니 안 죽는다는 얘기야.

그래서 그렇게 모르고 당하는 거야.

인류들이 어느 날 심장병으로 급사하는 거지.

그거를 다 치워.

인간으로 오면 자기 하고자 하는 걸 해야 되는데 할 수가 없어.

장애물을 거두니까 탄탄대로더라.

다 잡아가. 요소요소 몸속에 숨어 있는 놈들, 주변에서 알짱대는 놈들 차 안에도 숨어 있어.

싹 잡아가는 거야.

이러니 이걸 모르는 인류들이 당하는 거지.

현상계 육신으로 왔잖아.

하고자 하는 일이 일사천리로 다 정리된다.

풍악을 울리래. 자미천존이 인류들이 불쌍하대.

불쌍하지 모르니까.

그리 당하면서 불행한 삶을 사는 거지.

늴리리야로 율려를 해달래.

이거는 영성을 높이는 약이야 약. 한풀이야.

거기 인류들의 한이 담겨 있어. 좋아 가지고 신이 났어.

19번 뛰래. 영들도 신난대 너무 좋아서.

노자가 향 2개를 피워. 노자가 노씨로 왔으나 강씨다.

"가라 가거라" 하고 피워.

운다, 울어. 울다가 얼쑤 얼쑤 하며 좋아한다.

또 운다 울어. 영들의 한을 풀어 아프단다, 아파.

환인(권○○) : 훌륭해요.

마고 : 하늘의 한이야.

보낼 놈들은 올려 보내고 죽일 놈들은 죽이고 천도를 다시 세우자.

가자, 가자가 뭐야?

죄인들을 죽이고 천도를 세우자.

아까 춤이 아름답다고 도솔천에서 한 번 더 보겠다고 하네.

죄인들을 엮어서 데려가지만 그들의 한이 깊다고 그러니까 요즘 말로 힐링 하기 위해서 한 번 더 춤을 보여달라네.

권○○(환인, 인드라) : 쟤네(강아지들 풍이, 깜이)들이 들어와서 춤을 추더라고요.

마고 : 다 알고 있다.

뭐가 뭔지 니들이 아는 것처럼 똑같이 알고 있다.

강아지라 차원에 갇혀 말을 못하고 니들과 형상이 다를 뿐 너희와 조금도 다르지 않아. 말을 하고 싶어도 말을 해봐야 우주의 법에 걸려 멍멍 소리만 나지.

사람이 개로 떨어지면 여섯 번을 굴러야 다시 사람으로 올 수 있다. 죄를 지어 비록 개가 되어 있지만 다 사람이었어. 사람 니들과 똑같은 사람.

권○○(환인 5대 인드라) : 지금 3명의 영가들이 붙어서 잡아당깁니다. 올라갔다 내려갔다 하면서.

마고 : 살려달라고 매달리는 거야.

강씨 문중 씨앗 도수 쳤어.

강○○(크로노스 증산)

강○○(궁희)

강○○(단군 왕검) 씨앗 도수 거둬간대.

뭔 얘기냐면, 강씨 문중 정리한다고

뭔 얘기냐면, 행할 행 기적이 생긴다.

28수 정점을 찍더라, 기적을 행한다.

강씨들이 좋아서 계속 춤을 춘다.

한을 풀겠단다. 박수 치고 난리다.

율려 용트림으로 신들이 요구하는 거야.

강씨들이 한 맺혀 가지고 너무 한이 어려 가지고 풀 수가 없대. 아프대 한이 맺혀서.

영들이 문중에 얽매어 가지고 한을 풀긴 했다마는 네(백궁)

가 저기 있는 밥을 먹어. 한 숟가락 국하고 뭐냐면, 아프리카에 있는 인류들 기운을 돌려주는 거야.

얼른 가서 먹고 와. 도수가 지날라.

인드라 좌로 19번 돌아.

강씨 강○○(궁희) 몸속에 있는 놈들 82놈 추포해.

강○○(단군왕검) 몸속에 강씨 12대 놈 추포해.

강○○(크로노스 증산) 몸에 들어가 있는 3,402명 다 추포해.

강○○(궁희)가 현재 살고 있는 집, 거기에 지금 강씨 조상 놈들이 있어. 그놈들이 거기 붙어사니까 일단은 강씨 조상 놈들이 해결됐어.

강○○ 공부하는 방 창문쯤에 강씨 18대가 책꽂이 뒤에 숨어 있네. 들어가는 입구 책상 오른쪽 다리에 붙어 자빠졌네.

거기다 죽을 사(死) 자 두 장을 붙여놔야 돼.

또 다른 놈들이 1층 현관에서 얼쩡대고 있어.

백궁아 나 전○○다.

"우주의 주인 마고의 아들 전○○다" 하고 율려를 하라고 하네.

"간다" 하고 조선의 연변 자치지구에서 다 왔는데 티베트를 이끌고 있는 쪽하고

인도네시아 빈민촌,

러시아 산악지대,

유럽 빈민가,

미국 동부 굶주리는 거지들 한풀이해 줘.

근데 어쩌나 일단은 가자. 돈이 없어서 못 온다고 하네.

우주의 장자 크로노스 구천 상제 증산의 도수가 2도수야.

일단은 2만 원 받아. 그래야 인정이 되는 거야.

인류들 태시조잖아.

은하연합군들이 쓰레기 수거한다.

강씨인 노자 노○○.

저 나이 먹도록 학문만 해가지고 강씨 문중에서 가장 훌륭한 노자.

강씨 문중들이 은하연합군들이 좌지우지하므로 어쩔 도리가 없어 잡혀가.

노자(노○○) 목에 2놈, 심장에 2놈, 폐에 2놈, 척추에도 2놈, 머리 좌측 13놈 붙어 있어.

은하연합군이 다 추포해 간다.

이렇게 사람 몸에 들어가 있으니 사람이 하고자 하는 일이 막히고 병들어 죽고 인류들이 가엽다.

아무것도 모른 채 일이 안 돼. 고통스러워하고 병들어 죽고 이제 깨끗해 현상계 일이 다 풀려, 남씨 문중도 풀려.

뭐냐면, 이제 강씨 문중이 이 우주의 덫에 걸리지 않는다.

통활 통(通) 가더라. 끝 도수 치더라.

종종종(終終終) 치자, 그런 것이야.

강씨 문중들이 각 문중에 당한 거 한을 풀고 자미성으로 간다.

율려가 극을 쳤으니까 강씨들이 또 운다, 울어.

인류들이 불쌍하다고 신선들도 눈물을 흘리네.

일본의 한도 묻혀 있어. 영들이 만세 만만세 한다.

백소 할아버지 만세! 만세! 백만 송이로 율려 해달란다.

문중끼리 얽혀 있는 거 해결을 위해서 해달라고 하는 거야.

강씨들이 다 저희 본향 자미성으로 올라간다.

지금 강씨들이 본향 온 데로부터 갔다 이거지.

진주 강씨들 다 풀려 금전이 어려웠던 거 하고 이것저것 다 풀려 자미성에서 강씨로 와 있는 82성씨를 받아들이는 거야.

일반인들 영가천도(해원제)에 맞물려서 대 개벽이 진행되는 것이다.

지금 하면 값이 싸지만 앞으로는 값이 점점 올라가 강씨들이 다 갔다. 자미성으로 올라갔다.

강씨들이 근본 성씨다 보니까 진기가 바닥을 쳤어.

강씨가 지상(정읍)에 와 가지고 강증산 할 때 비토한 자들,

문중에 누를 끼친 놈들 해원제했지만 각 문중에서 감히 그 당시에 그 문중들을 몰라서 그랬으므로 선처를 해달라고 죄송하다고 한다.

당시에 강증산을 비방하고 다니던 교씨 놈은 뒈졌다고 한다.

크로노스(강○○)가 어느 날 눈을 번쩍 뜨면 다 뒤로 자빠진다.

크로노스가 현상(지상)계에 와서 모르지만 우주의 장자야 주인이야. 이 우주의 최종 결재권자야.

인류들이 죄를 많이 지으면 안 되잖아 죽게 되잖아.

소 개벽 칭기스칸, 알렉산더 하면서 정복하는 과정에서 죄인들을 죽였더라. 이 시점에서 살아남거라.

제4장 비밀 누설의 문

죄를 지어 미물 밑으로 떨어지지 말거라.

생명의 최소 단위가 미물이야.

미물 밑은 소멸이다. 이게 죽는 거야.

더는 죄를 짓지 말고 죽거라.

그리고 살거라. 이게 사랑이야.

알아들어?

노자(노○○) 이것이 바로 하늘의 한이야.

백궁(전○○)아, 너도 한이 있지?

육신계에 육신으로 오다 보니 모를 뿐이야.

권○○(환인 5대 인드라), 네 인당에 네 조상 3놈이 똬리를 틀고 있어.

너 그거(목걸이) 하지 마.

네 자손들 불러들이는 거야, 업이 많아.

네가 현실 생활 하는데 있어서 힘들어.

그러니까 이상한 거 하는 거야.

손톱(알록달록 반쩍이는 거)에 그런 거 이상한 거 하는 거야. 알록달록. 그리고 이놈아, 네가 누구냐.

문중에 휘둘려 가지고 너 오른손 내봐 뒤집어봐.

이런 거 하지 마. 번쩍 번쩍.

네가 누군데 너 오른쪽 귀 막고 있어. 막고 있는 문중이 네 자손들 업으로 인해서 15문중이야.

너 할 말 있으면 해봐.

지금부터 24분 내로 물러들 가.

자꾸 살려달라고 매달리니까 너무 아파 팔을 못 써.

너무 아픈 거지.

태양신 강○○ 내가 소리를 내면 그 아이가 타격을 입어.
그래서 여태껏 소리를 안 낸 것이다.
그 아이에게 한 번의 기회를 주기 위해서 너(정○○)에게 "한번은 연락해라" 했는데 영계에서 이제 반대한다.
그 아이(강○○)는 쓸 수 없어.
정○○(육불) 너한테 몰렸어, 전부.
그걸 주도한 게 여동빈이야, 미르바고.
그 애는 그냥 바보로 살게 놔둬.
강씨 문중 영가천도할 때 끝났어.
그놈이 태양신 업에 갇혀 가지고 그 아이는 그냥 구천 상제가 안 쓴 댄다.
네가 그때 문자를 보냈을 때 뭔가 액션이 있어야 되는데 없었기 때문에 이제 누가 오냐.
인류들 유전자를 담당하는 無AND? 존재가 미국에서 온다.
미국에 있는 한국인 의사다.
태양신 아웃시키겠다고 한다.
그냥 가라, 가거라.
가소롭다, 가소롭다 그런 얘기야.
강○○ 태양신 도수가 걷혔어.
미르바, 부처들, 은하연합군들 각 문중에서 너 정○○를 지원한다.
물러들 가.

제4장 비밀 누설의 문 281

115

임금이란
만민을 먹고 살게끔 돌보라는 것이지
누리라는 게 아니다

● 마고 : 우주 두 번째 성씨가 남씨다.

이 남씨 태시조 태태부의 자손인 오리온의 왕 패태우스의 3개의 육신 중(지상에 내려올 때) 제 1의 육신의 시리우스(태태부 진영 플레아데스에서 시리우스로 쫓겨났다.) 왕의 둘째 아들 시랑이가 지상에 원천이로 어쨌거나 와서 즉 이씨 문중의 이○○로 있는 것인데 이 아이가 공부가 되다 보니 원신이 남씨다 보니 이씨로 있으면서 저의 태시조를 대신해 해원제를 이유 불문코 이 남씨의 해원제를 하는 것이다.

이○○ 이 아이가 람세스 2세를 했네.

이집트에서 태태부의 자손인 천불이 지상에 내려와

임금을 할 때 박씨 문중 9족을 멸했는데

그때 박씨로 가서 죽임을 당한 원 많고 한 많은

박씨 문중들을 각 행성으로 돌려보낸다.

모르니까 사는 거지 온갖 욕지거리를 남○○(천불)에게 해 댄다. 임금이란 만민을 먹고 살게끔 어버이처럼 돌보라는 거야. 누리라는 게 아니라 8개 성씨 중 중국 자금성에서 환관했던 이들을 너무 잔혹하게 죽였어.

너무 한이 깊어 이 물질계를 벗어나지 못했던 거야.

보이지 않는 세계에서 기운을 막으면 죽을 수밖에 없어.

8개 문중에서 기운을 막고 있어.

그러니 남○○(천불)이 아이가 안 미치고 배겨?

그뿐인가? 미친 데다 암까지 걸렸지.

그때 당시 유씨를 너무 잔혹하게 죽였어(박씨로 와 있던 유씨). 백궁(전○○)아, 흰색으로 유씨를 써서 단위에 놔둬.

그 당시 박씨로 가서 죽임을 당한 8개 문중이 있어.

두 성씨가 못 오고 있어. 그리 죽임을 당했어도 지들도 업에 걸려 가지고 인류들 말대로 패스가 안 되는 거야.

복희(구○○)한테 저기 단 위에 있는 해원제 비에서 ○○원을 줘. 10분 있다 소위 패스가 되는 거야.

8개 성씨가 너무 한이 깊고 깊어 이 현상계를 못 떠난 거야.

그래서 지금 좀 더딘 거야.

백궁 할배(전○○) 율려로 어깨에 앉아

율려를 타고 비행접시처럼 가겠다고 한다.

천상에 막혀 있던 기운이 풀려 내가 육신상으로

남씨로 왔고, 그 아이 남○○(천불)가 동생으로 와 있어.

그 아이로 인하여 전부 막혀 있었고,

자신들은 마고인 줄 알고 있었단다.

마고한테 매달려야 되니 죄송하다고, 죄송하다고.

천상에 막혀 있던 기운이 육신의 동생으로 천불이 왔기 때문에 문중으로 지상에 오다 보니 막혀 있었다마는(마고도 법 위에 서지 않는다) 자신들이 굴뚝을 막은 것처럼 막혀 있었는데 죄송하다고 한다.

제4장 비밀 누설의 문　283

마고한테 매달려야 살길이 생기니까 그러했다고.
율려 2곡 하면 일단은 3개 문중이 올라간다.
땅을 치고 운다, 울어.
할아버지 감사합니다, 감사합니다 한다.
헌데 백궁아, 잠시 기다려라.
너한테 행성에서 지금 그들의 한이 너무 깊어 가지고
10분간 그들에게 대접을 해주라고 하네.
시간이 많이 흘러 가지고 지금은 사람의 탈을 썼으나
다 짐승이야. 그래서 내가 다 죽인다고 하는 거야.
신들이 모른다고 설명하지 말라고 한다.
백궁이는 없어졌어. 백소씨의 흔적이 남아 있더라.
자미천존이 30분 후에 도착한다.
백궁(전○○)이 너도 그렇다마는 지상에 내려와
오관을 통해서 현상계에 갇혀 있다마는 본성이 있더라.
우주의 법에 의해 육신계에 있다 보니 문중에 갇히더라.
높고 높은 한없이 높은 할아버지의 면모가 곧 드러나
네가 기운 줄이 다 끊겼어.
나 마고는 육신으로 말하면, 물질계로 말하면 우주 자체야.
나로 통하지 않는 것이 없다.
살아 있는 모든 것들은 이 몸을 통례하더라. 우주 자체야.
살아 있는 유기물은 다 성씨를 가지고 있어.
질경이도 다 우주에 등록되어 있어 미물까지
여기까지가 살아 있다 하는 것이고
미물 밑으로 떨어지는 걸 죽었다 하는 것이다.

업이 쌓이고 쌓여 겁인 것이지.
사람으로 살면서 악을 행하여 악업을 쌓은 악영들은
미물 밑으로 떨어져 소멸되는 것이다. 이것이 죽는 것이다.
그래서 인류들을 해원제해서 업을 청산하라, 해소시켜라
하는 것이다. 살아남으라는 것이다.
헌데 업이 크면 해원제 안 받는다.
천지가 그냥 죽으라는 거지.
그 성씨들이 오기는 왔다마는 받겠다고 하기도 하고
안 받겠다고 하기도 하네.
아무튼 백소(전○○) 율려 해봐.
한오백년 해봐.
아! 문이 열렸다, 열렸어.
다 간대. 지금 할아버지 감사하다고 한다.
각 행성에서 문을 다 열었다.
다 데려가려고 묵은 한을 풀고 행성으로 가는 금전(해원제비)이야. 돈(각 문중에서 지은 업, 빚)으로 전부 해결을 하여 행성계로 가는데 행성계도 돈이 필요하더라.
가는데 우주에서 기운을 풀어야 되니까.
율려 인연 틀어. 이○희는 천상옥경에서 왔다.
한이 맺혀 울먹울먹하니까
내가 자꾸 울컥울컥하는 거야.
할아버지께 크게 절한다.
한이 이제 풀렸네.
큰절하고 다 떠났어, 행성이다. 다 받아들였네.

제4장 비밀 누설의 문   285

백궁(전○○) : 해원된 영가 숫자는 얼마나 되나요.

마고 : 72명하고 그 문중으로 오려던 애기가 있어 73명이야. 임산부를 죽인 거지. 이 현상계는 보이지 않는 세계에서 막으니까 우주의 법에 걸려 업으로 인해 더 이상 나가질 못하는 거야. 해원제해서 풀어야 산다.

백궁 : 선릉 사무실 3월 말까지 나가야 되는 상황인데 계속 눌러 있길 희망합니다.

마고 : 문중끼리 하는 일이기 때문에 업의 측면에서 얘기하는데 문중에서 태클을 거는 거야. 계속 유지가 되도록 거기에 도수 붙였어. 잘 돌아갈 거야. 잘될 거야.

이렇게 얘기할 수 있어.

여동생 전○○이 2개 문중에 빚을 지고 있으나 이게 크게 걸림돌이 되진 않겠다. 네가 왕을 할 때 선한자들에게 큰 상을 내리고 베풀어 가지고 그 끝으로 그 자손들이 잘 먹고 잘 살아왔어. 3개 문중이 그 은혜로 너를 돕네. 네 현실 생활을 돕는다는 얘기지. 반드시 돕네. 기다려봐 좋은 일 있어. 네가 그 선정을 베푼 문중들이 너를 돕는다. 기막힌 일도 생긴다.

전○○(백궁) : 잠 못 자는 사람들이 꽤 있어요. 그들을 도와주고 싶습니다.

마고: 잠 못 자는 것은 영들과 관련이 있기 때문이다. 이러저러해서 못 자지. 영들이 살려달라고 매달리고 우는데 어찌 잠을 자. 영가천도 소리 낸 다음부터 영들이 자꾸 살려달라고 매달리니 이렇게 내가 아프다. 뼈가 아프다.

저기 있는 저 아이, 네 이름이 무엇이냐?

염○○입니다.

마고 : 네가 염씨로 와서 염씨 업장을 짊어졌어.

왼쪽 눈에 15놈. 네가 하는 일을 다 막는데 어떻게 할 거야. 네 척추 다섯 번째 왼쪽, 갈 곳을 못 가고 헤매고 있는 놈들이 너한테 자꾸 파장을 쏘고 있어. 네가 참 고단하겠다.

옥추 뒤쪽 왼쪽 염씨 조상 놈들이 15놈이 붙어 있어 참 갑갑하다.

어쩌냐, 너는 결혼도 못하겠네. 네 엄마 이씨, 네가 동쪽으로 가면 동에서 막고, 서쪽으로 가면 서에서 막고, 북쪽은 좀 탈출구가 있다마는 죽은 자들이 가는 데라 어렵고, 네가 현상계에서 제대로 살지 못한다는 얘기다. 네가 제대로 살지 못한다는 얘기다.

네가 이 근본 터전에 오기는 왔다마는 참 갑갑하다.

남쪽은 전생의 업장 때문에 7개 문중에서 막고 있어, 막아. 네가 어찌 살 거냐. 너는 앞으로 더 답답하니 어쩌냐.

일단 네가 여기를 온 거는 성공이라고까지는 할 수 없다마는 일단은 숨통을 여는 이 근본 터전에 입성을 했기 때문에 그나마 너는 살길이 열렸다.

소리가 났으므로 들켰지? 숨어 있던 놈들 그럼 어떻게 돼?

은하연합군들이 추포해 간다는 얘기다. 그래서 네 숨통이 열린다는 거다. 네가 "천지신명께 올리나이다" 하고 일단은 향을 2개 펴 올려봐. 문중에서 네가 심성이 곱고, 참 곱고 착하다고 한다. 심성이 워낙 착하고 곧아서 업신들이 너를 죽게 하려고 해도, 일단은 업신들이 너를 이 터전에 못 오게 막는다, 이거야.

염씨 문중이 업에 걸려 업신들 에너지가 워낙 강해서 힘을 못 쓰더라. 네가 신으로 오관에 갇혀 인류들이 못 보더라. 못 보니 없다고 하더라. 육신으로 문중 타고 오니 문중의 업에 메이더라.

우주의 법에 갇히더라.

물질계에 갇혀 문중에 갇혀 있더라.

인간은 말은 하더라. 말은 하지만 가장 멍청해. 개미들도 홍수가 날 줄 아는데, 인간은 아무것도 모르더라.

염씨 업신들이 너한테 욕한다, 막 욕해.

뭐냐면, 모르면 당하고 알면 피해 갈 수 있더라. 알면 귀신도 도망간다, 이런 얘기야. 더 자세히 알면 못 사는 거야.

모르는 가운데 정해진 길로 간다.

저 죽을 줄 모르고 가는 게 인생이야. 그만큼 인생이 고단한 거야. 네가 이 터전에 아홉 번만 오면 성공한다. 네가 깨달으면 못 건드려. 그게 법이야. 이 아이가 못 알아듣는다. 네가 앞으로 여기 오기 힘들겠다.

이○○ : 제가 혈압이 없는데, 우주의 기운을 끌어들인다는 명상의념 공부를 하였는데 머리가 터질듯이 아프고 어지러워 병원에 가니 혈압이 180이라고 해서 미심쩍어 다시 재도 마찬가지고 몸이 아무래도 이상합니다.

도저히 일어날 수가 없고, 온몸이 가렵고, 따갑고, 너무 고통스럽고 죽을 것 같습니다. 왜 그런지 살펴봐주십시오.

마고 : 이씨들이 은하연합군들 때문에 무서워서 잡히면 뒈

진다고. 뭔 얘기냐면, 마고의 새끼 패태우스 이씨들이 도망을 치더라, 그런 얘기야. 마고 새끼라고 하는 것은 나 마고의 자손이더라, 이거야. 근본의 자손을 지들 죽을 줄 모르고 가지고 놀았더라.

이씨들이 전부 줄행랑을 쳤다.

이○○ 너를 혼란 교란시키고 거짓말 살살 눈치 봐가며 하게 한 게 결국은 이씨들인데, 이면에 너에게 그런 성향이 있기 때문에 너와 파장이 맞아 공명했기 때문에 주파수가 딱 맞아떨어져.

네 거처에 잡신들이라고는 하지만 거지들, 어느 문중에서도 받아주지 않아 떠돌이 영 거지 귀신들 악업을 쌓아서 문중에서 안 받아들여 떠돌아다니더라.

인류들이 귀신이라 부른다. 오갈 데 없는 거지들이더라.

그리고 수리수리 부처가 안 된 그래서 중천에 있는 사바사바 공부가 마계에 빠진 그 아이들이 이○○ 머리꼭대기에 다 와 있다.

저놈을 교란시키면 우리가 살길이 있을 것이다. 이○○가 이 터전과 연결돼 있는 걸 아니까, 살길을 좀 찾아볼까 하고 떠돌이 영들이 이○○를 법사 박수무당 시키려고 해.

받아들이지 마.

그것도 역시 원천적인 문제는 너한테 있어. 네 거처, 네 머리 왼쪽 머릿골 5놈이 네 천문을 가로막고 있는 놈 105명이야.

네가 기거하는 터전에 12,925놈이야.

너 남씨들한테 잘했지?

남씨들이 살길을 찾으라고 너에게 꿈을 던졌어.

아니면 속에서 머리가 터져 죽어. 네가 당치 않은 욕심을 냈더라. 우주의 기운을 이끌어 들인다는 의념이 이것들을 끌어들인 거지.

백궁(전○○)아, 율려를 3개 해줘 봐.

이 아이, 이○○가 죽게 되는데 목숨 값을 털어 바치고 살아남겠다는 거야. 해원제 통해서 이○○ 네 인당에 집을 짓고 살던 머리 푼 귀신이 네 고모할머니로 왔지만, 이씨의 업신으로 지도 다른 문중의 업으로 인해서 젊은 나이에 요절을 했어. 그 머리 푼 귀신은 은하연합군들이 추포해 갔어.

너도 한두 번 봤지? 네 거처에 있는 잡귀들.

근본의 기운을 잡아 돌리는 거기 때문에 건져볼 놈이 있나 보기 위해 율려 두 곡을 해보시오소서 한다.

백소의 율려 통해서 골라갔다마는 긴긴 세월 동안 업으로 인해 짐승으로 살기도 하고, 지가 누군지도 모르고 플러스, 마이너스해서 추릴 놈은 추리고 버릴 놈은 다 추포해 갔어.

네 거처에 있는 놈들 그리고 네 몸속에 들어가 있던 영들이 백소의 율려로 인해서 견디지 못하고 그 아이 항문을 통해서 도망치더라. 왼쪽 어깨로도 빠져나가고 있어.

무당이 된 동해 용왕 부인 용정이

● 마고 : 동왕성모는 동해 용왕의 어머니다.

자손들 업장 때문에 지금 지상에 와 있다.

목동에서 파지 주워 팔아가며 모진 고생을 하고 있다.

동해 용왕의 부인이 용정이인데 지상의 말로 바람이 나서 이렇게 저렇게 해가지고 지상으로 쫓겨났어. 죄인이 되어 지상에 와 보니 대단하지. 동해 용왕의 부인쯤 되니 무당을 한 거야.

잘 맞추어 소문이 나 돈을 보따리 보따리 벌어서 살았어. 그런데 이것이 유전자의 습으로 등록되어서 계속 오면 무당하고 또 무당하고 돈을 갈고리로 긁어모아 잘 먹고 잘살았어.

무당을 하면 하늘의 위법이기 때문에 뱀으로 태어나는데 뱀으로 오는 거야. 인류들은 못 보니까 모르지.

유전자가 뱀으로 바뀌어 육신으로 와서 자꾸 돈 받고 점사 봐주고. 불법이지. 계속 무당을 해서 사람의 유전자가 왼쪽 엄지발톱에 콤마 정도만 남았어. 그 유전자마저 없어지면 죽어야 하는 거지.

이번 생이 마지막이다.

그래서 어미를 살리기 위해서 용왕 어미도 지상으로 왔고,

큰아들은 차씨 문중으로 왔고, 막내아들인 맹희는 이○○의 아들로 와 있는 것이다.

이것을 알게 된 이○○이 자신의 아들이 동해 용왕의 아들이며 맹희가 지 어미 용정이를 살리고자 온 이러저러한 내막을 듣고, 여기 근본 터전과 지가 연결돼 있으니 모르면 몰라도 알게 됐는데 자신의 육신의 아들이니 오늘 이 해원제를 하는 것이다.

이 시점에서 이번에 엄마를 구하지 못하면 발톱에 남은 유전자가 완전히 이번 생을 마지막으로 완전히 소멸되어 가지고 언제 인류였던가, 언제 신이었던가, 몰라 그냥 뱀일 뿐인 거지. 마지막이니까 이번 지나면 완전히 뱀으로 변해야 되잖아. 그래서 동왕성모가 크로노스 증산께 탄원을 한 거야.

며느리 용정이의 죄를 사해 달라고.

자미천존이 왔다. 동왕성모도 왔는데 억장이 무너지고 목이 메어 말을 못하고 울고만 있다.

동왕성모 : 숨을 쉴 수가 없나이다.

마고 : 우느라 말을 못하네. 한이 맺혀 가지고 울며 말을 못한다. 가슴이 아파서 한이 맺혀서….

동왕성모 : 천지에 감사하옵니다. 백궁 할배여, 감사하옵니다.

마고 : 너무 자손들의 업장 때문에 가슴에 대못이 박혔단다. 동해 용왕이 크로노스 증산께 감사하다고 한다. 동왕성모도 천지에 감사하다고 한다.

자미천존이 천지의 이치를 어찌 거스르리요 한다.

자미천존이 용정이에게 지가 아무리 동해 용왕의 부인이기로서니 지상에 죄인으로 떨어졌는데 무당 해서 돈을 보따리 보따리 거둬들인 것이 업으로 떨어졌는데, 그 습으로 인해서 또 무당 하고 또 무당 하고 한다.

무당, 종교 다 하늘의 불법이야. 무당, 법사, 종교 하는 게 아니야.

용정이에게 잘 맞춘다고 돈을 다 갖다 바쳤네.

그게 그 아이 업장이더라.

그 아이는 신이잖아.

동해 용왕의 부인이잖아.

뭔 얘기냐면, 막내아들 맹희의 공으로 여차저차해서 동해 용왕이 자신의 부인을 구하더라. 절체절명의 이 순간에 이번 생을 마지막으로 뱀으로 돌아가야 할 마지막 시점에 부인을 구하더라.

신들이 인류들이 알랑가 모르겠네 한다.

동왕성모가 자손들 업장으로 인해 지상에 와 가지고 온갖 똥 고생을 한 거야. 육신으로 와서 리어카에 파지를 주워 팔아 병들어 누워 사는 아들을 수발하면서 살고 있다. 동왕성모가 그저 그냥 감사할 따름입니다 한다.

용정이가 지금 어디 있냐? 미아리로 흘러 들어가 무당하고 있어 죄송하다고 한다.

지금 유럽에서 남씨하고 유씨가 태클을 걸어 가지고 안 된다고 하네.

그냥 뱀으로 가라, 그런 얘기야.

그런데 자미천존이 시끄럽다. 그냥 가겠노라 하는 거야.
자미천존에게 한 잔 올려.
좋다, 가겠노라. 쾌지나 칭칭 나네.
뭔 얘기냐면, 소리로 기운을 풀더라, 그런 얘기야.
용정이가 좋고, 좋고 좋다. 여러 만민들 고맙습니다 한다.
용정이가 감사합니다. 이 보시오. 육불이시여, 백궁 할아버지께 저기 있는 금전을 ○○원을 올려주시오 한다.
왼쪽 주머니에 빨리 올려 도수가 지날라.
신들이 좋다 한다. 옳소, 좋소 한다.
용정이가 좋아서 춤을 춘다.
동해 용왕도 신 났다. 감사할 따름이라고 감사하다고 한다.
자미천존이 다 데려간다고 한다.
자미천존이 김씨 자손들 징그럽다고 한다.
용정이가 감사하다고 백궁 할배에게 12배를 올린다.
동해 용왕이 이 아니 기쁠쏜가. 이 마지막 순간에
너무 좋아 가지고 감당이 안 된다고 한다.
동해 용왕이 지금 신바람 났다.
감사 또 감사할 따름이고 죄송하다고 한다.

정약용과
은하연합군들

● 마고 : 정○○ 네가 해원제하려 하니까 정씨 9대조가 왔다. 너한테 정씨 문중 영가천도하지 말란다.

그대로 전달이 돼야 하니까 이 말을 그대로 너한테 전해 주는 거야. 할 건지 말 건지 천지에 소리를 내야 돼.

한다고 하면 그냥 물러가. 웃기고 자빠졌네, 그거야.

정○○ : 왜 그럴까요?

마고 : 왜 그러냐면 정씨 9대조이지만 육씨야. 정씨 문중 업신인 거지. 그런 게 있기 때문에 그런 것이야. 업이 해결되지 않았으므로 방해하더라.

말하자면 그게 태클이야.

너 그간 힘들었지? 그간 고생했지? 알면서 만들어간다.

먼저 네 심장을 조사해. 너는 심장 조사하는 거 외에 다른 거 없고, 육불이 지금 정○우 네 심장에 와 있는데 문중의 법에 걸려 소리를 못 내. 네 마음 심성 착해.

18대 그놈한테 한 잔 올려.

18대 정○○ "꺼지라" 하고 한 잔 올려.

정○○ 네 육신의 아버지, 네 어미가 이 터전에 올 때 길을 안 터주겠다고 하니까 티켓 값 ○○원 네 어미가 힘들게 번 돈 ○○원을 들고 가 백궁(전○○)에게 올려야 돼.

뭔 얘기냐면, 네 어미를 이 터전에 못 오게 막더라.

개벽 팀 본진들이 정씨 문중에 잡아갈 놈들이 많은데, 네 몸에 들어 있는 놈들을 잡아가는데, 정씨 문중의 모든 업신들 한 잔씩 대접해 주는데 이건 잡아가겠다는 뜻이야.

정씨 문중의 모든 업신들 다 추포하라.

나주 정씨 백소(전○○)야, 정씨 문중들이 아주 죄송한데 네 잔을 두 잔 받겠단다. 같은 성씨도 여러 갈래가 있기 때문에 계산을 안 할 수가 없는 거야.

나주 정씨인 정약용이 와서 은하연합군들과 시비가 붙었어.

정씨를 통합해서 하면 안 되냐고. 그건 안 되는 것이야.

나 마고의 동자인 너를 풀어주기 위해 말도 안 되는 금액에 나머지를 후불로 하는 거지. 네가 나 마고의 동자이기 때문에 백소야 정씨들이 많이 죽어야 해.

안 받는다 이거야. 그냥 죽거라.

해원상생 천도를 나 마고의 동자이므로 하는 거지 다 죽인다는 뜻이다. 왜? 정씨들이 너를 죽이려고 했기 때문에 네 현실 생활을 바닥으로 추락, 오지도 가지도 못하는 죽을 수밖에 없는 상황으로 내몰았다.

네 어머니 윤○○, 너는 네가 가져온 금전을 할아버지께 올려 무릎을 꿇고 살려주소서, 할아버지 살려주소서 하고 올려.

윤○○ : 할아버지 살려주소서.

백궁 : 좋다. 그리하자.

마고 : 백소(전○○)야, 율려 해서 살려 목숨 값이다.

적다. 허나 좋다 하고 받아. 풀어줘.

육불 네가 정씨로 왔는데 정씨(정씨로 다녀간 육씨는 정씨의 업신)가 태클을 걸었지? 이걸 하지 말라고? 정씨 9대인 그 놈이 지금 잡혀갔어. 너를 방해하는 놈들이 전부 잡혀갔어. 그간 고생했다.

네가 육불로서 면모를 발휘해 때에 맞춰 지금 정씨가 율려를 통해서 중천과 너를 막고 있던 업신 등등해서 풀어야 해. 그래야 풀리는 거야.

뭔 얘기냐면, 현실 일이 풀어지더라.

나주 정씨가 문중의 업장을 해소 못 한 거는 중국의 허난성과 이름이 드러나지 않은 쪽에 그거를 못했는데, 소리가 안 났으므로 어둠의 세계에 갇혀 있더라. 백궁(전○○)이가 그거를 풀어줘야 돼. 해야 풀어져. 뱀춤 스네이크, 곰춤 율려 해야 풀어져.

정씨가 그러니까 아이콘이니 뭐니 해도 진정성을 몰라. 율려를 이미 건드렸기 때문에 일단은 천지에 정씨 문중을 위해서 두 잔 하고 '쾌지나 칭칭나네'로 풀어. 정씨들이 간다, 간다. 정씨가 간다네.

행성문을 활짝 열었다. 어서 오라고 하네.

백궁이가 춤출 때 발등에 ○○원을 올려.

그래야 가지 이놈아.

정씨가 아직 다 못 가고 있네. 네 간 담에 네 동생 정○○이 왼쪽 담에 있는 애도 오른쪽 눈에도 있어. 율려를 통해서 잡아가는 거야. 정씨들이 율려 타고 간대. '한 오백년' 해. 울고 불고 영계도 가겠다고 한다. 영계에 있던 정씨 문중들 신계, 천계, 근원계로 간다고 한다.

백궁(전○○)에게 정씨 문중에서 큰절을 올린다고 하니까 백궁아, 저기 가부좌 틀고 앉아 할배에게 ○○원씩 들고 8배씩 올린다.

정○○ 네 동생 정○○ 저기 올려놓은 정○○ 바지 태워. 그래야 그 아이가 잘돼.

문중에서 벗어난다. 업에서 해방되는 거야. 다리도 묶이고, 팔도 묶이고 했는데 목성, 토성, 칠성과 나눠서 정씨들이 가는 것이다.

미륵존여래불이 정씨인데 명호 써서 단 위에 올려. 검정(현실색)색으로 이 시점에서 순식간에 이뤄져 간다는 거야.

정씨들이 여기 와서 진 치고 있어 정씨들이 다 왔다. 정씨 업신들도 왔다.

정씨 업신들 다 물러갔네. 지금 정씨들이 다 갔는데 백소 할아버지께 참 미안하대.

율려를 타고 천상에 가긴 갔는데 네(정○○) 육신의 아비 정○○의 업에 걸려 가지고 정○○이 바지를 3일 내로 태워. 그래야 네 육신의 아비 죽은 정○○이가 기운 타고 무한한 기운 회복해 가지고 무한한 기운 받아.

네 동생 정○○ 정씨는 무한궤도를 달린다.

네 어미 윤○○의 고생도 끝나고, 네 동생 정○○의 고생도 끝나고 네가 승승장구해.

사사모 : 마고가 자신의 아들 백소에게 기운을 넘겼기 때문

에 백소의 기운을 받기 위해서 어쩔 수 없다.

정씨가 감사하다고 뉴질랜드에 있고 금전을 터주는 거야.

강씨 문중이 정씨 문중을 수용한다.

목숨 값을 받고 아리랑 고개를 넘어간다.

정씨들이 지들이 말하는 천당에 못 가는데, 자미천존이 정○○ 너의 공덕으로 자미천존이 명령해서 "영들을 받거라" 해서 가는 거다.

너는 오늘 이후로 바쁘게 뛰어라. 그러면 그것은 돈이다.

너는 그냥 간다. 막히는 게 없이 일사불란하게 가더라.

정씨 문중에 원한 맺힌 영들이 다 해원을 하고 네 죽은 아비 정○○ 오른쪽 촛불 위에 있어.

너한테는 감히 어찌 하지 못하고, 네 동생 정○○를 크게 세우려고 하는데, 너는 우주에서 관여를 하기 때문에 너는 관여를 못하고 해원제했기 때문에 걸림이 없어.

천지가 알아서 한다고 천지가 인정, 너를 인정한다.

각 문중에서 돈을 푼다. 정씨를 물고 늘어지는 문중들이 다 푼다. 풀 수밖에 없어. 그래서 잘되는 거야.

정○○ 너에게 44명, 네 간담에 39명, 코에 72명, 오른쪽 귀에 2놈, 등골 좌편에 182명 이놈들이 붙어 있네. 12명이 네 오른팔 노궁 막고 있네.

네 회음에 2놈 345놈이 네 좌골에 왔기는 왔다마는 씨(병)를 뿌렸다마는 신장 콩팥 뒤 중간에 2명, 오른쪽에 3명, 왼쪽에 15명, 밑쪽에 21놈 등 서서 등 돌아봐. 옥추 15놈 허리 쭉 펴고 서봐. 왼쪽 손 중지에 3놈, 육신으로 보면 오른쪽 발가락 세 번째 2놈, 네 골속에 곰이 3마리.
　뭐야? 이건 황소다. 네가 정씨로 와서 이런 거야.
　앞이마에 너를 홀리는 놈 3놈 꺼져라.
　네 어미 윤○○는 왼쪽 가슴에 82놈이 붙어 있다(이런 경우 심장병으로 병사하게 됨). 오른쪽 팔쪽 끝 혈을 막고 있다.
　윤씨 업신들이야.
　너하고는 상관없이 윤씨가 너를 건들지 못한다.
　이것들을 은하연합군들이 다 잡아간다.
　몸속에 숨어 있는 놈들, 네 동생 정○○, 딸 정○○ 죽게 돼 있어. 아들 정○○ 업으로 인해 32살에 중풍 걸려 문중의 업으로 인한 네 동생 정○○이 인생 시나리오야.
　사람이 지 미래를 모르니 사는 거지 알면 못 살아. 그러니 아무것도 모르고 지가 어떻게 될지 모른 채 살아가다 다 당하는 것이다. 그래서 알면 다 피해 갈 수 있다.
　알면 귀신도 도망간다 한 것이다. 허나 이런 걸 인류들이 어찌 알겠어. 업으로 인해 속수무책 당하는 거지.
　허니 정○○ 네 동생 정○○이의 업으로 인한 인생 시나리오가 해원제로 인해 이 업으로부터 자유로워진다. 두 자식들 문제가 네 동생 정○○의 아픔인 거지. 그래서 평생의 한이 되는 것이야.
　허나 해원제로 문중에 지은 모든 업이 해소된다.
　즉 자유로워진다.
　정씨 플레이아데스 성단, 토성, 칠성대제.
　나주 정씨가 48,032명이야.

지구촌 통 틀어서 나머지는 잡혀간다.

업이 너무 컸기 때문에 남의 문중의 귀한 자손들을 죽였어.

정씨 문중들이 너에겐 할 말이 없단다.

너한테 말하기를, 그 어른한테는 조건도 할 말도 없고 자신들의 영역 밖이라고.

우주가 관여하기 때문에 이상이다.

118

각 행성에서
다 내려와

● 마고 : 육신의 이름이 김○○이나, 남씨 자손 남○○가 지상에 김○○로 있는 것이다.

오늘은 각 행성에서 다 왔네.

이집트 투탕카멘 원, 투, 쓰리(증산의 계략). 피라미드 도형 2개를 그려 올려달라고 한다. 남○○ 크로노스(강○○)가 지천태괘를 치라 하고, 소리 내고 박수 두 번 쳐.

농부가 소리를 크게 틀어놔 천태성에서 잔뜩 내려와 가지고 덩실덩실 춤을 추고 있다.

지금 여기에 맞춰 "인류들이 우주인이다"라고 말하는 천태성에서 음악에 맞춰 춤을 덩실덩실 추는데 토성에서도 내려왔다.

백궁(전○○)아, 안면가라고 있어?

그거 없으면 고서에 찾아보면 그런 게 나와. 찾아보고….

인류들이 그 춤을 지르박이라고 부른다.

각 행성에서 다 참여를 했어.

창부타령 2곡을 해야 돼.

명왕성에서도 내려왔다.

전부 내려와 가지고 얼쑤절쑤 한다. 춤을 춘다.

자, 이제 모든 행성들이 내려왔는데 인류들이 알아낸 게 망원경을 만들어서 확대해서 알아낸 게 소립자까지는 알아냈어. 그 이상은 모르니까 에테르장이라 하지?

우주 비행사들이 우주여행하고 신을 체감하고 지상에서 신을 찾는데 지상에 신이 어디 있어.

여호와가 하느님이라고 이스라엘 시나이산에 사는 여호와가 하느님인 줄 알고, 근본 다 버리고 하느님이라고 교회를 찾아가더라.

지금은 근본이 깨지고 도가 깨지다 보니 늙은 신들이 사기를 치더라. 지들이 하느님이라고….

보이는 것은 안 보이는 데로부터 왔더라.

물질로는 못 찾는 거야 못 찾아. 못 찾는 게 신계고 천계야.

이집트의 투탕카멘의 유골에는 증산의 계략이 숨어 있더라. 고고학자들이 투탕카멘의 죽음을 아무리 파헤쳐도 죽음의 원인을 못 찾더라.

끝이다 보니 행성에서 다 왔네.

백궁(전○○)아, 태평가 해달라고 하네.

각 행성에서 와 가지고 빙글빙글 돌더라. 곰으로 살아왔던 문중들이 업을 다 해소했다고 좋아서 저렇게 덩실덩실 뒤로 돌면서 춤을 춘다.

저기 앉아 있는 김○○ 저 아이가 시리우스 공주다.

결혼도 하지 않고 길에 버려진 유기견들을 다 모아 직업도 버리고 허리가 휘어지고 다리가 굽어지도록 돌보고 살고 있는 저 아이, 김○○는 플라이아데스 남씨 태시조 태태부의 딸인

제4장 비밀 누설의 문

데 시리우스로 건너가서 여차저차 이리 돌고 저리 돌아 돌아서 여기와 앉아 있네.

행성에서 시리우스 공주인 너에게 한 잔을 받겠다 이거야. "생 참이슬 한 잔을 행성에 대접합니다" 소리 내고 마셔.

백궁(전○○)아, 강강술래.

지금 창(남도민요)하는 저 아이 잘 꺽꺽거리지?

숨을 못 쉴 정도로 그만큼 한이 맺혀 있더라. 천지에 소리를 내는 거야. 젊은 아이가 무슨 한이 있어서 저리 창을 하면서 꺽꺽거리겠어. 지 조상들의 한이지. 저 아이로 인해서 한이 풀리더라. 한을 풀더라, 그런 얘기야.

오늘은 남○○(시리우스 왕의 딸)의 해원제인데 각 행성에서 다 왔다.

뭐냐면, 각 행성에서 다 왔다는 것은 다 끝났다는 얘기야. 다른 말로 바꿔 말하면, 각각의 문중들이 지상에서 소위 잘 먹고 잘 사는 그 자손들을 다 뒤엎더라. 미치게 만들더라.

해원제를 해야 본향으로 가잖아.

뿐이겠는가. 본성을 회복하잖아.

과학자들, 거부들, 대통령 참 잘도 났지. 허나 땅속에 갇혀 있는 너희 선조들을 모노모노(비밀) 해원제해야 되는 과제 난제 이 시점에 현상계 현 지상에 있는 인류들의 책무들이다.

그런데 모르고 있지?

저 살기 바쁘더라. 그럼 어떻게 해? 깨닫게 해야지.

그래서 풍랑을 만나게 하더라.

그래서 모든 은하계가 다 내려왔어.

땅속에 지들 선조들이 있는데 알아듣던 모르던 선조들을 놔두고 감히 어딜 가. 지들이 못 가지.

뒈지고 싶지 않으면 땅속에 갇혀 있는 지들 선조들 해원제 해야 산다는 얘기야.

뿌리 없이 줄기가 어찌 살아.

오늘 이것은 김○○가 살기 위한 해원제야.

119
우주 은하계에서
전부 다 왔다

● 마고 : 우주 은하계에서 전부 다 왔어.

지금 신씨 문중 업장이 워낙 많다 보니까 숨을 쉴 수가 없을 정도로 고개를 들 수 없을 정도로 한이 깊다. 최악엔 굶어 죽을 정도로…. 그래서 지금 먹기 바쁘다. 미안하다고 한다.

백소야, 필라델피아의 해방가를 좀 해달래.

산에서 양들을 길렀고, 치즈 어쩌고저쩌고한다.

해방가는 너도 모르고 나도 모르니 그냥 지정가로 해달라고 한다. '인연'으로, 이 인연이란 노래를 부른 이○희는 옥천에서 왔다.

시리우스 태시황이 크로노스에게 13배를 올린다.

"엎드려 사죄드리옵니다" 하고 백궁에게 큰절을 올리면서 오른쪽 주머니에 저기 금전에서 ○○를 올려달란다.

백궁아, 합장을 하고 동서 사방팔방을 한번 돌아.

왼쪽에서 오른쪽으로 돌아.

천지가 복희 할아버지(구○○)에게 받겠다고 한다.

뭔 얘기냐면, 막은 거 다 튼다고 하는 거야.

승승장구하시옵소서 하는 거야.

김○○ 저 아이 본래는 지 근본은 플레이아데스 태태부 딸인데, 남사고 석가 태사자 딸이야. 시리우스가 죄를 져 가지고 플레이아데스에서 쫓겨났잖아. 저 아이가 시리우스로 건너가서 여차저차, 이리 돌고 저리 돌고, 돌아 돌아 태태부 딸임에도 불구하고 길거리에 버려진 개들 다 주워다가 기르다 저 꼬라지 났더라. 오늘 살기 위해 해원제하는 신○○ 육신상으로 신○○로 와 있지만 시리우스의 공주 예량이야, 국예랑. 노들강변 해봐. 니들은 육신으로 와서 모르지만 시리우스 태시황이 너무 죄송하다고 절을 올리고 있다.

신○○이 어디서 시리우스로 갔던 간에 자신의 자손으로 왔잖아. 그래서 태시황이 지 자손이라 왔다마는 인류들 표현대로 하면 신씨들이 정신없이 먹기 바쁘더라.

시리우스 태시황이 원죄가 있으므로 해서 저 아이(김○○)가 태태부의 딸인데, 시리우스로 가서 태시황 딸로 있었던 것이다. 시리우스 태시황이 플레이아데스에서 죄를 지어 시리우스로 쫓겨났어. 사람 되라고 쫓아냈지만 저놈이 과연 먹고 사나 죽나 걱정이 돼서 누가 갔어? 태태부의 딸이 시리우스 공주로서 말도 못하게 공이 많다.

예랑이(신○○) 그냥 죽게 둘 수 없잖아.

태시황이 원죄가 있으므로 복권이 안 됐으므로 해서 각 문중에서 태클을 걸더라, 그런 얘기야.

저 아이 김○○가 어른이다 보니까 우라노스 세 번째 줄기에 매어 있다. 원래 남씨인데 이씨(국씨)를 거쳐 김씨로 온 것이지. 김씨로 육신계에 왔으니 이제 풀어준다.

그만하면 됐다고 하니까….

120
칠성의 82개 문을
활짝 열어

● 마고 : 민기여는 태부의 후신이다.

우주연합군들과 개벽 팀들이 자미천존이 와 있기 때문에 "잘 먹고 이만 물러간다"고 한다.

민씨 문중이 아직 도착을 못했어. 한 15분가량 있어야 해.

지금 강증산 어쩌고저쩌고한다.

육불(정○○)아, 이제 자미천존이 시작하겠다고 하니까 그때 백궁이에게 내려준 문서가 있는데 천지우주에 내려준 문서(자미천존이 불러준)하고 각 문중의 영들에게 하는 소리, 이런 순서대로 진행해 달라고 한다. 그리고 앞으로는 예전에 불러준 대로 의관을 정제하고 해달라고 한다.

지금 태부가 와 가지고 "엄마 마고 죄송하옵니다" 한다. 말하자면, 크로노스 증산 강씨 태시조께 육신의 말로 하면 "염치가 없고 송구하고 죄송할 따름"이라고 한다.

지금 진행이 아주 늘어지고 있는데, 각 문중에서 태부(민○○의 육신을 뒤로 통례함)한테 자꾸 어쩌고저쩌고하는 거야.

육불(정○○)아, 지금 태부가 난감해하고 있다. 원래는 ○○○원인데 문중에서 금전(각 문중에서 지은 업을 돈으로 환산해서 갚아야 할 빚)이 부족하다고 안 된다고 하니 태부가 곤란해하고 난처해하는 거야.

그러니 정○○(육불)아, 인류들의 해원제 비가 들어오면 그걸로 채워주거라. 태부를 채워주자는 얘기야.

(갑자기 재물 앞에 서 있던 정○○가 상 위에 꼬꾸라졌다.)

백궁(전○○)아, 육불(정○○) 왼쪽 심장을 손바닥으로 오른쪽으로 돌려줘. 자꾸 돌려줘. 괜찮다, 괜찮다. 신들이 그 몸으로 들어갔어. 그래서 그런 거야, 괜찮아. 신들이 한꺼번에 몰렸어 너한테. 네가 지금 상상천 옥추 선계 공부하고 있지? 정○○, 오늘 어지러웠지?

정○○ : 예, 종일 계속.

마고 : 상상천에서 네 옥추하고 기운을 연결하는 데 있어서 선계의 선인들의 승인이 필요하기 때문에 선인들이 다 몰려서 여동빈이 뒤로 자빠졌네.

아무리 여동빈이 도력이 세도 그래서 네가 자빠진 거야. 너는 여동빈의 자손이다.

소리 내면 깨니 더 이상 소리 안 내는 이유가 있다.

태부가 ○○○원 중에 나머지는 다다음달 초에 채워서 여기 단 위에 올려달라고 한다.

올릴 때 "올리나이다" 하고 소리 내고 올려라.

각 문중에서 죄송하게 됐다고 한다.

일단 단 위에 있는 금전에서 ○○원씩 여기 모두에게 돌려. 너도 챙기고 속히 하라고 한다. 그리고 향 19개 피워.

강○○(크로노스) : 인천 산곡동 재개발주택을 사도 되는지?

마고 : '곡' 자 들어가는 땅은 하늘이 감춰놓은 황금알이야,

사. 산곡동, 그동안에 잠자고 있었더라. 인천이 잠에서 깨어나 용트림하더라.

　강○○(크로노스) : 송도 ○○아파트하고 서울 ○지동 땅도….

　마고 : 송도, 그 아파트 해. 서울 ○지동 땅도 사. 걱정하지 말고 사라고. 거기 대박친다, 대박. 하늘이 너한테 사라고 하는 거야.

　그만 물어. 개인적으로 가르쳐주지 말라고 한다. 가르쳐주지 말라고 난리다. 은하연합군들이 알아서 하겠다고.

　태부가 각 문중에 빚을 갚아야 된다. 정○○ 신들이 너한테 한꺼번에 달려든 거야. 네가 역할해야 되잖아.

　태부가 민씨 문중을 위해서 인연, 아리랑 두 곡을 ○○원에 해달라고 한다.

　정○○야, ○○원을 할아버지(백궁)께 갖다 올려.

　태부가 "고맙고, 감사 감사, 또 감사하나이다" 한다.

　"저희도 좀 살려달라"고 짐승들이 그런다.

　좋다. ○○원을 갖다 할아버지께 왼쪽 아래 주머니에 올려.

　"감사, 또 감사 감감감사하옵니다" 한다.

　(기침 때문에 잠시 중단)

　마고 : 인류들 한 때문에 내가 이렇게 힘든 거야.

　태부가 구천 상제께 "감사, 감사하다"고 한다.

　땅속에 묻혀 있는 자신들의 선조들 다 건져 올린다고 한다.

　태부가 각 문중에 얹혀 있는 자손들 다 챙긴다.

　뭘로? 태부의 도력으로….

백궁, 테라칸, 사탄칸이 아리랑 고개를 열어준다. 태부가 넘어가도록….

태부가 운다, 울어. 태부가 성공했네. 자손들 다 챙겼네.

자미천존이 칠성에 있는 82개의 문을 활짝 열었다.

태부가 "감사, 또 감사하옵니다" 한다. 태부가 공이 크다.

태부가 "마고의 아들들이시여, 감사 감사합니다" 한다.

시조 가락이다(음악을 틀어놓고 있는 상황).

육불아, "완성이요" 하고 저 금전에서 ○○원을 할아버지(백궁)께 왼쪽 주머니에 올려.

증산(강○○)께도 "완성이요" 하고 ○○을 갖다 올려.

"완성이로다" 하고 너도 챙겨, ○○원.

선계에서도 신선들이 다 내려왔어. 향을 궁희 엄마 도수 3개를 피우라고 한다.

육불아, 태부가 덩실덩실 춤을 추고 있다.

네 뒤에 있네. 흰색 바지저고리에 흰 두루마기를 입고, 태극 마크가 있는 머리띠를 두르고 덩실덩실 춤을 춘다.

네가 저걸 봐야 돼.

아~ 지금 베적삼으로 갈아입었어. 인류들의 한을 풀기 위해서….

선계의 신선들도 네가 봐야 돼. 신선들이 자꾸 요구하는 거야. 신선들이 지금 백궁(전○○)이 몸에 다 임해서 신선들이 쉬지 않고 춤을 추고 있다.

"감사 감사, 감사하다"고 내게 한다.

우주의 장자 "크로노스에게 감사하다"고 한다.

마고의 장자 백궁 할아버지께도 "감사하다"고 한다.

육불 할아버지 일반인들 해원제할 때는 "의관 정제하라"고 한다.

신선들이 "이 아니 좋을쏜가" 한다. 너무 좋단다.

신선들이 오늘은 다 내려왔네.

신선들이 미쳤나 보다. 계속 춤을 멈추지 않네. 춤을 추고 난리가 났어.

육불아, 인류들의 태시조에게 "올리나이다" 하고 크로노스께 ○○원 갖다 올려. 선계의 신선들이 다 내려왔다, 이런 얘기야. 인류들의 한을 풀겠다고 한다.

신선들이 힘들더라도 책을 그렇게 해서 내시면 된다고 하는 거야. 그래야 인류들이 알지 아무것도 모르고 있잖아.

선인들이 백궁이 오른쪽 어깨에 다 올라가 있네.

이게 뭐냐면, 선계의 기운이 이 터전에 나 마고의 아들 장자를 통해서 내려오더라.

하늘이 다 앉았네. 신선들이 다 내려왔네.

신선들이 아주 좋아한다.

태부가 지금 신 났어. 문중의 빚을 다 갚았다고. 백궁이 왼쪽 어깨에 3개 문중이 붙어 가지고, 자미천존이 영성을 뿌려주네, 뿌려줘. 옳지.

신들이 얼쑤얼쑤한다. 이 아니 좋을쏜가.

백궁 할배의 율려가 천도를 뚫더라.

"감사, 감사하다"고 한다.

자민천존도 어얼쑤한다. 백궁 너한테 임해 있다.

얼쑤얼쑤한다. 좋고 좋고, 얼쑤얼쑤한다.

신선들이 "좋구, 좋구 좋구나. 또 좋고, 좋고 좋구나" 한다.

신선들이 지금 난리가 났어. 덩실덩실 춤추고 좋소 좋소 한다. 신 났어. 신선들이 참 좋아한다.

남도 민요의 정수를 니들이 어찌 알겠어.

신선들이 인류들의 한을 풀더라.

다 내려와 있더라. 어디에? 부천 성주산에….

이건(음악) 영계에 "'농부가' 태부가 좋다, 좋소.

신선들이 이 아니 좋을쏜가.

신선들이 지금 춤 바닥이 났다.

어깨춤을 덩실덩실 추고 있다.

누가 알리. 자미 천존이 강씨 태시조 크로노스 증산께 문중의 업을 다 거둔다고 한다. 자미천존도 강씨다.

뭘로? 자신의 도력으로.

태부가 각 문중에 너무 죄송하다고 한다.

오리온의 왕 패태우스

● 마고 : 오리온의 왕인 패태우스가 왔는데 크로노스에게 13배를 올린다. 백궁에게도 절을 올리고 복희(구○○)에게도 절을 올린다.

여차저차 이리 돌고 저리 돌아 우주를 돌고 돌아, 행성을 돌고 돌아 문중으로 오다 보니 자신의 육신이 이○○인데, 그 미친놈 때문에 죄송하다고 한다. 문중에 얽혀 가지고 그 미친놈 때문에 죄송하다고 하는 거야.

패태우스 : 죄송하옵나이다. 죄송하옵니다.
그 미친놈 아이고!

마고 : 천지가 이○○ 네가 살려고 하느냐? 하고 목숨 값을 받았다마는 워낙 천지에서 반대하는 세력들이 많아 가지고 시간이 지연되고 있는데….

(시간이 한참 경과 후)

패태우스가 우주의 승인을 받아 가지고 왔다.
패태우스가 우주의 승인을 받았으니 백궁아, 좋다.
패태우스하고(소리 내고) 밀양 아리랑 율려를 해주면 돼.
율려를 해서 그 기운을 풀어줘라, 그런 얘기야.
패태우스가 크로노스에게 풀어주소서 한다.

크로노스가 안 된다고 한다.

증산이 좋다. "기다려보라" 한다, 6분 정도. 크로노스가 통과를 시켜야 하는데 안 시키고 있으니 6분만 기다려보자는 거야.

육불아, 저기 금전에서 크로노스에게 ○○○원을 갖다 올리고 "결재하여 주시옵소서" 해.

육불 : 결재하여 주시옵소서.

크로노스 : 좋다, 그리하자.

마고 : 뭐냐면, 돈 올렸지? 크로노스가 좋다, 결재하자. 너 이놈 하는 거야.

크로노스 : 가거라. 살거라(사명을 못했기 때문). 오리온 왕 패태우스 너, 이놈.

마고 : 육신으로 오면 아무것도 모르잖아.

이○○(패태우스 제1의 육신) 그 죄는 언감생심, 나 마고가 어이가 없어서 그냥 웃는다.

가당찮은 욕심 어이가 없어 천지도 웃는 거야. 턱도 없고 어이가 없고 일고의 가치도 없으니 그냥 통과. 우리 눈에는 이○○ 그냥 구렁이야, 구렁이.

구렁이가 구렁이 습성을 버리지 못하고 구렁이 짓을 했더라. 그놈이 천지가 죽이려 하는 것을 눈치를 채고 당진에서 도망을 쳐 소사로 허겁지겁 달려와 벼락 치듯 대문을 두들겨 대며 죽이려고 합니다, 하고 내게 고했어.

공부가 어느 정도 되다 보니 눈치를 챈 것이지.

허니 알아챘으니 어찌해.

천지가 "네가 살려 하느냐?" 하고 목숨 값을 받았어. 천지가 원래는 안 되는 것인데 아무리 죄인이라도 눈치를 채고 목숨 값을 내겠다는데 어찌해.

패태우스의 육신인 이○○가 한 짓이고, 패태우스는 살려야지 자꾸 이○○ 쳐 죽여라, 때려 죽여라 하니까. 그럼 천지가 안 받겠다고 하니까.

그래서 시간이 자꾸 지체되는데 지정곡 율려를 하나 해봐, 백궁아.

이 우주의 장자인 반고 크로노스 구천 상제 증산이 "남씨들아, 통과하라" 하고 결재하는 거야. 우주의 역사를 얘기한들 너희들이 알겠느냐?

수많은 행성을 돌고 돌아 이런 얘길 해도 모를 것이고 우주의 장손 사사모의 장자인 반고 크로노스 구천 상제인 증산이 거부했는데, 천지가 그 아이로서는 감당하기 힘든 목숨 값을 이○○이 살겠다고 냈으니 받겠노라 하는 거야.

그래서 여기 있는 너희들에게 ○○원씩 돌리는 거야. 이거를 함으로 해서 패태우스가 인류들 정해진 대로 다 죽이더라. 우주가 패태우스에게 다 죽이라 했어. 패태우스가 다 죽이겠다고 하네.

패태우스가 지상에 문중(육신)으로 와야 하는데 이리 갇히고 저리 갇히고 하는 바람에 지 할 바를 못했어.

천지가 목숨 값을 받고 패태우스가 마고의 자손이므로 죽이지 않겠다고 하는 거야.

패태우스의 육신인 이○○ 그놈이 지가 감당할 수 없는 목숨 값을 천지가 요구했는데 그 독한 놈이 해냈으니 천지가 법에 의거 그러하므로 통과시키는 거야.

"패태우스가 감사, 또 감사하옵니다" 한다.

"좋다. 목숨 값을 받았으므로 죽이지를 못하겠노라" 하는 거야.

우주가 왔다.

우주가 패태우스에게 O을 주었다.

크로노스 증산이 사명을 줬는데 육신으로 오다 보니까 "더러운 피를 받아서 사명을 못했노라"고.

자신의 제1의 육신인 이○○를 안 쓰겠다고 한다.

오장육부가 틀어져서 못 쓴다고 한다.

122

정씨인 케네디

마고 : 정씨들이 케네디를 비롯 잘나간다.
천지에 감사하다고 인류들 말로 하면 놀자 판이더라.
잘나가지 정씨들.
독일(서독)에서 왔고, 호주, 유럽에서 잘 먹고 잘살던 정씨들이 왔다.
그들은 한이 없더라. 씨티은행도 정씨야.
"쾌지나 칭칭" 틀어봐.
여기 있는 전어회를 신들이 먹겠다고 한다.
신들이 와 가지고 정○○가 누구냐고 하는데, 신농 알아?
말하자면 적어도 신농이면 완벽하다. 그렇지?
차원의 문이 있으므로 신농이 여기 와도 그 시대에는 전어가 없었어.
니들이 알고 있는 거를 신들이 상념을 수신하더라, 그런 얘기야.
그래서 조금 인류들의 말대로 어폐가 있는 듯하지만 신의 영역으로 보면 얼토당토않고 차원으로 고쳐야 하는 거야.
신을 인류들이 쓸데없이 만능이라고 하는 데에는 수리와 격차가 있더라.

정씨 문중이 잘나가다 보니까.

백소야, 내가 너를 백소라고 부른다마는 그 외국어로 정씨들이   라 라 하는데 그 기운이 상충해서 이러고저러고 하더라.

각국의 정씨들이 다 왔다.

신들이 해원가를 해달라고 한다. 지정곡 인연을 신들이 해원가라고 부른다. 앞으로 해원가라고 하자.

플레이아데스 성단의 남씨 태시조 왔다.

이회O(이OO의 죽은 아버지)에게 문중을 위해서 공을 많이 쌓도다 한다.

지상에 이씨 문중으로 왔지만 이회O은 남씨다.

태태부 : 내가 지상에 내려와서 자손들의 업 때문에 진상을 있는 대로 떨고 있다마는 정OO 고맙다 한다.

석가모니가 왔네. 나도 육신으로 오다 보니까 문중의 업에 걸려 사람들이 나 석가를 믿는다마는 나 석가모니라고 한다.

자신이 히틀러로 와 유태인들을 죽인 것은 하늘의 죄인들을 척살한 것이다.

석가모니가 백궁에게 할아버지 아시지요? 하는 거야.

인류들이 어찌 하늘의 뜻을 알리요!

백궁이 오른쪽 어깨에 각 행성들이 앉았더라, 그런 얘기야.

정씨 문중들이 육불(정OO)에게 향을 2개 피워달라고 한다. 정씨 문중들이 잘 먹고 잘살았더라 감사하다고 천지에 천지가 인정하는 거야. 그들이 공이 크다, 워낙 크다. 워낙 크다 보니까 원도 한도 없는 삶을 살았다고 한다.

정씨 문중들이 천지에 감사하고 각 문중의 업신들에게 여한 없이 살았다.

잘 먹고 잘살았다. 그런 얘기야. 감사할 따름이라고. 이 천지에 각 문중들이 살고 있는데, 지들이 잘살고 권위 부리고 잘난 척하며 살잖아. 상대적이잖아. 그걸 보고 아픔을 느끼는 문중들이 있잖아.

그 아파함을 천지가 인정하더라.

눈에 보이는 게 없었더라. 그들의 공인데 어찌해.

정씨 문중들이 각 문중들에게 미안하다고 하는 거야.

그리고 천지에 미안하다고 하는 거야.

엄마 마고 할배, 감사합니다 한다.

잘 먹고 잘살았노라고 하는 거야.

윤씨 문중이 ○○원을 달라고 한다.

여기 참석한 인건비다. 갖다 줘.

공덕은 하늘이 다 갚는다. 지금은 해원시대다.

하늘은 사랑과 존중이야. 악업 때문에 굶어 죽은 영들 해원시키기 위해 강남에 몰아놨지?

지 죽을 줄 모르고 거들먹거리며 지들이 잘난 줄 알고 온갖 잘난 척하고 살다 죽더라. 그 한을 풀어줘야지, 굶어 죽었는데. 업장을 쌓으면 죽어야 돼. 업을 해소케 하더라.

굶어 죽은 영들을 강남에 모아놓고 해원시키더라. 최후의 만찬을 강남에 차려주었더라, 그런 얘기야.

그 한이 뼛속 골속까지 사무쳐 그 한을 풀어줘야지?

123
자살하면
잡혀간다

● 정○○(육불) : 한○○(보화보살)가 아파트에서 뛰어내려 자살했다고 합니다.

강○○(태양신)하고 자주 만나고 거기 가서 공부도 하고 친했다고 합니다. 6일 전 당진에서 이○○를 보고(한○○ 자살 후 보고) 한○○가 계속 보입니다. 제 주변에 있는 것 같아요.

마고 : 무슨 일이냐고 물어봐?

이○○ : 본주님께 보고해 달라고요. 본주님께서 자신에 대해서 소리를 내달라고….

마고 : 그 아이가 자살을 했으니 사흘 후면 잡혀간다. 그러니 성주산에 가서 대기하라고 해. 6일 후 행사 날이니 대기하라고 해. 그 6일 후가 오늘이고, 정○○(육불이) 오늘 행사에 보고를 하는 것이다.

마고 : 한○○가 밖에서 막 울고 있다. 살려달라고 한다.

뭐냐면, 원시 천존이 빙옥에 갇혀 있어. 그따위 태양신(강○○)에게 당했더라. 원시 천존이 빙옥에서 사인을 보내는 걸 내가 수신했다. "엄마 풀어주소서" 하고.

한○○가 근본에 불경한 죄를 사해 달라고 하는 거야.

좋다. 원시천존 제1의 육신인 한○○가 죽었으니 어찌하랴.

제2의 육신이 전○○(백궁) 주변에 있더라.

변수가 많은 이 지상.

제2의 육신은 남자야. 근데 백궁(전○○)이도 모르고 그 아이도 몰라. 가련하다마는 어쩌랴. 그 아이 한○○가 여기 못 들어온다. 밖에서 울고 있다.

전○○ : ○○를 좀 도와주십시오.

마고 : 좋다. 백궁아, 네가 향 1개를 피워들고 밖에 나가. 계단 내려가지 말고 "○○야 오라" 하고 데리고 들어와. 행사 때 근본에게 불경한 죄로 쫓겨났지? 그 아이는 죄인이야.

전○○ : ○○ 데리고 왔습니다.

마고 : 저 아이가(한○○) 울기 바쁘다. 계속 통곡, 목 놓아 운다.

오빠(정○○)는 말야. 내가 살아 있을 때 그렇게 얘기했는데 말야. 내 얘기는 귓등으로도 안 듣고 말야.

전○○씨 한테 사실은 미안한 게 있는데 감사합니다. 감사합니다. 감사합니다. 감사합니다. 할아버지 또 운다. 엉엉 하고 운다.

"저 한○○인데요" 하고 대성통곡한다.

대성통곡하며 태양신 강○○한테 계속 욕을 해대며 운다.

속소리로 '진짜 쪽팔리네. 아이 쪽팔려' 한다.

마고 : 나는 육신으로 말하면 물질계로 말하면 우주 자체야. 살아 있는 모든 생명체들이 이 몸을 통례하더라. 원시천존이 빙옥에서 나왔어.

크로노스 증산(강○○) : 원시천존 오라, 어서 오라.

태호 복희 (구○○) : 오라, 좋다.

마고 : "죄송하다"고 한다.

감히 사사모의 아들 복희에게 대적했더라.

전에 복희에게 원시천존이 "맞수" 했지, 그게 죄야. 그래서 빙옥에 갇혔어.

전○○(백궁) 너에게 말도 못하는 고마움을 느끼고 있어, 지금.

육불(정○○)아, "너에게 좀 미안하다"고 한다. 여자로 오다 보니까 너한테 연정을 품어 가지고 턱도 없는 짓을 했다고 너한테 미안하다고 한다. 한○○가 백궁이 너에게 미안하고 죄송하고 고마워 가지고 자꾸 운다.

미안하지만 자신을 위해서 율려를 해주실 수 있는지 묻는다. ○○가 살아 있을 때 좋아하던 거 '백만송이.' 근데 저놈이 왜 저렇게 울고 있는 거야.

강○○(태양신)한테 있는 욕 없는 욕해 대면서 슬피 운다.

그다음에는 청궁(최○○)이 차례다. 청궁이 차례야.

원시천존이 지금 나와 가지고 강○○ 가만 안 둔다고 그놈이 꼴값을 떤 거야. 건들면 안 되는 것을 그놈이 건든 거야.

백궁아, ○○의 이름 좀 그만 불러라. 자꾸 울어 가지고 그 아이가 자꾸 울어. 저렇게 한이 깊으니….

이놈이 계속 울어대니 내가 할 말을 못하겠네.

태양신 강○○ 공부가 참 많이 됐지. 헌데 도를 이탈했어.

목숨 걸고 해서 날개가 있어.

우주를 날 수 있는 날개가 있어. 그런데 날지는 못한다.

공부가 많이 됐다고 넘보더라.

그 아이한테는 비밀이 있어.

가슴에 제우스가 도둑놈이라고 뽑아낸 거야.

한○○ 그놈이 죽였어.

"사사모에게 가슴의 죄를 풀어주소서" 하고 청궁이를 볼모로 잡고 있어.

청궁(최○○)이 누구야, 사사모의 아들이지?

보이지 않는 세계에서는 그렇다는 것이고 그것이 현실적인 양상으론 그놈에게 최○○(청궁)이가 꽂혀서 청궁이가 지 에미 버리고 그놈 쫓아가서 공부하고 있어. 꽈당 압사한다.

한○○ 지가 손대는 것이 아니야. 그놈이 죽일 놈이다.

핵은 인류들이 건들면 죽어. 제우스가 강병○○를 도둑놈이라고 핵에서 그 마음자리를 핵 돌려서 빼냈어. 태양신은 오고 싶은데 소리가 났으므로 업신들에게 잡혀 있어 못 오더라.

사사모의 아들 청궁(최○○)이를 볼모로 잡고 있더라. 거기에 푹 빠져 있더라. 보이지 않는 세계에서 그렇다는 것이지. 적어도 태양신이 죽이지는 않지만 바보가 되더라, 법이야.

나 마고의 법은 우주의 질서를 위해서 자식도 죄를 지으면 가차 없이 짐승으로 내치더라. 가차 없더라.

그놈은 도둑놈이더라. 그 놈이 청궁이를 붙들고 있는 것인데 현실적으로 그놈한테 공부 지도 받고 있어.

강○○ 공부가 많이 됐어.

날개는 있으나 날지 못하더라.

이 가슴에 죄를 풀어주소서.

욕심을 가지고 감히 우주를 어쩌고저쩌고해.

핵의 멤버에 속하면 안 되는 도둑놈이라고 역시 도둑놈은 도둑놈이야.

이미 천지에 소리가 났으므로 업신들이 못 오게 잡고 있더라. 죽이지는 않지만 바보로 끝난다.

때에 이르러 도수에 맞춰 돌아가는 것을 공부가 안 돼서 모르더라.

이 사람, 저 사람 한○○ 포함 손을 대더라.

"원시천존이 감사하다"고 한다. 태양신을 제압하겠다고 한다. 그놈으로 인해서 목숨을 끊었다, 이거지.

원신이 없는 육신 상태이기 때문에 당한 것이다.

아이고, 한○○가 계속 통곡한다. 차원이 다르니까 너희들이 소리 내면 애통터져 자꾸 울고 있다.

파장이 맞으니까 보화천존이 원시천존이고, 원시천존이 보화천존이로다.

시대의 흐름에 따라서 보화천존의 딸 보화보살은 동전의 앞면과 뒷면. 보화가 천존의 능력을 가지고 있더라. 보화가 죽어보니 알겠거든. 자신의 육신의 어미도 그렇고. 여차저차한 일로 한 많은 생을 마감하고 본향으로 갔다마는….

백궁(전○○) : 한○○가 마음이 편하도록 했으면 좋겠어요.

마고 : 편하고 불편하고 그런 거는 없어.

그 아이는 그냥 신이야, 신.

육신으로 있을 때 정○○건우를 워낙 좋아했다.

한○○가 빛나는 투명한 옷을 갈아입고 자신의 본향으로 올라갔다. 그리고 노○○(노자) 부인(채○○)이 연화보살이야.

나 마고가 노자를 모시라고 지상에 사명을 주었는데 잘 완수하여 이제 현상계에서 그 공으로 누릴 일만 남았는데 사명 완수한 공을 현상계가 아닌 지 원력을 높이고자 하여 가겠노라고 하여 보낸 것이다.

저의 선택이었다.

얼마 남지 않은 육신의 호화로움보다 호화로움은 버리고 연화가 그 공으로 자신의 원신 문중 남씨 19명 영혼 문중 1,496명을 살리는 쪽을 선택하였다.

원신이 남씨다.

김씨 자손들은 몽고반점이 있다

● 마고 : 김○○이 아이가 자기 업에 걸려 죽었다. 자기가 살아생전에 빌려준 돈을 못 받고 가서 그 돈으로 해원제해 달라고 자꾸 사인을 보내.

빌려간 사람에게 매일이다시피 꿈에 나타나는 것이지.

업으로 인해 지 삶을 살지 못하고 죽었으니 빌려간 쪽에서 알면 갚아야 하는 것이다.

죽었으니 안 갚으면 20배로 갚아야 하는 것이 신계의 계산법이다.

어떤 형태로라도 알던 모르던 그 문중에서 20배로 받아간다. 빌린 쪽에서 이러하다고 가르쳐주니 이치를 알고 갚겠다고 내놓겠다고 해서 죽은 김○○의 영을 살리기 위한 해원제와 지소의 해원제를 같이하는 것이다.

그런데 다른 문중에서 그걸로 안 된다고 안 받겠다고 한다.

김○○에게 업을 지었으면 그냥 죽으라는 것이다.

신들 위에 있는 육불이 직권으로 나섰기 때문에 부족한 금전으로 가는데 부족한 금전은 인간들 말로 외상이다.

나중에 정○○(육불)이 인류들 해원제 비에서 나머지 계산해서 올려줘야 문중끼리 계산이 끝나는 것이다. 일단 나머지는 후불이다.

  돈을 빌려간 쪽에서는 그 액수만 내왔고 죽은 자에게 추가로 받을 수 없으니 현실을 감안해서 후불로 가는 것이다.

  김○○의 해원제하는 문제로 김씨 업신들이 온갖 욕을 해댄다. 있는 욕 없는 욕 해 퍼붓고 있다.

  김씨가 워낙 업장이 커서 소리가 나니 유럽 쪽에서 계속 김씨들이 죽고 있다.

  이러저러한 양상으로 우라노스가 "엄마, 죄송해요" 하고 울고 있어. 김씨가 업장이 많다 보니 안 된다고 각 문중에서 난리 피우니 이미 죽은 자의 금전을 받았으므로 인류들의 시조인 궁희 도수를 업어가더라.

  통과를 하는데 태부도 나섰다.

  뭘로? 공으로 해서 나선 거야.

  태부의 공력이 활을 쏘더라.

  우라노스가 왔으므로 김씨 태시조 우라노스의 자손 김○○일이므로, 근데 김씨가 업이 많아 빨리 못 오네. 못 오고 있어.

  지금 오히려 천신들이 와서 기다리고 있는 거야.

  백궁아 "나는 간다." 이런 창 있어?

  소리가 중요하니까.

  우라노스가 건너왔다마는 "형님(반고) 죄송하다"고 우주의 장자 구천 상제 증산이 와 있는 이 근본 터전에 문턱에 들어서지 못하고 '읍' 하고 울고 있더라.

  그게 우주의 법이니까 법을 뛰어넘을 수 없더라.

대적했지? 장자에게 뭘로? 수로…. 허나 누구야, 구천 상제 증산이 반고잖아. 수에서도 안 되더라. 안 되는 거야. 장자에게 대적 서류를 훔쳐 우주 끝으로 달아났더라.

사사모가 서류 회수했더라.

인류들이 뒤에서 쑥덕쑥덕하지?

신들이 인류들 말처럼 쑥덕쑥덕하는 거지. 우라노스를 "우주의 탕아, 우주의 말썽꾸러기" 하고 장자 이겨 먹기 위해 수로 이겨 먹기 위해 많은 자손을 뿌렸으면 서리 내리기 전에 경작을 해야 되는데 우주의 법에 걸려서 농작물이 썩어 죽더라.

우라노스가 사사모의 아들이잖아.

법에 걸려 못 오면 "훨훨 날아오거라" 하고 사사모가 새 도수 부쳐줬잖아. 그래서 우라노스가 왔으나 구천 상제 증산이 있는 이 터전에 왔으나 문턱을 못 넘어서 우라노스가 형님 이겨 먹으려고 했잖아.

"밖에서 형님 죄송합니다" 하고 15배를 올리고 있어.

가당치 않더라.

김씨 문중 신선들이 지금 와 있다.

현상계에 와도 우라노스는 형을 못 이긴다.

인류들이 흔적이 안 남아 모르니까 트로이를 신화라고 했는데, 신화는 없다. 역사의 파편들이다.

당시 트로이의 왕자 파리스는 우라노스였고, 이 트로이를 멸망시킨 그리스의 아가멤논은 크로노스가 했다.

중국에서 한고조 유방은 크로노스가 했고, 항우는 우라노스였다. 임금이나 왕은 다 하늘에서 내려오는 것이다.
　남씨 태시조 태태부는 지상에 내려가 왕을 하라고 하면 꼭 미친 짓을 한다. 태태부가 네로 황제했고, 영조 임금도 했다.
　영조가 지 아들 죽였지?
　'몽금포 타령'의 울려해 봐.
　김씨 문중 신선들이 조오 ~ 타 한다. 사사모의 아들이라고 각국의 왕들이 다 와서 고개를 숙이더라.
　우라노스에게 이런 얘기야.
　백궁아 '태평가' 하나 더해. 율려 다 몰려 왔어. 우라노스 지금 신 났어.
　"감사 감사 감사, 죄송 죄송 죄송하다"고 하는 거야. 몰랐다고 하는 거야.
　"감히 감히 반고에게 죄송하다고 그리고 천지에 감사하다"고 하는 거야.
　크로노스 : 좋다. 우라노스 가자 다.
　자손들아, 놓고 가자.
　뭐냐면, 욕심 부려 많이 뿌렸지만 다 버린다 이거야.
　우라노스의 자손들은 몽고반점이 있다.

125
하늘 인류들을 타락케 한 죄가
하도 무서워
숨어 있던 지소

● 마고 : 지소가 하늘이 먹지 말라고 명한 포도를 먹고 인류들도 먹게 하여 포도의 난을 일으켜 하늘의 인류들을 타락케 한 죄가 하도 무서워 숨어 있던 지소가 왔다.

지소가 나한테 "할마마마 죄송하와요" 한다.

지소가 할머니 나 마고한테 눈도 못 맞추더라, 그런 얘기야. 지소가 당시 먹을 게 좀 부족하다 했지만 지금은 먹을 게 지천인데 먹을 게 없어 하늘의 것인 생명체들을 잡아 처먹고 있나?

지들 죽을 줄 모르고. 생명체들이 천지의 것이지 지들 것이야?

먹어서는 안 되는 생명체들을 지들 멋대로 잡아 처먹더라. 그 죄가 얼마인지 악해서 모르더라. 지금은 먹다먹다 벌레를 먹으려고 조사하고 있더라.

그래서 정○○ 너에게 번데기 먹지 말라고 한 것이다.

좀 부족함을 참지 못하고 궁희의 장자 지소가 하늘이 먹지 말라고 명한 포도를 먹었잖아. 그 죄가 무서워 숨어 있더라.

하늘의 인류들을 타락케 하였더라. 그 죄가 하도 무서워 숨어 있었더라. 거적때기 둘러 둘러쓰고, 거지거지 상거지가 되어 하늘의 기운을 못 받아 다리 허리가 아파 여기 계단을 못 올라오더라.

포도가 뭐야?

오늘날의 술이더라. 먹으면 취하더라.

인류들의 실질적인 시조 궁희의 장자인 지소가 지상의 정씨들하고 꼬여 있더라.

전에 행사 때 백궁이 뒤에 숨어서 포도주 한 병 가져온 게 있어. 쓰고 남은 게 있어.

크로노스 증산(강○○)께 반잔만 올려. 지소가 올리는 거야 받아주소서 하고.

궁희가 왔네.

자신도 육신으로 와서 힘들다고 자손들 버리겠다고 한다.

궁희와 지소가 해후하는 거야.

궁희가 "이놈아 이놈아" 하는 거야.

지소가 엄마 죄송해요 한다.

백궁아 '파바로티' 곡으로 율려를 하나 해야 지소가 이제 드디어 업을 벗고 거적때기 벗어 던지고 형언할 수 없는 도력을 가지고 있었더라.

해서 궁희 아들 지소가 공력을 쓰는데 먼저 엄마인 근본인 원일의 빛을 발하더라. 지상에 있는 궁희가 공유하더라. 난리가 나더라.

플레시도 도밍고도 가 하다 만은 파바로티(파바로티 노래로 율려를 하라는 뜻) 사사모가 통과시키는 거야.

뭐냐면 궁희 장자 지소가 거적때기 벗어 던지고 기운 줄에 얽혀 있는 궁희 엄마의 근원으로 서의 빛을 끌어들여서 우주의 도수를 받아 고를 풀더라.

어찌 니들이 여기 있은들 알겠느냐.

궁희가 눈물을 흘린다.

육신으로 와서 힘들었다는 얘기야.

도밍고의 노래, 파바로티의 후손 율려의 여운을 마무리하더라.

백소가 포도주 두 잔을 받고 크로노스 증산의 도수에 맞춰 마시면 벗어 던지는 거야. 지소가 지금 좋아 가지고 테너 좋지, 높은 목소리로 천지에 소리를 내뿜어서 내질러서 한을 풀더라.

지소가 좋아 가지고 어쩔 줄 모른다.

지금 궁희 엄마의 손을 잡고 여기에 와 있더라.

가족이 다 모이더라. 율려를 가르더라, 그런 얘기야.

너희가 알아듣겠느냐?

누가? 궁희 장자 지소가 해서 궁희가 아들의 손을 잡고 여기에 와 있더라. 뭐냐면 인류들의 실질적인 시조인 궁희가 음을 쳐서 악을 버리더라.

궁희는 음의 대표다. 자손들 중에서 살리려고 했는데 악을 버리더라. 악한 자손들을 다 죽여도 좋다고 승인하는 거야.

우라노스 자손들의 업신 우라노스 자손이 이탈리아에서 당시 왕을 했는데 불복종하여 왕에게 눈을 치켜뜨는 죄로 쳐 죽였어. 한 풀어줘야 되잖아.

왕의 말이 법인 시대에 그냥 '읍' 하면 될 것을 감히 눈을 치켜쁘다가 쳐 죽음을 당했더라. 시대의 흐름에 따르면 될 것을 쳐 죽임을 당했더라.

한오백년으로 백궁이가 율려를 하는데 우라노스가 그 몸에 한풀이하더라. 한을 내뿜을 담뱃대를 가져오거라 한다. 우라노스가 자손들의 한을 풀기 위해 독한 담배를 내뿜는다.

"천지에 죄를 지었도다. 태평가를 올려라. 하늘이 다 풀어주노라."

그런 얘기야. 육불이 김씨 자손들 목숨 값을 받고 살리겠다고 한다.

하자 없어.

우라노스가 천지에 감사 죄송하다고 하는 거야. 몰랐다고 하는 거야.

우라노스가 좋아서 춤을 덩실덩실 춘다.

내가 육신으로 와서 자손들 업에 걸려 힘들다 한다.

사사모의 아들인 우라노스의 자손들을 목숨 값을 받고 살리더라.

누가? 육불이(정○○).

우라노스가 한을 풀더라. 눈물을 흘린다.

지금은 지소가 춤을 춘다.

백궁이 테라칸 사탄칸 아무리 그래도 그렇지 지소의 문을 따주더라.

지소가 누구야?

백궁이가 봐주더라. 백궁이의 명령에 의해서 테라칸 사탄칸이 지소에게 쪽문을 열어주더라.

지소가 신 났다.

지소가 흰 베적삼으로 입었다가 자신의 빛나는 비단 옷을 입고 좋아서 춤을 추더라.

누구하고 ?

궁희 엄마하고.

지소가 신 났어. 신 나서 저리 춤을 추는 거야. 엄마하고.

하늘의 권리를 복원했더라. 지소가 자신의 능력을 회복하더라, 그런 얘기야.

지소가 천지에 감사하다고 왼손에 부채를 들고 오른팔에 튤립 꽃(단 위에 있는)을 겨드랑이에 안고 아리랑.

뭔 얘기냐면 궁희 장자 지소가 한을 풀고 문중의 도수를 거두더라.

"내가 죄를 지어 숨어 있었다마는 할머니 할마마마 마고 할머니 궁희 엄마 저 지소로소이다" 하는 거야.

뭐냐면 지소라서 근본의 한을 실패를 돌리더라. 돌려서 풀려고 하니 천지가 받아들여서 너 이놈 지소하는 거야.

좋다. 좋다. 좋다. 네가 뭐로 있었던 다 끝났는데 개소리하느냐 이놈아.

지소 어쨌거나 반갑다.

지소 가거라. 거침없이 가거라. 네 어미와 함께 거침없이 가라.

거미줄을 끊어라. 문중의 기운 줄을 끊고 가라.

지소가 태태부 남○○ 네 이놈 한다.

남씨 태시조 태태부 사명하러 지상에 왔는데 발목이 잡혔

더라.0

진상을 떨고 있었다는 것은 좋은 표현이다.

지가 사명을 못했으므로 사명 못한 놈을 살려주느냐.

우리 문중들인들 그만한 공이 없겠는가.

석가도 하고 남사고도 했지만 죽이라고 하는 거야.

문중들이 난리다, 죽이라고.

그러니 지소가 네가 어찌 그 모양이더냐.

아프다. 아프다. 나도 아프다. 살라 살라 살거라.

네가 누구냐. 가는 길이 멀다 해도 천지가 살거라. 살라 살거라 하는 거야. 태태부가 감사의 눈물을 흘린다.

백궁이(전○○)가 태태부 남○○를 싫어한다.

궁희 엄마가 자손들 때문에 말도 못하는 고통을 겪었어.

지소가 나서서 다 끊어 악한 자손들을 다 내놓더라.

숨어 있던 지소가 나타났으니 "네 이놈 육불, 나는 지소로다. 육불" 한다.

태태부가 지소 할아버지 감사합니다 한다.

지소가 태태부에게 너도 그렇고 나도 그렇고 법에 갇혀 힘들었느니라 한다.

천계에서 지금 다 내려와 가지고 지소 할아버님께 무릎을 꿇고 큰절을 올린다.

궁희가 눈물을 흘린다.

지소가 육신의 말로 하면, 할머니 나 마고에게 받은 기운을 풀더라. 근본에서 지소가 시들었잖아.

지소가 육불(정○○)아 거기 단 위에 있는 담뱃대를 가져오

라. 인류들의 한을 풀겠다고 저런 독한 것을 먹어서는 안 되는 거야. 폐에 깊숙이 빨아들여 얼마나 한이 맺혔으면 내뿜더라.

지소 할배가 인류들 한을 풀기 위해서 향을 2개씩 양쪽에 피우라고 한다. 근본이 근본을 지키지 못했으므로 우라노스가 염치가 없다고 한다.

우라노스가 "지소야 미안하도다" 한다.

지소 한이 깊다. 어찌 안 깊어. 얽혀 있던 위에 근원적인 기운 근원이 막혀 있더라. 거기에 물을 부은들 통하겠느냐.

지소가 근원의 뚜껑을 여니 우주가 좋다 하고 결재를 하더라. 지소가 오니까 각 문중에서 각성 받이 들이 다 와 가지고 이제 근원을 찾았다고 난리 법석을 떠는 거야.

궁희 여신이 인상을 있는 대로 찌푸리고….

좋겠다. 좋겠다. 숨어 있던 지소가 거적때기 벗어 던지고 모습을 드러냈더라.

126

**마고의 아들
사탄의 피눈물**

마고 : 오늘은 나 마고의 아들 사탄칸 똥이의 해원제다.

나 마고의 두 아들 테라칸 사탄칸이 여차저차했잖아. 우리 노스도 그렇고 테라칸, 사탄칸, 우라노스 다 오라, 그런 얘기야.

좋다. 인류들이 지상에 올 때 탯줄하고 관련이 있는데 사탄칸이 내게 잔인하다고 한다. 도수를 풀어주소서 하는 거야.

누가 풀어야 돼 ?

최종 결재권자인 반고가 결재를 해야 통과하더라.

크로노스(강○○) : 통과하라. (박수 8번) 좋다. 가자.

마고 : 백소야 사탄칸이 누구야? 네 동생이야.

백궁아 "사탄아 오거라" 하고 지정곡으로 율려 해주면 돼.

사탄칸이 탄식을 하는 거야.

내가 우주의 법을 어겨서 지상에 개새끼로 떨어져서 내가 지금 갇혀 있어.

사탄 : 엄마 죄송합니다, 죄송합니다.

마고 : 사탄칸이 우는 거야.

사탄 : 죽을죄를 지었사옵니다. 엄마 마고 어찌 저를 개새끼로 만들었나이까.

마고 : 너무 한이 맺혀 가지고 사탄이 통곡을 하더라. 허나 그것은 나 마고의 법이더라.

'아리랑 아라리요' 사탄칸의 한이야.

사탄 : 엄마가 버렸다. 엄마가 나를 개새끼로 만들었다.

마고 : 사탄이 너무 한이 서려 통곡한다.

엄마가 나를 버렸다. 엄마가 나를 개새끼로 만들었다 하고 계속 우는 거야.

자신의 존재를 알고. 아무리 그래도 그렇지 내가 근본의 아들인데 법을 어겼다고 엄마가 아들인 나를 개새끼로 만들어 죽을 자들이 뚱이인 나를 숨구멍을 막아서 숨을 쉴 수가 없었다고 한다.

목구멍을 완전히 막아 가지고 죽었다고 한다.

뚱이가 목이 메어 울고 운다.

사탄칸의 한이다.

죄를 지어 동물로 떨어져 엄마 옆에 붙어 있었지만 엄마의 법이 가차 없어 죽었더라.

허나 어쩌랴. 그것이 우주의 질서로다.

신들 : 엄마 풀어주소서. 개새끼를 만들지 말고 풀어주소서.

허나 마고가 반대한다.

사탄칸이 아니면 지금 죽겠나이다 하는 거야.

마고 : 뭔 얘기냐면 나 마고는 자식이라고 법 위에 두지 않더라.

허니 사사모가 나섰더라.

뭘로? 사사모의 8도수로.

뭔 얘기냐면 개 껍데기를 벗겨라, 천신으로 살라 이런 얘기
야.

사사모가 반고에게 아들아 결재하라.

사사모 : 육불(정○○)아 너는 내 아들 반고에게 저기 금전
을 ○○원을 갖다 올리고 결재를 받거라.

사탄의 한이 풀리는 거야.

마고한테 잔인하다고 하는 거야. 잔인하다고.

신들 : 사탄칸이 우주에 12배, 사사모에게 8배, 마고에게 6
배를 올린다.

마고 : 뭐냐면 반고에게 감사하다고 하는 거야.

사탄이 지금 눈물을 닦고 있다마는 사탄이 한이 맺혀 있더
라. 엄마에 대한 한이더라.

사탄 : 형님 (백궁) 나요. 나 개새끼 똥이요. 아프고 또 아
팠소. 형님 개새끼 똥이 사탄칸이요.

마고 : 너무 한이 골수에 사무쳐서 사탄칸 똥이가 이렇게
서럽게 우는 거야.

마고의 아들이라고는 하지만 죽을 자들이 마고의 아들이라
고 숨구멍을 틀어막아서 죽었소이다 하는 거야. 똥이가 여기
와 있다. 기가 막힌다고 한다. 개새끼라니 한이 맺혀 가지고
운다. 울어. 똥이가 우는 거다.

사탄칸이 내가 어찌 개새끼란 말인가.

똥이가 자신이 사탄칸인데 기가 막힌 거야. 마고의 아들인
데.

사사모 :허나 그게 마고의 법이야.

사탄칸이 똥이로다. 쓴 거 태워 달란다. 별 2개를 하나에 ○○원씩 계산해서 백궁이 오른쪽 주머니에 넣어 달란다. 육불아 사탄을 뭐라고 해.

육불(정○○) : 스타…

사사모 : "스타"라고 한다.

당시에 마고의 아들로 고귀한 신분임에도 사악한 무리들이 왕으로 추대하니 그 사악한 무리들의 왕이 된 사탄 그래서 사탄칸이 된 것이다.

엄마의 법이 너무 엄중하고 가혹하며 야속타 하여 형인 테라칸에 가세하여 천상에서 엄마와 전쟁을 하였으나 두 아들이 졌다. 그리하여 천상에서 쫓겨났다.

이 시점에 엄마가 지상으로 내려올 줄 몰랐다. 이 시점에 원죄로 인하여 사람으로 환생을 못하고 개새끼로 살다 죽을 자들에게 당해 죽은 것이다.

마고 : 나 마고도 자식을 버린 한이 있는 것이다. 사탄이 청궁(최○○)이를 해원시켜 주소서 한다.

사탄이 한이 맺혀 가지고 나한테 잔인하다고 하지? 허나 그거는 안 되는 거야. 우주가 질서정연하게 가는데 테라칸 사탄칸 니들이 이탈해서 되겠느냐 이놈들아.

사탄이 한이 맺혀 가지고 적어도 마고의 아들인데.

허나 그거는 아들이면 더 법을 지켜야지 지금 사탄의 절규에 천지에서 어떤 일도 어떤 소리도 하지 않더라.

나 마고의 아들이잖아.

사탄이 아무리 그래도 그렇지, 마고의 아들인데 개새끼로 살게 하느냐 하는 거지.

테라칸 사탄칸이 이제 알았더라. 법의 엄중함을 법이 엄중하다 하여 천상에서 전쟁을 일으켰잖아. 졌잖아. 죄를 지어 짐승으로 떨어졌잖아. 해서 이 시점에 죽어야 되는 것을 알았더라.

한이 맺혀 울부짖었잖아. 두 아들이 피 눈물을 흘리며 울부짖었지만 그게 우주의 질서고 법이야. 뭐가 잔인해.

사탄이 기가 막히지. 엄마에게 대적했어도 그렇지, 아들인데 하늘에서 쫓아냈다 이거지.

테라칸, 사탄칸 결국은 법에 안 되는 거야.

사탄칸이 자신의 영정 앞에 15일 내로 ○○○원을 올려놔 달라고 하는 거야. 한을 풀긴 풀었다마는 조건이 자신의 육신의 동생 까미(칸트, 최풍헌) 해원제를 해달라고 하는 거야. 기운을 쪼갰더라.

좋다. 백궁아 ○○원을 받고 내 아들 사탄을 위해서 율려를 샹송 가수 '에디트 피아프'로 해주거라. 해달란다.

그간 천지가 이러저러한 과정을 통했지만 '종(終)' 하더라.

우라노스 자손
마애보살

● 남○○의 보고

친정엄마가 88세인데 돌아가시려고 함.

어젯밤 꿈에 소복을 입고 머리만 벽에 서 있어 놀랬는데 아침에 작은 목소리로 나를 부르더니 그간 참 고마웠다고 했음. 아무래도 돌아가실 것 같음.

마고 : 김○○는 마애보살이다.

김씨 태시조 우라노스의 자손이다. 우라노스가 씨를 많이 받아 뿌렸어. 조선에도 많지만 특히 영국 유럽엔 더 많다. 김씨들, 김씨들이 추수기에 자손들 업장이 너무 많다 보니 이리 걸려 넘어지고 저리 걸려 넘어지고 멋대로 개판처럼 살아서 업을 쌓더라. 태시조의 업으로 돌아가더라.

우라노스가 감당을 못해 자손인 마애보살에게 얹히더라. 그래서 육신(김○○)으로 와 있는 마애보살이 모진 고생을 하였더라.

지금 자손인 마애보살 해원제를 하니 김씨 태시조인 우라노스가 왔다. 백궁아 우라노스가 너한테 미안하다고 한다.

원래 우라노스는 자손들 업장 때문에 마고의 법으로 가당치 않아 마고가 안 받아. 사사모 법으로 하는 거야. 우라노스가 사사모 아들이므로 법 위에 있는 사사모의 직권으로 하는 거야.

백궁아 율려 두 곡을 해봐.

마애보살(김○○) 왔다. 너무 힘들단다.

향을 3개씩 두 번을 피워달란다.

죽고 싶을 만큼 힘들었다고 한다.

감사합니다 한다.

옥추봉 48신장들이 왔네. 왔는데 김씨 자손들이 워낙 많다보니까 이것은 단지 김○○ 살리기 위한 해원제야.

48신장들이 김○○ 마애보살한테 죄송하다고 한다.

업, 죄 앞에서는 법이 그러하므로 살 수가 없는 거야. 하지만 이 해원제로 마애보살 김○○가 죽음을 피해 가더라.

크로노스 : "마애보살을 지상에 두거라."

마고 : 하니 48신장들이 죄송하다고 한다.

일단 복희가 결재를 해

복희 : 형님(우라노스) "래(來)" 하시오.

크로노스 : 좋다. 우라노스 "오라."

마고 : 김씨 자손들이 굉장히 많이 죽어 우라노스가 형님 죄송합니다 한다. 크로노스에게 복희한테는 계면쩍어 하고 우라노스로서는 자손인 마애보살의 공이 크다.

마애보살이 공덕을 쌓기 위해 상상할 수 없는 고통을 겪었어. 일단은 마애가 죽음을 피해 갔고 명단이 작성되어 올라갔어. 마애 공덕이 워낙 커서 김씨한테 손을 못 대더라.

행성에서 문을 따주기는 했다마는 해서 살 수 있는 문으로 들어갔지만 김씨들이 목숨 값을 지불하고 살더라.

오늘날의 인류들의 삶은 금전을 목숨보다 소중히 여기니 금전을 받고 살려주더라. 뭔 얘기냐면 김씨들에게 백궁이가 금전을 호되게 받는다. 돈이냐 목숨이냐 니들 소중한 돈을 내고 살거라. 아니면 죽거라 하는 거지.

아직 덜 왔네 김씨들.

육불아 백궁한테 ○○원 갖다 줘.

뭔 얘기냐면 계산이 아직 안 끝나 패스를 못했어.

그래서 여기를 못 오더라, 그런 얘기야.

한 곡만 더 율려를 해주면 선불 지불했으니 율려를 타고 올 수 있다고 한다.

통과했어. 마애의 해원제를 하므로 해서 마애가 가지 않아도 되는 거야. 죽음을 피했어. 죽지 않아도 된다. 안 죽는다 이거야.

| 에필로그 |

● 이 책은 우주의 다큐멘터리다.

인간이 오관에 갇혀 보지 못하고 듣지 못하고 그래서 알지 못하는 실상의 세계에 대한 이야기다.

모든 생명체들의 근본인 사사모는 이 생명체들이 질서정연하게 가도록 우주의 법을 만들어 근본을 잘 지키며 살라 했으나 어느 시점에 하늘의 근본이 깨지고 도가 모래알처럼 무너져 내렸다.
그래서 할 수 없이 본래는 선만 있었으나 악을 플러스해서 인류들에게 자유 의지를 부여해서 "선을 택하든 악을 택하든 멋대로들 살아보라. 단 선을 택하면 살 것이요 악을 택하면 그 끝은 죽음이로다" 하였다.
하여 그 끝이 바로 지금인 줄 모르고 있는 인류들에게 멋대로 개판처럼 살아 쌓은 악업으로 인해 속절없이 죽게 될 인류들에게 "인류들아 알고는 가라" 하고 이 책을 발간하게 하는 것이며, 이제 세상이 다 끝났으므로 하늘의 모든 비밀을 다 까발리는 것이다.

예언가 마고의 주술 **비밀 누설**

 살아 있는 모든 생명체들은 286개의 문중에 귀속돼 있으며 우주에 낱낱이 등록돼 있다. 생명체의 최소 단위는 미물까지며 미물은 소멸이다.
 미물이 아무것도 아닌 것 같지만 이 미물조차도 다 사람으로 살다가 악업 지어 최하위 바닥으로 추락한 것이기 때문에 차원에 갇혀 소리를 못 낼 뿐이지 다 말을 한다.

 이 미물들은 태곳적 신들이 관리하고 있다.

 사람은 사람과 짐승이 따로 있는 줄 알지만 따로 있는 것이 아니라 다 사람으로 살면서 악을 행하여 낮은 차원으로 추락한 것이 짐승이고 동물인 것이다.
 부모가 죽어 개가 되어 인연법을 징검다리 삼아 자식 곁으로, 자식이 부모 곁으로 오는 걸 사람이 모르고 있는 것이다.
 개는 부모고 자식임을 아나 아는 쪽은 말을 못하게 해놨고 모르는 쪽은 말은 하나 서로 차원 간에 소통할 수 없게 해놨다. 집안에 들어오는 개나 고양이는 가장 가까운 혈육이나 서로 차원에 막혀 소통할 수 없는 것이다.

말없는 천지는 인간의 오장육부를 다 꿰뚫어보고 있다. 이걸 모르는 인간은 보이는 이 없다 하여 막무가내로 살아 업을 쌓고 악해서 악이 악임을 모르고 악을 행한다. 사람은 악을 행하면 자신의 유전자가 변이를 일으켜 짐승으로 변하는 걸 모른다.

지구촌 인류들 85%가 사람의 탈을 썼으나 각양각생의 짐승으로 변해 있다. 그래서 현 지구촌 인류들이 대 개벽으로 85~86%가 업으로 인하여 죽게 된다.

각 문중의 살자와 죽을 자들의 명단을 우주가 받아서 다 마감했다. 이 급박한 시기에 그저 먹고살기 바쁜 인류들은 아무것도 모르고 있다.

인류들의 삶은 먹거리 전쟁이다. 문중끼리 서로 치고 박고 등치고 사기 치며 살고 있다. 이 천지는 문중끼리 사는 것이기 때문에 공짜가 없다. 단 단위까지 갚아야 한다.

우연도 없다. 필연에 의해서 정해진 길로 죽는 길인지 모르고 가는 것이다. 오늘이 지 죽는 날인지 모르고 열심히 죽는 길로 씩씩하게 걸어가서 풍덩 빠져 죽는 것이 인생이다.

사람이 안 되는 것이 업인지 모르고 하늘을 원망하고 조상을 탓한다. 사람으로 지상으로 오면 그 문중에 메이며 문중의 업을 나눠 가진다.

사람으로 살다 영계로 돌아가는 걸 죽었다고 하고, 영계에서 육신계로 오는 걸 태어났다고 한다. 사람이 태어날 때 제일 먼저 머릿골 속에 유전자를 배열한다. 그리고 그 영이 인당으로 들어가고 그 뒤에 업신들이 따라 들어간다.

지금은 해원시대라 하늘이 업신들에게 원과 한을 다 풀라 했기 때문에 업신들 권한이 막강하여 업신들을 대할 에너지가 없어 속수무책으로 당하고 살고 있다. 조상들에게 가장 안전한 방법은 후손 몸에 들어가는 것이다. 하늘이 이걸 알면서도 빈대 잡자고 초가삼간인 육신을 못 태운다.

몸속에서부터 중천까지 이어져 있으니 사람이 제대로 된 삶을 살 수가 없다. 사람에게 일어나는 모든 일은 다 보이지 않는 세계로부터 형성되어지는 것이다.
　사람에게 가장 중요한 돈줄을 막아 고통받게 하고, 하고자 하는 일 막고, 팔방을 막아 불행에 빠트리고, 정신병, 무당, 자살, 병사, 헤아릴 수 없이 많다.

사람이 겪는 모든 불행이 다 업신들 짓이다.

업신들에게 인생이 아작 나는 것이다.
　해원제로 이걸 다 정리해야 제대로 된 삶을 살 수가 있다. 몸속 요소요소에 숨어 들어가 있는 업신들, 조상들 몸 안에서부터 몸 밖 중천까지 해원제로 다 정리가 되니 탄탄대로를 가게 되며 승승장구한다.

해원제를 통해서 은하연합군들이 척살하거나 살릴 놈은 추려 살리고 다 추포해 간다. 해원제는 우주의 수리에 맞춰 천지가 제시하는 합당한 금액을 인간들이 죽고 못 사는 돈으로 환산해서 문중의 빚을 갚게 하고 업을 해소케 하여 모든 장애물이 사라지니 잘되기 싫어도 다 풀어져 잘될 수밖에 없다. 막혀 있던 현실 일이 다 풀어지고 자유로워지는 것이다.

　그간 불간섭의 원칙에 의해 바라만 보고 있던 하늘의 기라성 같은 조상들이 도와주니 기막힌 기적이 생기기도 한다.
　인류들의 해원제와 맞물려서 개벽이 돌아가는데 여기는 제주도에 먼저 조짐이 보인다. 대 개벽에 앞서 인간계와 영계 땅속을 정리하는데 해원제로 땅속에 갇혀 있는 인류들의 선조들을 다 하늘로 올려 보내고 하늘 문이 닫혀 하늘로 가지 못하고 영계와 육신계를 오가며 살고 있는 영(사람)들을 정리하는 것이 해원제이다. 그러므로 어느 누구도 해원제를 하지 않고는 살 수 있는 문인 아리랑 고개를 못 넘어간다.

　이 우주의 근본 사사모 마고의 승인하에 해원제를 통하여 인류들이 그간 지은 업장을 씻고 아리랑 고개를 넘어가야 살 수 있는데, 이 문인 아리랑 고개는 우주의 주인인 마고의 아들들인 백궁, 테라칸, 사탄칸이 철통같이 지키고 있어 해원제 해서 업장을 씻지 않고는 절대로 못 넘어간다.
　살 수가 없다. 마고의 장자인 백궁 할배의 율려로 차원의 기운을 풀고, 자미성의 자미천존이 자미성의 82개의 문을 열고, 각 행성에 명령을 내려 행성이 문을 열어 받는 것이 해원제다.

모든 업을 풀고 더렵혀진 영성을 씻기고 본성을 밝혀서 신성을 회복케 하는 것이 해원제다. 이 해원제는 다 할 수 있는 것이 아니다.

업이 많으면 천지가 안 받는다.

광자대 진입이 코앞이다.

과학이 진입을 했다고 하는 건 허수다.

하늘의 연막이다. 하늘은 허수를 쳐서 인간을 따돌리고 하늘이 하는 일을 인간이 알게 하지 않는다. 인간계와 영계 땅속을 정리하는 것이 해원제다.

업이 쌓여 겁인 것이다. 긴긴 세월 살아오면서 쌓은 묵은 업을 해원제로 다 청산하고, 인류들이 더 이상 나서 늙어 죽는 일이 없는 선경세계에 입성하길 바라며….